Le dernier Mitterrand

DU MÊME AUTEUR

Les années tournantes : le meilleur de « Globe » 1985-1992 (coll.), Le Seuil, 1992.

Mémoires interrompus, de François Mitterrand avec Georges-Marc Benamou, Odile Jacob, 1996.

C'était un temps déraisonnable, Robert Laffont, 1999.

« Jeune homme, vous ne savez pas de quoi vous parlez », Plon, 2001.

Un mensonge français : retour sur la guerre d'Algérie, Robert Laffont, 2003.

GEORGES-MARC BENAMOU

Le dernier Mitterrand

précédé de

Retour sur la « mort du roi »

Préface de Robert Guédiguian

Plon

ISBN : 2-259-20179-2

A mon père,
A mes grands-pères.

« En effet, n'avait-il pas mené une existence décente, régulière, comme il faut ? « " Oh ! non, je ne saurais admettre cela ! " protestait-il en ébauchant un sourire, comme si quelqu'un l'avait pu voir et s'y laisser prendre... »

Léon Tolstoï,
La Mort d'Ivan Ilitch.

Quelques mots
de
Robert Guédiguian

François Mitterrand a incarné la possibilité du socialisme en France et en Europe au moment même où les pays socialistes s'effondraient dans le monde entier.

Il a, qu'on le veuille ou non, quelles qu'aient été, dans son destin, les parts de conviction et d'ambition personnelle, rendu le rêve socialiste crédible pendant une longue décennie.

Cette décennie, je l'ai vécue avec obstination.

Poser à nouveau, aujourd'hui, la question d'une alternative au capitalisme mondialisé à travers ce personnage historique me semble être en droite ligne (devrais-je dire en gauche ligne) avec tout ce que j'ai tenté de faire jusqu'à présent : c'est-à-dire participer à travers le cinéma à la compréhension et au questionnement de notre époque.

Lorsque Frank Le Wita m'a donné à lire à des fins d'adaptation cinématographique *Le Dernier Mitterrand*, je m'aperçus très vite que je n'avais pas affaire, comme je le présupposais, à un travail de journaliste, ni même à un travail d'historien, mais à un travail d'écrivain.

C'est pour cette raison que je jugeai la chose possible, que j'acceptai.

Le livre se présente comme un grand retour en arrière à partir d'une scène fondatrice. Au cinéma, où l'anglais est courant, on dirait un « flash-back ». Cette scène inaugurale n'est pas, comme on pourrait s'y attendre, la rencontre entre le vieil homme, le maître, François Mitterrand, et l'élève, le jeune homme, Georges-Marc Benamou. Ce n'est pas le début, l'origine, la première fois de leur relation, mais au contraire la dernière fois, la séparation, les derniers regards...

Le récit n'aura de cesse ensuite de nous reconduire jusqu'à ce « final ».

S'il est un procédé romanesque, c'est bien celui-là, puisqu'il précipite tout entière la narration dans le domaine de la réminiscence, du trouble et de la sensibilité... De la reconstitution affective des faits vécus, paroles retenues, gestes entraperçus.

C'est cette émotion revendiquée qui permet à l'écriture de se développer, de devenir littérature.

C'est ainsi que deux personnages ayant existé deviennent universels, deviennent des hommes faits de tous les hommes, qui les valent tous et que tous valent, pour paraphraser Sartre, et qu'ils se mettent à ressembler à des personnages n'ayant jamais existé.

La subjectivité assumée de l'homme de l'art ne rend-elle pas mieux compte du réel que la prétendue objectivité de l'homme de science ?

Vous aurez compris mon sentiment.

Retour sur la « mort du roi »

Je viens de voir le film *Le Promeneur du Champ-de-Mars* de Robert Guédiguian, adapté de ce *Dernier Mitterrand.*

J'avais d'abord refusé de figurer en tant que personnage dans le film : à vrai dire, cette exposition me gênait. Je n'étais qu'un témoin. Je l'avais voulu partout, ce témoin, notant tout, ne perdant rien, mais effacé, n'encombrant pas le champ. Robert Guédiguian, le producteur Frank Le Wita à l'origine du projet, et Gilles Taurand – qui deviendra mon complice scénariste dans cette « mise en fiction » de ma propre vie – insistèrent. Il fallait, affirmaient-ils, un point de vue ; l'axe du scénario tenait nécessairement à cette relation entre le vieux monarque et le jeune homme. Je butai durant des journées, lourdes de remembrances. Cette dépossession me tétanisait. Ils insistèrent, me rassurèrent. J'acceptai à condition que ce « moi » soit vraiment un autre : changement de nom, d'identité, d'intimité. On brouillerait les pistes en créant le personnage d'Antoine Moreau, jeune homme universel, romantique, fasciné, déboussolé, une sorte de Doisnel selon Guédiguian.

Je relis ce texte, je vais à ces images.

Huit ans les séparent.

***

Huit années où, décidément, François Mitterrand sera passé par les montagnes russes de la mémoire. D'abord le purgatoire, avec cette phrase de Lionel Jospin qui, au passage, ne tenta jamais de dresser l'« inventaire » promis ; puis, récemment, cet inattendu retour en grâce à gauche. Montagnes russes car, à l'heure où j'écris, les socialistes se déchirent – en se réclamant tous de son héritage ! – pour régler leur guerre au sujet de l'Europe, tandis qu'au Palais de justice de Paris, on juge « ses » gendarmes pour le scandale des écoutes téléphoniques de l'Elysée, cette dérive du mitterrandisme. Huit années où, d'un même mouvement, toutes les légendes, les pires comme les idylliques, auront gonflé, débordant le fleuve de sa propre existence. Mitterrand, le diable ou le bon Dieu... La face noire et la face d'ange... Comme si, avec lui, c'était si simple... Mitterrand aimait le gris, ni le blanc ni le noir. On entend d'ailleurs cette réplique dans le film de Guédiguian : « Pour moi, la couleur dominante de la France est le gris... Il n'y a que les idiots qui disent du mal du gris... ! »

Huit ans déjà pour la France, et pour moi aussi. Le temps a passé, ce livre me poursuit. Mitterrand m'accompagne à mon insu. Les phrases, les souvenirs, les anecdotes d'hier croisent l'époque : avec, en arrière-fond, les mêmes acteurs, les mêmes polémiques s'alimentant aux mêmes sources. Huit ans d'une singulière absence où longtemps, le samedi, à l'heure du déjeuner, je ressentais comme un manque, celui de nos rendez-vous avec Bergé dans le XIVe arrondissement, rue du Château, au bistrot de Lulu. Ce manque, je le repérais aussi chez certains proches, pas forcément ceux qu'on croit – vieux amis, jeunes collaborateurs ou femmes aimées. Ils avaient connu ce même désarroi, toujours à des moments précis ou rituels. La *vie-Mitterrand* avait déserté ; chez moi, elle laissait ce vide qui, au fil des années, a fini par se transformer en autre chose. Une référence familière, qu'il s'agisse d'un livre relu, d'une silhouette croisée boulevard Raspail à la librairie Gallimard ; de l'Irak – qu'aurait-il fait ? – ou, toujours irrésistible, de sa prescience politique... Ainsi, quand je voyais Chirac se précipiter pour dissoudre l'Assemblée nationale en 1997 ; se fâcher rouge avec les Polonais, les Lituaniens et autres Slovaques ; ou, mieux encore, être réélu avec 82 % des voix, Mitterrand était toujours là, et je repensais à cette phrase-talisman qu'il m'avait laissée, en mai 1995 : « Il a des qualités, Chirac... Mais vous verrez, avec lui ce sera pittoresque... »

Il était anxieux de sa postérité – mais pas comme on l'imagine. Sortant d'un songe, ou à l'occasion d'une conversation où il refaisait son histoire de la gauche, il ironisait parfois : « Viendra-t-on sur ma tombe si je suis enterré ici... ? » Un soir d'automne 1995, il évoqua la scène de la mort de De Gaulle. Il avait dû lire, ou relire, les mémoires de tous les compagnons, tous les récits d'historiens sur ce qui se passa à La Boisserie ce soir de novembre 1971. Son récit était saisissant. De Gaulle faisant une réussite... Un cri vers sept heures du soir, dans le silence de La Boisserie... Sa lourde tête s'affaissant sur le velours vert de la table de bridge où il avait étalé ses cartes... J'étais ému, lui aussi... Il connaissait si précisément cette scène qu'elle devait l'obséder, l'intriguer, l'apitoyer même. L'émouvoir sous l'effet de cette stupéfiante « complicité des vieux chefs gaulois » que j'avais détectée dans *Le Dernier Mitterrand*[1]. Après un silence appuyé, il avait conclu le récit minutieux par cette curieuse phrase de dépit : « Mais qui se souvient de la mort de De Gaulle... ? »

1. « Un soir d'octobre 1994, à l'Elysée », p. 65.

Il était resté muet un long moment, dans cette pièce de l'avenue Frédéric-Le-Play qu'on avait voulue monacale, mais où l'on n'avait pas réussi à amortir les entêtants coups de klaxon du carrefour de l'Ecole militaire tout proche.

Je m'interroge encore sur ce qu'il voulait dire. Songeait-il, à ce moment précis d'octobre 1995, où sa santé connaissait une aggravation inquiétante, à l'instant de sa propre mort... ? Peut-être se forçait-il à y penser comme le font les anxieux qui, tête baissée, affrontent l'événement afin de chasser en eux l'épouvante. Se l'imaginer, sa mort, la détailler, la décrire, la compléter, et la comparer avec l'autre, celle du grand rival, de Gaulle, son antithèse, pour lequel il avait à cet instant comme de la tendresse. Etait-il déjà converti aux étranges idées du docteur Tarot sur la vie, la mort, le *passage*... ? Subissait-il l'influence de Marie de Hennezel, pour qui il venait de rédiger une surprenante préface [1]... ? Il devait penser à cela, bien sûr. Réussir sa mort. Son *passage*, c'est ça.

8 janvier 1996. Il était là, allongé, habillé, impeccable, les bras rangés le long du corps. Je crois bien que je n'avais jamais vu de mort avant lui. En entrant dans l'appartement de la rue Frédéric-Le-Play, après que j'eus présenté mes condoléances à la famille, on m'avait poussé, avec un hôte de passage, dans une petite pièce que je ne connaissais pas. La sienne.

Il était là. A son chevet, un livre sur André Gide, je crois – et rien d'autre. Sauf une collection de *Globe*, nichée sous une table ; sur la pile du haut, le fameux *« Tonton, ne nous quitte pas »* de 1988. J'avais souri devant ce détail inattendu. « Notez, notez tout, et dites-leur que je ne suis pas le diable », me disait-il... Je le sais maintenant. J'avais eu peur du mort.

Le lendemain, je me mis à ce *Dernier Mitterrand*.

1. Marie de Hennezel, *La Mort intime*, Robert Laffont, 1996.

***

Longtemps, je me suis demandé pourquoi les ortolans [1] ? Pourquoi une partie du clan m'entreprit-elle sur cette anecdote, sans intérêt croyais-je, et à laquelle je n'ai rien à retrancher ?

Pourquoi s'acharner sur ce livre ? Parce que Mitterrand y apparaît trop vivant ?

Il est vrai, je m'attendais bien à quelques secousses. J'avais donc été méticuleux sur tous les sujets sensibles. Sur la mécanique de la cohabitation avec Edouard Balladur. Sur la scabreuse affaire du mont Beuvrey [2]. Sur Vichy, sur Bousquet, et tout ce qui gênait, recoupant mes sources et mes informations jusqu'à l'épuisement. J'avais craint d'être pris en défaut sur l'affaire Mazarine, dans cette scène drôle et cruelle [3] où je sers de tampon entre Mitterrand et une Danielle pétrifiée qu'il revoyait pour la première fois depuis la parution du *Paris Match* révélant l'existence de Mazarine. Après hésitation, je l'avais conservée car ce n'était pas eux qui étaient tournés en ridicule, c'était moi. Peut-être aussi me contesterait-on sur les tractations entre Mitterrand et Chirac, cette connivence dont je fus le témoin, ou sur sa supposée incapacité à gouverner à l'automne 1994. Non, sur tous ces

1. Le bruant ortolan, *Emberiza hortulana* pour les ornithologues, *lou benarit* (le bien nourri) pour les Landais, se déguste après vingt jours d'engraissement. Mais sa consommation et sa commercialisation sont très strictement encadrées. Or que me reproche-t-on ? C'est variable. L'affaire a tant traîné ; elle a gonflé, s'est distordue, nourrie de tous les ragots et de tous les démentis. Il reste de la contestation de cette scène de mon livre deux versions possibles. Pour les uns, je l'aurais déplacée dans le temps. J'aurais, selon eux, introduit une scène du réveillon de 1994 – celui où Mitterrand dit croire « à la force de l'esprit » – dans mon propre récit du dernier réveillon, celui du 31 décembre 1995. Pour les autres, l'affaire, la grande affaire !, se porte sur la manière qu'il eut de suçoter l'ortolan. Pardon d'y revenir, mais voilà le niveau de la polémique.

2. Cf. p. 215, août 1995.

3. Cf. p. 73, 5 novembre 1994.

points, aucune question. Aucune vraie question autour de cette mort grandiloquente.

La fatwa tomba sur la dangereuse question des ortolans, dont la plupart des Français, à l'exception de ceux du Sud-Ouest, découvrirent à cette occasion l'existence.

Pourquoi les ortolans, donc ?

Pour jeter le discrédit sur une relation qui leur échappait.

Cette partie du clan savait que nous nous étions beaucoup parlé, de 1992 à la fin. Ils n'avaient aucun moyen de s'introduire dans l'intimité de nos conversations amicales, ou de nos entretiens nombreux, dans le cadre de ces *Mémoires interrompus*[1] écrits à quatre mains, entre juin 1994 et fin octobre 1995. Restait cet ultime réveillon – quasi public puisqu'une vingtaine de participants se trouvaient réunis autour de lui. Il était facile de créer le doute sur le dernier confident, les derniers secrets. Et de brouiller mes intentions.

Rien n'est inventé, je le confirme.

La scène se déroula bien cette année-là, le 31 décembre 1995. Un de ceux qui me poursuivirent de leur vindicte mit cinq ans avant de le reconnaître publiquement[2].

Mieux, ce réveillon aux ortolans doit beaucoup à Henri Emmanuelli, l'homme qui apporta les oiseaux réclamés, d'Egypte, par le vieux Président. Pour cette raison, et aussi parce qu'il était alors le chef du Parti socialiste, il fut ce soir-là celui que l'on attendait. Car Emmanuelli savait où trouver les ortolans, chuchotait-on dans la bergerie en cette fin d'après-midi. Il avait ses réseaux, Emmanuelli. Peut-on

1. François Mitterrand, avec Georges-Marc Benamou, *Mémoires interrompus*, Odile Jacob, 1996.

2. Il s'agit du beau-frère du Président, Roger Hanin et de son livre *Lettre à un ami mystérieux* (Grasset, mai 2001). Voici ce qu'en dit Thomas Ferenczi (*Le Monde* du 11 mai 2001) : « On trouvera dans ces pages l'anecdote de l'ortolan mangé par le chef de l'Etat à l'occasion de son dernier réveillon, révélée en 1997 par Georges-Marc Benamou, démentie alors par des proches et confirmée aujourd'hui par l'auteur, qui en fut le témoin. »

concevoir un président du Conseil général des Landes, digne de cette fonction du moins, qui ne sache pas comment se procurer ces petits oiseaux rares et interdits... ? Au fond, dans cette affaire, qui avais-je « trahi » ? Mitterrand ou... Emmanuelli ?

Et puis voilà comment s'est cimenté ce petit mensonge entre amis. Par la peur du gendarme.

Motif ridicule, sans doute : ce sont les lois interdisant la chasse et la consommation des ortolans [1] qui les incitèrent d'abord à ces protestations confuses, empressées, maladroites contre mon livre. Les défenseurs de la nature hurlèrent au scandale, exigèrent illico la protection renforcée du petit oiseau. Le fameux Alain Bougrain-Dubourg parla de « bavure gastro-landaise » [2]. Et la droite d'« infraction gastronomique ». Brigitte Bardot se mit de la partie. Et même Alain Juppé [3], Premier ministre en exercice, qui quatre jours après la sortie du *Dernier Mitterrand* déclara avoir, lui aussi, consommé des ortolans ! Les Landais se trouvèrent dérangés dans leurs pratiques rituelles, le Sud-Ouest s'affola, la famille prit peur. Il fallait éteindre l'incendie. On effaça les ortolans de l'histoire. On forgea une version officielle. Ensuite, on se mit à y croire...

Admettre implicitement que le vieux Président avait

1. « Le minuscule bruant ortolan, qui survole notre région à la fin de l'été, se pose dans un vide juridique dès qu'il touche le sol landais. Comme s'il n'existait pas. Il n'est ni espèce protégée ni espèce chassable. En revanche, l'utilisation du piège servant à sa capture – la matole – est interdite, comme toute opération de commercialisation de l'oiseau, mort ou vif. La chasse est également prohibée, au moins au début de la période commençant le 15 août. » Source : *Sud-Ouest*, 1997.

2. *Sud-Ouest*, le 11 janvier 1997.

3. « Nous avons commencé par une garbure landaise, puis on nous a servi l'inévitable foie gras sur des toasts, un civet de lièvre et des petits pinsons à l'ail et au persil. Ensuite nous avons continué avec une palombe grillée, des alouettes et enfin des ortolans [...] Ce qui est amusant au sujet des ortolans, c'est qu'il est interdit de les chasser et de les commercialiser, mais dans les bons endroits on en trouve toujours. » (Alain Juppé, « Confessions d'un mal-aimé », par Eve de Castro et Marie Darrieussecq, journal *Elle*.)

consommé des ortolans c'était, pour la dynastie Mitterrand, faire de lui un hors-la-loi, un délinquant pour l'éternité. A la trappe donc, le pastoureau.

A moins que l'indignation de mes détracteurs ne fût plus pernicieuse, plus sournoise.

La véritable raison : j'avais donné à voir « la mort du Roi », et son dernier festin.

Au fond, voilà le vrai scandale pour la famille et les bien-pensants : l'avoir montré aussi libre. Son dernier *bon plaisir* – croquer les petits oiseaux surveillés par Bruxelles – était non seulement illégal, mais immoral aux yeux de la plupart. L'ortolan c'est, de La Fontaine à Balzac, « le mets des rois ». Le symbole invariable du luxe et de la luxure. « Plus goûteux que le foie gras et plus cher que le caviar », peut-on lire dans les vieilles encyclopédies. Le secret de ce rite, la fascinante pratique de la cagoule [1] sous laquelle s'abrite le goûteur d'ortolans firent le reste. Scène insoutenable par sa violence, disons sexuelle : le chef de la tribu meurt, mais il dévore la vie dans un dîner totémique. Ce moribond enfournant l'oiselet, cet ogre avalant son méfait, en ce singulier banquet, quelle folle charge émotionnelle ! – je m'en suis rendu compte à mes dépens. Dans cette scène, apparemment banale, se croisaient, s'entremêlaient, des traditions lourdes – païennes (on enterre le roi avec la nourriture), christiques (le dernier réveillon comme une cène) et ces philosophies du *passage* ramenées d'Egypte par le vieux Président.

Tous les éléments d'une bombe symbolique étaient réunis. Il s'agissait bien de la « mort du roi ». Jacques Julliard et quelques historiens ne s'y sont pas trompés [2].

Auraient-ils été conséquents, mes détracteurs m'auraient attaqué sur autre chose. La véritable affaire. La violation du

1. C'est le père Fabbi, religieux, ami de Brillat-Savarin, qui eut l'idée de « s'encagouler le chef » pour mieux déguster l'oiseau.

2. Jacques Julliard, *La Mort du roi : autour de François Mitterrand, essai d'ethnographie comparée*, Gallimard (1999).

dernier tabou : celui de la fin de vie. En effet, je décris une « cérémonie des adieux » décidée. J'affirme qu'il a choisi sa mort, qu'il l'a pour ainsi dire, programmée au lendemain de ce fameux réveillon. La veille au soir, il avait fait prévenir ses invités de son état et leur avait recommandé d'être « insouciants et gais »... Non, tout cela ne les intéressait pas.

Des années avant l'« affaire Humbert » et les diverses polémiques sur la fin de vie, personne, curieusement, ne releva cette transgression du tabou de l'euthanasie. L'information la plus importante, la plus explosive, celle qui valait un vrai scandale, était là, sous les yeux. Personne, pourtant, n'avait réagi. La bombe demeura enterrée. La déflagration aurait été trop brutale, sans doute, pour la famille autant que pour la France des années 1990.

Involontairement peut-être, en actionnant ce leurre puissant que furent les ortolans, on évitait d'aborder l'insoutenable question de la mort préparée. Pourtant, c'est bien au lendemain de cette cérémonie que Mitterrand rentre à Paris, règle ce qui ne l'était pas encore, et décide de mourir.

Il décide.

Il y a dans mon livre une scène à laquelle je suis particulièrement attaché, plus encore qu'à la séquence des ortolans que la production du film n'a pas retenue pour des raisons, semble-t-il, juridiques. Il s'agit de cette visite du vieux Président à la basilique Saint-Denis [1]. A Saint-Denis, le narrateur n'est pas présent. C'est Mitterrand qui me raconta sa visite là-bas, et insista pour que je m'y rende par la suite. Et sur place, à Saint-Denis, j'ai fini par comprendre, comme je l'ai écrit dans *Le Dernier Mitterrand,* que c'est au cœur de cette église glacée, en cette crypte étroite et dépouillée, tandis qu'il cheminait entre les corps de pierre, qu'il poursuivait son dialogue avec la mort, à travers tous ces rois couchés là...

1. Voir « Les adieux », p. 213.

Le choix du lieu dit tout du vieux chef français, à sa fin. Je le voyais dans ses promenades mystiques à Saint-Denis. Comme Bouquet filmé par Guédiguian. La même errance aérienne... la fièvre... les frissons... Je le voyais, évitant la pierre blanche trop dure de certains gisants, aller sous la crypte, gratter le sol rouge râpeux, friable des soubassements de la basilique où gisent les premiers rois de France, et conserver cette terre. La poussière sous l'ongle, rassurante éternité...

Mais pas de confusion, pas de trivialité dans l'interprétation [1], ce dernier Mitterrand ne pensait pas banalement à *réussir sa mort*, une mort d'apparat. Il s'agissait de quelque chose de plus rustique. Et puisque l'on a parlé, à son propos, de « manie monarchique », je n'ai pas vu là la mégalomanie d'un vieux roi capricieux qui tenait à son cérémonial, à rester jusqu'au bout au centre de tout. Il faut être précis. Monarque, il aurait été plutôt de ces rois paysans, de ces malotrus à la piteuse réputation, de ces rois méconnus, mérovingiens ou premiers capétiens...

Non, vu d'ici, après bientôt dix ans et moi-même revenu de mes fascinations de « jeune homme », il était certes ce vieux chef français, mais avant tout une sorte d'Ivan Ilitch, pauvre humain ordinaire face à la mort. Cette année 1995 fut comme un adieu métaphysique. Jusqu'au bout, il fut celui que décrit Mauriac dans un fulgurant portrait [2], « cet enfant barrésien souffrant jusqu'à serrer les poings du désir de dominer la vie... ». Après les adieux au pouvoir, à l'Europe, à la gauche, la deuxième partie de l'année 1995 le verra se

1. Déjà, je mettais en garde le lecteur dans *Le Dernier Mitterrand* : « On parle depuis longtemps de sa passion des cimetières. Saint-Denis en est la phase la plus extrême. Mais cette basilique n'est pas un simple reniement du reste, du Panthéon de 1981 et de sa crypte, c'est un périple plus lointain encore. Il ne choisit pas dans l'histoire de France. Il prend tout entier le " bloc Michelet " où l'on trouve la passion des cathédrales autant que celle des Lumières. »

2. Dans son « Bloc-notes » de *L'Express*, le 30 octobre 1959.

consacrer aux siens, s'occuper de lui, et, parfaire, à sa manière mystique, son départ.

Car ce fut bien un tomber de rideau. L'adieu à la vie d'un homme si libre. La dévoration des ortolans, une dernière volupté. Et les livres relus, les promenades au Champ-de-Mars avec Tarot, ses règlements de comptes in extremis, et sa découverte ininterrompue de Mazarine, tout cela, c'était une tendresse gloutonne pour la vie qui le fuyait. Son ultime salut adressé au monde, sans larme, sans apitoiement, sans les marques de la contrition, selon les règles de la bourgeoisie française.

Je relis mon livre. Je vais au film. Oui, Bouquet c'est bien ce *Dernier Mitterrand* que j'imaginais. Etrangement, les images se confondent. Bouquet ou Mitterrand ; Jalil ou moi... L'histoire filmée par Guédiguian se superpose à celle que j'ai vécue. Par moments, elle finit même par l'emporter.

La chimie opère par le cinéma : cette histoire d'exil et de deuil s'éloigne de moi pour aller vers les autres. Elle me quitte. Elle s'efface comme les plaies aux genoux des enfants. Il s'en va, *le jeune homme*. Ce n'est plus moi. Il est Jalil Lespert désormais, ou Antoine Moreau... A tel point qu'il m'arrive de le prendre pour un autre, ce *jeune homme*, fasciné, transi – et socialement fou, à y regarder de près –, qui décide, par fougue romantique, de s'embarquer avec le monarque finissant pour l'exil. Car Mitterrand, ce fut un exil, et une drogue. Cet état de fièvre, de dépendance, Guédiguian le traduit bien. Le voyage fut enjoué, c'est vrai, dans les débuts, puis très vite tourmenté. J'en sortis épuisé, fracassé, mon sauvetage fut ce *Dernier Mitterrand* où je pris la parole.

Huit ans...

J'achevai *Le Dernier Mitterrand*, mon premier livre. Je l'écrivais dans la douleur et le doute ; j'en avais jeté la première version, rédigée dans l'émotion de sa mort. Elle était scolaire, parfois inutilement cruelle, trop dévote le reste du temps ; la « focale » n'était pas bonne.

Entre-temps, la relecture de Tolstoï – l'« irremplaçable enseignement » dont parle Roger Martin du Gard – autant que le travail insidieux du deuil m'avaient aidé à trouver la justesse de ton. L'humanité absolue du maître, éclairée par l'acuité du regard posé sur le sujet d'observation, voilà le chemin pour raconter dignement cette histoire. La liberté, celle de l'écrivain. C'est-à-dire cesser d'écrire en *jeune homme*, de se demander ce qu'ils en penseront, eux, elle, Danielle, sa sœur et son beau-frère, les autres, la cour, les médias ; pour préférer la libre humanité de Tolstoï décrivant *La Mort d'Ivan Ilitch*. Lui être fidèle autrement. Pas en bigot – cela donne ces livres de *beaux sentiments* ; pas en salaud, évidemment, je l'aimais comme un grand-père. En écrivain, si possible. C'était la meilleure manière de lui rester fidèle. Parfois, si je doutais en achevant ce livre, et avais besoin de boussole, il m'arrivait d'interroger le lecteur exigeant qu'il avait été – du moins ce que j'en imaginais. Celui qui, sur le tard, m'avait appris à mieux lire, à re-lire, avec sa détestation de l'esbroufe, son goût pour la langue simple, pour les chapitres construits comme des voûtes romanes ; celui qui traquait en riant les adverbes dans les textes. Seul l'avis imaginé de ce lecteur m'importait alors.

Sul-fu-reux, s'épuisent à répéter mes détracteurs, et à le faire répéter aux autres, depuis bientôt dix ans.

Il n'empêche, les textes ont la vie longue. Et la peau dure.

Paris, janvier 2005

Avant-propos

Dans sa solitude d'alors, il était moins difficile de l'approcher. En 1993, il n'était plus ce monarque redouté, inaccessible, mais un vieux roi malmené, torturé par la maladie, cerné par les offensives lancées à la fin de son règne. Et durant trois ans, c'est ce vieillard émouvant que j'ai vu lutter pour retenir la vie qui s'en allait, le pouvoir qui s'échappait, sa légende qui se dérobait.

Le François Mitterrand que j'ai connu était un « lion devenu vieux » subissant les coups de pied des socialistes, des intellectuels, de ses anciens maréchaux, et pour finir le coup de pied de l'âne de cette génération qu'il fit venir au pouvoir. Bien sûr, on ne pouvait passer sous silence sa *jeunesse française* à Vichy et ses relations avec René Bousquet, mais comment ne pas être choqué par le tardif acharnement de ses propres « fils » qui, six mois avant son départ, s'étonnaient : « Et dire que pendant dix ans, j'ai été le collaborateur d'un collabo ! » A ceux-là j'ai toujours préféré la franchise de Régis Debray : « J'en savais trop et pas assez ; je savais et je ne savais pas, je ne voulais pas savoir [1]. »

A l'hiver de sa vie, je l'ai rencontré chaque semaine. Il avait décidé de m'ouvrir sa porte, de me parler, de s'expliquer, de se laisser voir. Il me répétait : « Notez, notez tout...

1. *Loués soient nos seigneurs*, Gallimard, 1996.

et dites-leur que je ne suis pas le diable. » Je notais. Une fois, cependant, au tout début, il me précisa : « A condition que votre regard ne soit pas hostile a priori. » C'était un piège, car il fallait l'aimer ou le détester.

Pourquoi m'avait-il choisi alors que nous nous connaissions à peine ? Peut-être parce que, à la fin de sa vie, de tous ses pouvoirs il ne lui restait plus que celui de préférer les *rôdeurs* polis aux *rôdeurs* sanguinaires... Peut-être parce que j'étais trop jeune pour avoir été gauchiste ou mendésiste... Peut-être parce que, comme lui, j'étais allé taper un jour à la porte d'Albert Cohen avenue Krieg à Genève... Peut-être parce qu'il me trouvait le cuir plus souple que les autres et que je passais par là...

Ces trois années où je l'ai suivi dans son exil intérieur furent un voyage extraordinaire. Il y eut le temps des rires et des bistrots, ces déjeuners du samedi avec Pierre Bergé ; le temps de la méditation poétique, des pèlerinages, de tous les rituels qu'il s'était inventés ; le temps de la fièvre aux pires moments des tourmentes, des affaires et des suicides ; le temps de la mémoire douloureuse, quand nous élaborions ensemble ce qui deviendrait son dernier livre, *Mémoires interrompus* [1] ; le temps où il lui arrivait de me prendre pour l'ennemi, puisque à cette époque-là il se croyait en guerre contre les journalistes et les Juifs ; le temps où il était grand-père avec sa bienveillance, ses étranges silences, ses manies, ses entêtements, ses peurs venues sur le tard, ou nées très tôt et qui réapparaissaient ; et jusqu'à la fin, le temps du récit de son *antique prouesse* où il redevenait un jeune héros stendhalien...

La position de journaliste et de confident ne pousse pas précisément à l'objectivité. Elle peut s'avérer dangereuse, attendrir le jugement, affaiblir la sévérité – j'en ai mesuré les risques –, mais elle fut pour moi un poste d'observation

1. *Mémoires interrompus*, Odile Jacob, 1996.

incomparable d'où j'ai pu assister au crépuscule de ce vieux chef français. Ces trois ans passés auprès de lui comptèrent des heures rieuses, des heures tragiques, et en terminant ce livre c'est d'un long voyage que j'ai l'impression de revenir.

Paris, 1996.

Le dernier réveillon

(31 décembre 1995)

Le 31 décembre 1995, Latche

A l'auberge d'Azur, on a sorti les alcools forts. La nuit tombe, le patron tire le rideau pour préparer son réveillon. Roger Hanin est venu nous chercher à l'aéroport de Biarritz-Parme, événement inhabituel. Nous avons pris la route pour Latche, et, à deux kilomètres de la maison des Mitterrand, l'arrêt dans cette auberge, et Hanin qui cherche ses mots. Il veut parler, il ne peut pas, lui l'exubérant. Pas moyen de savoir les raisons de ce réveillon décidé si tardivement, ce branle-bas de combat au retour d'Egypte du Président.

Il bredouille enfin : « A la bergerie, c'est devenu intenable... » Et il se referme. Il reste prostré un long moment, puis reprend : « Je suis venu vous prévenir... Depuis son retour d'Egypte, François a changé, beaucoup changé... Je suis venu vous dire ça, pour que tout à l'heure vous ne soyez pas surpris en le voyant, pour que surtout vous ne montriez rien de votre surprise. »

Personne n'insiste. Il y a l'accablement, cette fête qui s'annonce terrible et ce fait nouveau, inquiétant. Le clan parle. Pour la première fois, il parle de la fin, de quelque chose qui y ressemble. Jusque-là, il s'étendait peu sur la maladie du Président. Rien ne filtrait, on trichait avec la vérité, on ne disait pas tout, rien qui ne soit autorisé par un signe ou un silence. Les grandes manœuvres de la maladie devaient se décoder. Elles se lisaient au teint du Président, à une difficulté nouvelle pour s'asseoir. La famille avait trouvé un moyen de ne pas répondre, elle s'était réfugiée dans une belle formule commode : « François a commencé son dialogue avec la mort. »

Et voilà qu'aujourd'hui, Hanin raconte : « Depuis son retour, il reste enfermé, dans sa chambre, personne ne peut entrer. Il reste seul avec Tarot qui dort au pied de son lit... » Il s'interrompt, ne trouve plus les mots, paraît maladroit, embarrassé par cette mort qui rôde. Il y pense pourtant depuis longtemps ; ils s'y sont tant préparés, Christine et lui, à la mort de François. Depuis des mois, ils ont tout envisagé, les soirs de déprime où ils le quittaient mourant. Ils ont tout imaginé. Cette mort en face. Et même la vie après lui. Ils se croyaient blindés. Et voilà qu'aujourd'hui Roger ne sait plus. Il reprend péniblement : « Tarot est pessimiste. »

On se méfie. On se dit qu'ils ont mal jugé, lui et Tarot, qu'ils exagèrent, qu'il ne faut pas croire tout ce que racontent les médecins et les beaux-frères. Nous sommes là, à quelques heures du réveillon avec le Président, bientôt tous ensemble ; c'est bien la preuve qu'il va mieux, non ? Et vraiment, est-ce aussi grave ? Autour de la table, quelqu'un lance : « Souvenez-vous le 13 décembre à ce déjeuner, il n'allait pas si mal... » Un autre : « Ce n'est peut-être qu'une rechute de plus... » Un autre encore : « Oui, comme au mois d'août, comme au réveillon de l'année dernière... » Le dernier, enfin : « Oui, c'est sûrement une fausse alerte. »

Sur la question décisive de cette mort annoncée, sur la progression du mal, son rythme et ses surprises, chacun autour de Mitterrand a son opinion, qui elle-même varie souvent. Les pronostics sont contradictoires et donnent lieu à autant de joutes que d'exégèses. Depuis quatre ans, depuis sa première opération de la prostate, chacun y va de son diagnostic. Ainsi, au sortir d'un même déjeuner avec le Président, l'un peut le trouver à la dernière extrémité et l'autre vaillant comme un jeune homme. Chacun cherche à se rassurer et Hanin laisse dire.

Ils ont tellement entendu parler de Volpone. Ils se sont mis à y croire.

« Non... Aujourd'hui Tarot est vraiment pessimiste... » Hanin insiste sur « vraiment » et ça rend le mot plus terrible, surtout prononcé avec cet air de juge de paix intraitable. Il nous explique que, cette fois, les transfusions restent sans effet : la lésion s'étend ; elle menace maintenant la moelle épinière. « J'ai eu une autre conversation avec Tarot... » Hanin attend, agacé, que la serveuse ait fini de nettoyer la table pour poursuivre. « Tarot m'a dit... » La serveuse s'attarde, et toujours cet agacement de devoir préciser les choses. « Une discussion sans François... Juste Tarot et moi... » Un autre bout de phrase, et toujours ce malaise : « Bien sûr, j'en avais discuté avant avec Danielle et Christine... » Il parle haché, il chuchote, où veut-il en venir ? Personne n'y comprend rien, mais nul n'ose interrompre le curieux monologue qu'il poursuit : « On n'ose pas imaginer ce qui se passera le jour où la moelle sera touchée... » Silence total cette fois. Souffle suspendu. Pas un geste, rien qui pourrait l'agacer davantage.

Et puis, comme si c'était l'heure de toutes les confidences, après tant d'années de silence, de retenue, de confidences étouffées, il lâche : « Vous savez, son cancer... Il est ancien... » Un blanc. Jusque-là rien de neuf, nous le savons qu'il a un cancer, depuis 1992. Il appuie : « Très ancien. » Un autre blanc, puis il ajoute sans chercher à amortir le choc : « Il était déjà malade en 1981. » Un gouffre. Un grand K.-O. Des regards obliques. Nos airs incrédules. Un monde abasourdi. Plus un geste. Plus un souffle. Plus un mot. Et une drôle d'expression sur les visages des plus intimes. Le choc de la nouvelle, bien sûr. Mais du dépit aussi. En plus violent. Un sentiment de trahison. L'effroi d'appartenir à cette histoire à tiroirs. Après cela, qu'allait-on apprendre encore ? Tous ces sentiments mêlés n'atténuent pas la peine, mais la rendent plus trouble.

Passé la minute de stupeur, c'est la ruée, les questions se bousculent. Des questions simples : « Mais comment a-t-il pu tenir si longtemps ? – Steg a parlé d'un cancer avec évolution très lente. ». Des questions médicales : « Gubler n'était pas cancérologue, comment a-t-il pu s'en occuper pendant toutes ces années ? – Tarot dit que Gubler l'a bien soigné jusqu'en 1992. » Des questions naïves : « Comment a-t-on pu cacher tout ça si longtemps ? Qui était au courant ? – Une dizaine de personnes, pas plus. Gubler écrit un livre, il paraît. » Des questions insidieuses de ministre : « C'était donc ça, le fameux mal de dos qui l'a cloué au lit en 1982 ? Et ce malaise et cette sciatique, c'était ça aussi... quand il ne pouvait pas enfiler son manteau tout seul ? »

Hanin n'a pas parlé par hasard. Cette information a été autorisée, consentie, on le sait. Il n'empêche, elle lui a coûté. Il se ressaisit, et, avec une fausse brutalité, il nous rappelle les consignes pour le soir : « Surtout, faire comme avant, rire, être enjoué, comme avant. »

20 h 30, à la bergerie de Latche

Ils sont là qui attendent. Pas de retardataire. Vingt personnes, endimanchées ou élégantes, anxieuses et désœuvrées. On tourne, on appréhende, on est trop bavard, ou trop silencieux. Il y a là les fidèles. Les Lang, elle, Monique, triste, et si impressionnée par sa propre tristesse ; Jack, triste aussi, collé à un poteau, sa caméra-vidéo à la main ; Pierre Bergé le regard perdu, muet depuis une heure ; les Emmanuelli et leurs enfants repliés dans un coin ; Jean et Ginette Munier, les amis de la Résistance, lui, le « solide Bourguignon », son intrépide porte-flingue du réseau, et elle, cette jolie secrétaire croisée à Vichy, qui les avait rejoints ; Ginette soupire, Ginette se souvient. Les Munier sont accompagnés de leurs enfants, un garçon et une fille d'une trentaine d'années, renfermés tous les deux. Et puis Gilbert, qui s'affaire pour ne pas penser, arrivé de sa bergerie toute proche, avec son épouse hollandaise enceinte et ses deux filles – elles ont l'âge d'être à la table des grands maintenant. Jean-Christophe est enfin venu cette année en famille, avec son fils et sa jeune femme. Le Président aime bien cette militante à la langue bien pendue. Ce soir, elle se tait. Danielle Mitterrand et Christine Gouze-Rénal se tiennent, elles, sur le canapé près de la cheminée. Dans la même position toutes les deux, bras croisés sur le ventre, elles ne se parlent pas. Des paysannes figées dans l'inquiétude.

On s'étonne de la disposition inhabituelle des lieux. Une très longue table dressée dans le salon, si longue qu'elle traverse la bergerie de bout en bout. Elle part de l'entrée, près de la petite cuisine – où d'habitude le réveillon se tient –, pour finir près de la baie vitrée. Des cartons indiquent la place de chacun ; sur la table on a posé les petits cadeaux recomptés au dernier moment. Cette année, on a mis les petits plats dans les grands. Ils sont tous venus.

La pièce n'est pas grande. Personne pourtant ne s'est installé dans ce coin près de la baie vitrée. Ces quelques mètres carrés, délimités par un tapis, un long fauteuil et une table basse entourée de quelques poufs, forment comme un périmètre interdit. Le territoire du Président. C'est là qu'il se tient depuis qu'à Latche il ne peut plus se promener ; là où il peut apercevoir ses ânes et le grand ciel des Landes. On y a dressé son couvert. Pour la première fois, il ne sera pas à table avec nous. Il dînera seul « et en même temps avec nous ». La famille présente cela comme une « trouvaille ». Lang et Emmanuelli se regardent, perplexes. Ils doivent se demander, face à ce protocole imprévu, comment ils vont se débrouiller pour être près de lui. Tout près, mais pas en face. Il ne faut jamais être en face de lui. C'est la place maudite, la plus dangereuse, celle réservée aux novices qui croient être honorés, les idiots - j'en ai été. La place où l'on n'est jamais tranquille, en fait, toujours sur ses gardes, là où son regard se pose, où il faut répondre dans l'instant, sans cesse briller, l'amuser, l'intéresser. Une place épuisante. Non, il faut être tout près, mais de biais.

On l'attend. Certains sont déjà autour de la table, d'autres, debout autour de Lang et Emmanuelli, font mine de commenter les grèves de décembre, le silence de Jospin, la survie de Juppé. Christine s'en moque et Danielle cherche une contenance : elle montre avec fierté la plaque tournante qu'elle a fait installer au centre de la table, mais, tout en parlant, elle ne quitte pas l'entrée des yeux... Il n'est toujours pas là. On s'inquiète. Quelqu'un ose une tête hors de la bergerie, mais la porte blanche de sa chambre reste fermée.

Il est 9 heures passées quand il arrive enfin. Quand il surgit, plutôt, dans le rectangle de la porte. Il se tient devant nous, immobile et majestueux, plus grand, plus droit qu'on ne s'y attendait. Il est trop grand, il est trop droit, il est trop raide. Il y a dans cette apparition quelque chose d'irréel, comme une illusion d'optique. Il fait un pas et il donne tout à coup l'impression d'être mal synchronisé ; on dirait que son corps ne lui appartient plus. Un instant, il ressemble à une marionnette dont on ne verrait pas les fils.

Quelques secondes pour comprendre, quelques longues secondes pour que le mirage se dissipe. Tout d'abord, c'est un bras qu'on voit sous son épaule. Puis d'autres bras soudain qui glissent comme des lianes le long de ses jambes. Des bras et des mains qui ne sont pas les siens. Des bras et des mains qui l'enlacent, le corsètent, le structurent.

Il est porté !

Il doit donc être porté. Ses jambes ne le soutiennent plus. En Egypte, le mal s'est emballé. C'était donc vrai. Il amorce une lente traversée de la pièce. Un cérémonial silencieux. Il s'arrête sans prévenir, pour serrer une main, embrasser un enfant, saluer un ami. Il pivote, reprend sa marche, s'interrompt de nouveau. Quelques instants de cette singulière locomotion au milieu de nous, et il a oublié ses prothèses humaines. Ses gardes du corps si familiers ont su se faire oublier eux aussi. Prothèses et grognards à la fois, je pense en les voyant au dévouement de ceux qui accompagnèrent Napoléon à Sainte-Hélène jusqu'au bout, et à leur vie, après... Si tout d'abord on ne les a pas vus, ce n'est pas parce qu'ils se cachaient derrière une porte ou un rideau, mais parce qu'ils voulaient s'effacer eux-mêmes, rendre à leur président l'humiliation moins crue. Il atteint enfin son territoire à l'autre bout de la pièce. Il s'approche de son fauteuil, tâtonne, reconnaît le terrain et s'y laisse tomber avec soulagement, comme on crie « Terre ! » après un long voyage.

Son visage est un masque funèbre, un visage d'où le sang se retire. Un visage gris, parcheminé, transparent maintenant. Du nez busqué, viril et fort du conquérant ne reste qu'un filet, une arête émoussée. Le masque lui-même s'apprête à céder. Il se rétracte, comme aspiré de l'intérieur, avec cette bouche qui s'efface jusqu'à se confondre avec une ride. Tout au fond des orbites, plus sombres que jamais, luisent deux yeux brillants et rouges. Le regard tient. Et c'est là la seule trace de vie qu'on peut encore trouver. Il ne faudrait pas le surprendre les yeux clos.

Sur son fauteuil, il cherche sa position. Il enrage doucement. Il ne trouve pas tout de suite la bonne manière d'être allongé, celle qui permet de ruser avec la douleur, de porter sa tête, et ainsi, par-dessous, à l'horizontale, de voir les gens, le monde autrement. Il grimace sans nous regarder et souffle plusieurs fois, très fort.

Tout le monde se tient à distance, impressionné par ce moribond qui tarde à s'intéresser au petit groupe qui l'observe. Il se cale enfin et fait signe à trois d'entre nous. Un signe de la main dont les doigts se replient vers la paume, un signe à l'économie, un signe sans un mot.

« Alors, vous l'avez trouvé comment ? » Sa voix est faible, sourde, mais il y reste du désir. Pour Chirac et ses premiers vœux, il veut savoir tout de suite. Il a déjà son opinion, on en est sûr. Mais avant de la dire, il veut la frotter à nos jugements. Il distribue la parole d'un pauvre index pointé.

Le premier : « Il a été très long, monsieur le Président... Beaucoup trop long. »

Le deuxième : « Et cette horloge, on ne regardait que cette horloge... »

Le troisième : « Son discours était long et creux... »

Son œil mi-clos saute de l'un à l'autre. « C'est curieux, je ne l'ai pas trouvé si mauvais... Il a fait long, plus long que moi, le triple, je crois. Il a repris en cela l'habitude de De Gaulle. » Une pause, un mouvement de la tête, de désapprobation, je crois... « Mais il n'a pas été mauvais. Et puis, il a laissé le drapeau de l'Europe à côté du drapeau français. » Un air de contentement.

Je m'attendais à une vacherie ou à l'indifférence, mais il y a dans ces quelques phrases, dans l'expression de ses mains qui, parfois, suppléent les mots, de la bienveillance et même de la considération, celle du collègue : « Il a fait des vrais vœux de président, il s'en est bien tiré... C'est un exercice difficile. Moi, je n'ai plus cette corvée. » Il dit cela et il s'étend, essoufflé.

A table. Lui à la sienne, nous à la nôtre. Les huîtres arrivent, des centaines d'huîtres plates, pas trop salées, comme il les aime – il a téléphoné depuis Assouan pour s'en assurer. Seul dans son coin, il se penche sur son plateau. Il en aspire une, deux, trois, quatre, cinq, prenant à peine le temps de souffler. Il est concentré sur la tâche, ne se laisse pas distraire par les conversations, ni par des convives qui, de la grande table, tentent d'attirer son attention. Son plateau terminé, il marque une pause, ferme les yeux, et rejette la tête en arrière, pour laisser passer une onde de douleur. On lui apporte d'autres huîtres, il se redresse et se remet aussitôt à l'ouvrage avec la même ardeur. Il descend ainsi plusieurs plateaux, puis s'effondre, traversé par un spasme plus violent que les autres. Cela dure si longtemps qu'on le croit assoupi.

Autour de la grande table, les conversations traînent en sourdine. Roger Hanin veut attirer l'attention du Président. Il lance le nom de Jospin, le répète, le fait claquer. Lang lève la tête de son assiette. Emmanuelli aussi. Hanin poursuit : « Vous savez que le nouveau Premier secrétaire demande à être reçu par le Président... »

Jack Lang : « Ah, bon ? Ils ne se sont toujours pas vus ? »

Hanin : « Non, ça fait des semaines qu'il fait le siège de son secrétariat. Je crois que François n'a pas très envie de le voir... »

Emmanuelli : « Il faut faire cesser cette brouille ridicule... »

Approbation de Lang.

Hanin reprend : « Je crois qu'ils ont fini par prendre rendez-vous pour la semaine prochaine... »

En entendant cela, quelqu'un s'insurge : « Jospin ! Il le reçoit, après tout le mal qu'il lui a fait ! »

Mais le nom de Jospin n'y fait rien. Le Président dort toujours.

C'est l'heure des ortolans.

Pas de réveillon sans ortolans, avait fait savoir le Président avant de partir pour l'Egypte. Je croyais que les Ortolans étaient des voisins landais qui viendraient avec les Emmanuelli. Je ne m'étais pas tout à fait trompé. Les ortolans sont des oiseaux du Sud-Ouest, des petits bruants à la chair tendre, dont la chasse est interdite. Les meilleurs braconniers du pays revendent à prix d'or ces « petits oiseaux » – c'est leur nom de code. Emmanuelli doit avoir ses réseaux.

Le Président entend « ortolan », il se redresse. Le gendarme qui fait le service exhibe avec une solennité gaillarde le plat tant attendu. Une douzaine d'ortolans – il n'y en a pas pour tout le monde, on devra se débrouiller. Quelques convives déclinent l'invitation, car, ils le savent, c'est une épreuve. On vous sert la bête entière, brûlante, avec ses os et ses viscères, toute chargée de son jus et de son sang. On vous tend ensuite une épaisse serviette de coton, un large morceau de drap blanc. Et là, il faut faire comme eux, ces hommes qui, brusquement, tous ensemble, glissent la tête sous leur serviette. C'est une dizaine de taches blanches, une drôle d'assemblée de fantômes qui suçotent pendant que les femmes parlent à voix basse. Et, comme eux, il faut disparaître pour se retrouver face à face avec l'oiseau perdu au milieu de l'assiette. Il faut alors prendre la tête de l'ortolan brûlant dans sa bouche et la broyer, la faire craquer franchement sous les dents. Puis vous attaquez les ailes, petites ailes si peu charnues, et, après la tête et les ailes, il faut trouver les deux pattes, s'en saisir et enfourner le corps de l'oiseau. Ce petit corps, il faut le mettre tout entier dans sa bouche, d'un seul coup, et mâcher cette boule, et avaler ce jus, et broyer ces os, et faire cela comme un homme, comme un chasseur, comme un Landais. Ne pas faiblir, on ne doit rien recracher.

François Mitterrand ressort le premier de dessous la serviette fumante. Chaviré de bonheur, l'œil qui pétille, le regard plein de gratitude pour Emmanuelli. Autour de la table, on le fête, sans lui et ses ortolans, le réveillon n'eût pas été complet. Mitterrand le remercie encore, de loin lui fait des signes de la main. Emmanuelli se met à expliquer quand, comment, par quelle filière lui sont venus ces ortolans. Emmanuelli, héros des Landes, un instant.

Il reste un ortolan. On s'en indigne, d'autant qu'ils étaient comptés. On le propose à la cantonade. Le gendarme circule à nouveau avec sa cassolette et le malheureux oiseau qui nage dans l'huile. Le Président se porte volontaire. Ceux qui viennent de subir l'épreuve se regardent stupéfaits. Et voilà le Président qui replonge sous sa serviette. Un long moment, on l'entend s'occuper de l'animal dans un silence absolu. L'opération terminée, il se rallonge, jette doucement sa tête en arrière, extasié.

Une trentaine d'huîtres, du foie gras, un morceau de chapon, deux ortolans... Comment peut-il ? Comment un être humain normalement constitué, même landais, peut-il en redemander ? Je repense à ce qu'on dit de l'appétit inexistant des mourants, j'en conclus que la fin ne peut pas être proche, qu'on a dû se tromper.

Après la cérémonie des ortolans s'organise une ronde singulière. Deux par deux, les convives masculins sont invités à s'asseoir sur les poufs disposés autour du Président, un à sa droite, un à sa gauche, tout près, sa voix ne porte pas. Chaque tour dure entre quinze et vingt minutes. C'est une curieuse audience, faite de longs silences et de courts bavardages, où le temps s'étire, se décompose, une audience sans beaucoup de mots, scandée par ces moments où son visage se contracte, où son corps se crispe, secoué par la douleur. Durant de longues minutes, il s'absente ainsi. Et, dans ce silence, son souffle saccadé, si fort par moments, vous poignarde. Quand il revient à lui, il faut reprendre le fil de la conversation là où il l'a laissé. Parler de tout et de rien.

Il lance à Bergé : « Alors Zola... » Parler lui coûte, ses phrases sont elliptiques, de plus en plus. Il s'intéresse à la maison de Zola, celle de Médan, que Pierre Bergé vient de sauver.

« C'est bien, ce que vous avez fait.

– Il le fallait, monsieur le Président...

– Oui, j'ai vu, l'Assistance publique avait lâché Zola [1]...

– Vous connaissez Médan, monsieur le Président ?

– J'y suis allé un jour. (Un silence.) J'ai relu les Rougon-Macquart cet été. C'est bien, Zola, hein ? Quand je pense qu'on dit que je n'aime que les écrivains de droite... C'est faux, j'aime le XIXe. »

Une nouvelle vague de douleur. Un long silence.

« Bergé ? (Il l'appelle, inquiet.) Et puis, il faudra aussi surveiller la maison de Léon Blum à Jouy-en-Josas, quand je ne serai plus là. »

Bergé approuve sans mots. Puis il se lève. Il a du mal à parler lui aussi.

« Et vous, Benamou, je ne suis pas sûr qu'on le finisse ce livre [2]...

– ...

– Il faudrait encore trois mois au moins.

– On va s'y remettre à Paris, monsieur le Président... (Un silence.)

1. Héritière en 1905 de la maison de Zola à Médan, l'Assistance publique souhaitait se désengager et cherchait un repreneur.

2. *Mémoires interrompus.*

– Il y a tant de choses qu'on ne pourra pas faire... Julia Roberts, vous vous souvenez ?

– ...

– Ce déjeuner avec elle... C'était une haute ambition... A propos, dans le film, les jambes, c'était bien ses jambes ?... »

Un sourire las, une absence, puis il s'intéresse à nouveau. Il me fait signe d'approcher, plus près, encore plus près. Et là, il me chuchote à l'oreille : « Ça y est... Je suis dévoré de l'intérieur... » Il a dit ça comme on confie un petit secret. Il a appuyé sur « ça y est ». Et cette phrase résonne encore dans ma tête. J'entends ce « ça y est », lourd, sec. Cc « Je suis dévoré de l'intérieur », lent, guttural. Ce mot « dévoré » me hante, ce « v » qui vibre, ce « r », lent, qui roule, multiple, terrible. Je repense à ces moments de vie, un ou deux ans plus tôt, à ces déjeuners du samedi de Bergé, drôles et rustiques, où le dompteur semblait s'être arrangé avec la maladie. Souvent, il donnait des nouvelles de sa tumeur, en posant sa fourchette, il désignait la partie gauche de son ventre, à la hauteur de la ceinture, et il parlait de cette tumeur comme d'une compagne qui donne bien des soucis mais à laquelle on s'habitue. Quand ça allait, elle était un citron. Quand c'était plus grave, un pamplemousse. Il était soulagé quand le pamplemousse redevenait citron. Il disait alors : « Aujourd'hui, c'est sous contrôle. Mais un jour... » Son regard se levait au ciel, brouillé, un peu fou. « Oui, un jour, tout flambera. » Il devinait l'apocalypse, il la voyait. Et moi qui ne l'ai connu que malade, je croyais à son éternité de malade, j'ai fini par imaginer qu'il ne mourrait pas. Je ne voulais pas voir. Mais aujourd'hui, il a dit « ça y est ».

D'autres s'avancent, c'est leur tour, leur quart. De retour à la table, j'aperçois Munier, penché vers le Président, les bras entre les jambes, colosse qui se fait tout petit. Puis

Emmanuelli qui revient, larmes clandestines. Et d'autres. Chacun avec son bout de dialogue, son fragment d'histoire, un peu de lui.

Faire comme d'habitude... Faire l'enjoué... Etre insouciant...

C'est le moment des histoires drôles, celles que l'on raconte dans les réunions de famille, dans celle-ci particulièrement. Elles arrivent toujours en fin de repas, ces cinq ou six histoires que le Président a plébiscitées, qu'hier il réclamait, qu'il connaissait par cœur, qu'il accompagnait de ses lèvres et qui provoquaient de terribles fous rires silencieux, qu'il passait caché derrière sa serviette. Hanin se lève donc pour répondre à une prétendue « demande générale ». Il se tourne vers son public, le Président et tous les autres. Il commence par l'histoire du petit chat Mistoufle, la première au hit-parade. Elle n'a pas la saveur d'autrefois, et Hanin bute sur la chute. Il enchaîne par celle de ce dingue qui veut absolument acheter une chemise couleur lilas. Mais, pour la première fois, il mange les mots, oublie un épisode, ne crée pas le crescendo. Avant d'entamer, courageux, une troisième histoire, il cherche les rires, le regard du Président, un signe. Mais la grand-mère est passée par la fenêtre avec le chat Mistoufle sans que le Président ne s'en soit aperçu. Il n'a pas ri. Il s'est endormi.

Il n'y aura pas d'autre histoire.

Vers 11 heures, le Président se réveille en sursaut, hagard, comme sorti d'un mauvais rêve. Il brûle, il gèle. On le tire de son fauteuil, péniblement. Christine Gouze-Rénal pleure, les larmes cachées derrière ses grandes lunettes. « Il a choisi de se montrer à nous ce soir tel qu'il est, murmure-t-elle. Il est comme cela, il ne cherche pas à se cacher... » Elle l'observe et lâche de petits bouts de phrases. « Après lui, je n'aurai plus de vie... » On ne sait plus très bien qui parle ainsi, la vieille dame ou l'adolescente qu'elle était au temps de leur rencontre. Elle se reprend, tente une plaisanterie : « Il me disait souvent : " Heureusement que je n'ai jamais eu d'attrait pour vous... " » Et elle se met à rire et à pleurer de nouveau.

Debout, plus courbé que tout à l'heure, il observe en silence tous ceux qui sont là, dans un très long panoramique. Il retient ses « porteurs » qui déjà veulent l'emmener. Il reste un moment ainsi, à balayer du regard chaque visage. Puis, soutenu par ses gendarmes et suivi par Tarot, il reprend à rebours la traversée de la bergerie, il longe la table qui n'en finit pas, serre les mains qui se tendent, adresse quelques saluts de loin, un sourire aux petits-enfants. La procession glisse dans le silence le long de la pièce. Puis la porte se referme.

Tarot ne reviendra pas. Il va dormir auprès du Président, dans cette chambre de moine à l'écart de la bergerie. Ils vont se coucher tous deux, l'un par terre, l'autre sur ce lit, au centre de la pièce carrée, d'où l'on peut voir la photo des parents et des grands-parents de François Mitterrand. Ils vivent ensemble maintenant.

Le Président n'a pas attendu minuit.

Première Partie

L'automne des tempêtes

(septembre 1994-décembre 1994)

Le 15 octobre 1994, déjeuner chez Minchelli

En cet automne 1994, il n'y a pas de cancer, il y a la guerre. Le Président ne se remet pas de son opération de juillet. Il a passé le mois d'août allongé à Latche, et septembre caché dans sa chambre de l'Elysée, devenu un palais triste et silencieux. Depuis la rentrée, on s'attend à tout, au pire, très vite. Et voilà qu'aujourd'hui il se relève, comme un empereur blessé qui reprend la tête de son armée. On l'assaille de toutes parts : Balladur de plus en plus président, les socialistes impatients d'ouvrir l'après-mitterrandisme, la communauté juive en campagne contre lui après les révélations de Pierre Péan sur son passé vichyste, sans oublier les intellectuels, *Le Monde,* les juges d'instruction, le journal de TF1.

Mais, de toutes les offensives, la pire, c'est la maladie qui chaque jour gagne du terrain.

Le mois dernier, il m'a prévenu : « Toute ma vie, j'ai été un combattant, j'espère bien le redevenir. » Aujourd'hui, il est un vieux chef qui parle d'aller au feu, évoque « la mitraille », « les coups de semonce », « le champ de bataille »... L'ennemi, ce sont les métastases. Il y a des offensives et des contre-offensives. Il y a ses bataillons, les globules rouges ; les globules blancs, ce sont les Marie-Louise. Et le vieux chef sermonne ses maréchaux, tous ces docteurs rivaux auxquels il a abandonné trop longtemps la conduite de la guerre.

Il gigote, il grimace sur son fauteuil, il ne peut s'y tenir. On finit par le changer pour un autre plus souple. On ajoute des coussins, mais ils n'amortissent pas la douleur. En voilà d'autres ; c'est trop mou maintenant, on en enlève. Le Président passe ainsi dix minutes à chercher le bon siège – à angle droit toujours –, le parfait capitonnage, la meilleure position, les jambes en biais, le corps de travers, un peu tordu, mais pas trop. Il est enfin calé et prêt à donner des nouvelles du front. Mais sa voix, elle, a disparu. Elle n'avait pas vieilli jusque-là, et la voilà si faible à présent qu'on a du mal à l'entendre. C'est un filet, quelques mots qui tintent, auxquels on se raccroche, la plupart qui sombrent et qu'on ne saisit pas. Dans Paris, on parle de ce Conseil où, devant Balladur et les ministres consternés, il n'aurait pas pu aller au bout de sa phrase.

Il articule avec excès : « J'ai enfin retrouvé ma voix après des semaines... » Il croit percevoir de l'incrédulité autour de la table. Il insiste : « Oui, j'étais aphone... et j'ai bien cru le rester... » Il sait ce qui se dit dans Paris, alors il dément : « Oui, oui, on a vérifié, il n'y a pas de lésions. Tout va bien : mes cordes vocales sont intactes. » Il est presque muet mais il est soulagé. Depuis 1981, il vit dans l'obsession de la métastase qui attaquerait ses cordes vocales. Il la traque, il surveille. Ne plus parler, ce serait mourir vraiment. Pour ses médecins, ces extinctions de voix sont dues à l'anxiété, mais on évoque de possibles chutes de tension. Le Président a horreur des explications psychologiques.

Aujourd'hui, il claironne avec sa pauvre voix qui ne suit pas : « Je serai bientôt prêt à refaire des meetings, les médecins me l'ont promis. Des meetings comme avant ! »

« Prêt pour une troisième campagne électorale ? », plaisante Pierre Bergé. Le Président acquiesce, ironique et rêveur : « Ce ne serait pas une mauvaise idée... » Une pause. Le regard dans le vague. « Si seulement cela pouvait être une assurance sur la vie... »

« J'ai rompu avec la chimiothérapie... » Il balance cela comme s'il nous annonçait le renvoi de son Premier ministre, comme un acte majeur, un choix politique. Le Président semble avoir concédé ce traitement à ses médecins, comme il leur aurait concédé cette *maudite* opération de juillet, car selon lui la chimiothérapie a provoqué la grave alerte du mois d'août. « J'ai tout arrêté. Cette chimiothérapie me tuait... Je l'ai dit à mes médecins qui m'ont écouté... » Il a dit « médecins », au pluriel et sans marquer la moindre considération. « Après me l'avoir prescrite, ils ont tous été d'accord avec moi pour l'arrêter... C'est bien cela qui m'inquiète. » Il ajoute, moqueur : « Du coup, ils sont d'accord avec moi sur tout. Tout juste s'ils ne me suppriment pas tous les médicaments maintenant ! » Il a un geste de la main qui veut dire *ils sont fous*. Des médecins, on en compte six. Officiellement.

Claude Gubler soigne la famille Mitterrand depuis vingt-cinq ans. En 1981, le Président le désigne comme médecin personnel. Discret, omniprésent, il se démarque de la Cour par son allure de pasteur presbytérien et son regard narquois, inquiétant pour certains. Il est l'inventeur d'un mystérieux plan Vega [1] et ne se déplace jamais sans une grosse mallette. Pendant dix ans, avec Ady Steg, grand chirurgien et « Monsieur Prostate » international, ils ordonnent tous les traitements et endiguent la maladie dans le plus grand secret. Ce sont eux qu'aujourd'hui le Président rend responsables de l'échec de cette deuxième intervention et de

1. Dispositif d'urgence devant parer à toutes les éventualités médicales en fonction du lieu où se trouve le Président.

l'aggravation qui a suivi. « Ça dormait, c'était sous contrôle, l'opération a réveillé le mal », ne cesse-t-il de répéter.

Gubler a fait son temps. Dans le cercle, ce n'est plus un secret. « Sa dernière lubie, dit-on, c'est qu'il ne supporte plus Gubler. C'est devenu physique. Et Gubler est très choqué. Après tant d'années, vous pensez ! » Comme souvent avec Mitterrand, la situation traîne, pourrit, s'envenime. Claude Gubler est congédié sans l'être, malgré quelques protestations timides de la famille.

Les médecins qui rôdent dans l'entourage du Président commencent à se disputer la place.

Gubler a vu apparaître ses premiers rivaux trois ans plus tôt.

Le Dr Kalfon, un militaire, est affecté en 1991 comme médecin à l'Elysée. Il est plus disponible, plus avenant que Gubler. Très vite, il partage les dîners et la partie de golf du Président, et s'occupe de la seconde famille du Président, Anne et Mazarine Pingeot. Ces temps-ci, le Président ne l'écoute plus, l'évite lui aussi. Kalfon n'est plus en cour, ce qui le rend, dit-on, inconsolable.

Le Pr Pontes, un Américain qu'on ne voit jamais, intervient à la fin de l'année 1992. Il a suivi Robert Mitterrand, le frère du Président, lui-même atteint d'un cancer de la prostate quelques années auparavant. Le Pr Pontès se contente d'envoyer son protocole à Gubler qui le met en place. C'est l'interruption du traitement de Pontès, encore expérimental et peu utilisé pour les cancers de la prostate, que le Président nous a annoncée aujourd'hui. Pontès n'est plus vraiment dans la course.

Le Dr De Kuyper, recommandé par une amie d'Anne Pingeot, vient d'apparaître. Cet homéopathe versaillais, lui-même soigné d'un cancer par le « professeur » Beljanski – condamné en mars dernier pour exercice illégal de la médecine et de la pharmacie –, se serait converti à sa méthode. C'est à lui que l'on attribue l'arrêt de tout traitement traditionnel. On voit rarement De Kuyper avec le Président. Il a l'habitude de venir tard le soir, quand l'Elysée est désert.

Jean-Pierre Tarot enfin. Anesthésiste, à l'avant-garde de sa science, il manie admirablement le dosage des chimies qui apaisent la douleur. C'est un médecin au tempérament indépendant, qui s'attache rarement à un hôpital ou une clinique. Il préfère se consacrer à des malades en phase terminale qu'il accompagne jusqu'au dernier moment. Le Président l'a rencontré en 1985 quand son ami, l'industriel Jean Riboud, était son patient. Lorsqu'en 1993 il souffre de l'épaule, le Président se souvient de Tarot, et Gubler accepte de le faire venir. Mais il ne trouve sa place auprès du Président qu'au cours de l'été 1994, après lui avoir rendu plusieurs visites à l'hôpital Cochin en juillet. Depuis, les deux hommes se revoient souvent.

Tous ces médecins gravitent autour du Président, s'évincent, se succèdent, s'opposent et rivalisent. Il y en avait six. Depuis cette opération de juillet 1994, on ne les compte plus. Toutes les sommités, toutes les spécialités médicales défilent à l'Elysée : chirurgiens, radiothérapeutes, cancérologues, endocrinologues, urologues... Le Président consulte, compare, convoque, révoque, avec la fièvre du désespéré. Il cherche la solution, le relais, un relais solide à l'axe Gubler-Steg. Il cherche le miracle, et tout le monde cherche avec lui. A commencer par Robert Mitterrand, devenu une sorte d'intendant de la maladie de son frère. Danielle et la famille de la rue de Bièvre. L'autre famille aussi. Son cabinet partagé en deux clans : les partisans de Tarot contre ceux de De Kuyper, ceux de *Raspoutine* contre ceux du *gourou*, c'est ainsi qu'on les désigne à l'Elysée. Là-bas, c'est la guerre des médecins. Des complots à tous les étages. Des rendez-vous cachés à toute heure. Des alliances contraires. Des conciliabules qui s'interrompent avec fracas ou n'en finissent pas, comme autour de Louis XV on colloquait des jours entiers pour une saignée de plus ou une saignée de moins.

Un proche collaborateur du Président s'en est ouvert à moi, fou d'inquiétude : « Il y a quelque temps, avec un traitement approprié, on pouvait lui garantir une espérance de vie d'un an. Il finirait son mandat... Aujourd'hui, nous ne sommes plus sûrs de rien. Et tu sais pourquoi ? Parce que le Président a décidé de se conduire avec ses médecins comme il s'est comporté toute sa vie. Il veut les diviser pour tout contrôler. Ce n'est pas grave quand il essaie de diviser le cabinet de l'Elysée, les courants du PS ou le gouvernement. Il a toujours fait cela... Même quand son ami intime Georges Dayan réunissait les cadres du PS pour une réunion de travail, il voyait un complot ! En fait, c'est plus profond. Les Mitterrand ont une grande méfiance à l'égard des médecins, qu'ils accusent d'avoir tué leur frère Philippe. Ils ont toujours été perméables aux médecines charlatanesques. Du temps de Georgina Dufoix à l'Elysée, on aidait le premier gourou venu à condition qu'il soit " persécuté " par la médecine officielle... Moi, on me disait : " Mais vous n'avez rien compris, avec votre logique de technocrate... " »

Le Président s'ausculte devant nous. Après la voix, les cordes vocales, les reins qui ne doivent pas lâcher, les jambes qui ne doivent pas flancher... Il poursuit l'état des lieux. Il parle cru, il n'a plus de pudeur, il ne fait pas de manière. Il s'ausculte, en grand malade qui s'est découvert un corps, une machine compliquée, imprévisible, passionnante. Et il y a cette fatigue, une fatigue immense, inconnue, de plomb... Il souffre et il ne pense qu'à cela. Dans les bons jours, il dit « je me traîne », dans la tempête il répète « ce que je déguste ». Il veut qu'on comprenne, qu'on accepte, qu'on partage. Il veut pour un instant qu'on ne pense qu'à ça nous aussi, à lui, à cette souffrance, à toute cette pénitence. Il ne veut pas qu'on se défile, qu'on cherche à rassurer bêtement. Il veut tout montrer, le pire, l'enfer, et qu'on le sache. En l'écoutant, je repense à ce terrible dessin de Willem paru dans *Libération*, après sa première opération de la prostate. Il nous présentait en coupe le bassin du Président malade, ses viscères, sa vessie, son sexe, ses reins. Ce dessin organique et irrévérencieux avait choqué à l'époque. Mais en écoutant le Président nous faire la visite guidée de ses entrailles, je me dis que Willem, ce jour-là, était dans le vrai. Le corps de Mitterrand était devenu, en ce début d'automne, notre corps à tous, un corps national. Le corps du roi.

Il passe de son corps supplicié à Edouard Balladur, sans transition, sur le même mode militaire. « Vous avez vu Balladur... » Le ton est nouveau. Un éclair de cruauté passe dans son regard. Depuis un an, il épargnait Balladur, le défendait contre les socialistes, tempérait les ardeurs de ses collaborateurs, ne trouvait pas que des défauts à son Premier ministre. On avait compris : un accord tacite mais solide avait été passé entre les deux hommes. Le Président ne sortirait pas ses griffes, protégerait son Premier ministre, l'aiderait s'il le fallait. En échange, le Premier ministre n'empiéterait pas sur le domaine réservé, il respecterait la fonction, il patienterait. Le pacte avait tenu longtemps. Mais, aujourd'hui, il y a, dans la voix de Mitterrand, une hostilité carnassière, comme une indication qu'il pourrait brusquement briser ce pacte. Il reprend à haute voix, aussi fort qu'il le peut : « M. Balladur est bien imprudent... » Il n'argumente pas. Il se tait et il se souvient de cet été où on n'avait vu que *l'autre*. Balladur au Rwanda en tenue kaki. Balladur et son cours magistral de politique internationale au *Figaro*... Balladur sur toutes les radios, Balladur sur toutes les télés, Balladur qui faisait chuter le chômage, Balladur qui arrêtait Carlos, Balladur qui dénonçait une « politique étrangère de la honte », celle de Mitterrand. Balladur en liberté dans le « domaine réservé » du Président. Balladur qu'on appelait désormais « le Président-bis ». A peine sorti de l'anesthésie, comme un homme réveillé en sursaut par son assassin, Mitterrand avait trouvé Balladur dans ses meubles, dans ses habits, dans son fauteuil. « J'étais en train de mourir et l'autre me tuait... » Il soliloque, il chuchote et l'on s'efforce de ne rien perdre : « Ligne jaune... toujours été correct avec lui... Imprudent, l'imprudent... Il s'y croit déjà. » Il reste ainsi un long moment à ruminer. Le signal est donné. C'est une ère nouvelle qui s'ouvre, le quatrième épisode d'une cohabitation qu'on disait douce jusque-là. Deux jours plus tôt, j'ai entendu un proche très autorisé du Président souhaiter voir Balladur « car-bo-ni-sé ».

Au début de la cohabitation, en 1993, il y a eu l'amour courtois – c'est le premier épisode. On s'est tourné autour, on s'est séduit, on a appris à vivre ensemble. On s'est surtout appliqué à ne pas faire comme en 1986. Et puis, les deux hommes partageaient la même inquiétude : ce Chirac impatient et ses troupes trop nerveuses. Mitterrand s'est donc décidé à jouer Balladur. Il savait qu'il ne pourrait survivre qu'en divisant l'adversaire, en misant sur ses contradictions. Il fallait laisser Balladur s'installer, l'y aider même, le hisser, afin de pouvoir l'opposer à Chirac. « Trop de majorité, ce n'est plus de la majorité, c'est la division », a noté l'expert, après le raz de marée de la droite en mars 1993.

Ainsi, tout au long de l'année 1993, Mitterrand ne fait rien pour gêner Balladur. Il signe tout, va jusqu'à le conseiller, le flatte à l'occasion, fait même son éloge le 14 Juillet. Au retour d'un sommet international d'où le Premier ministre s'est effacé, Mitterrand dit : « Au moins, Balladur ne commet pas les mêmes erreurs que Chirac. » Une fois son Premier ministre bien en place, il peut commencer son travail de division. Le prétexte est tout trouvé et il lui tient à cœur : la suspension des essais nucléaires français, ce moratoire que Mitterrand a initié en 1992. Il sait que Chirac et les siens y voient une trahison au dogme gaullien et qu'ils en feront l'occasion d'une croisade contre lui. Il se doute également que Balladur ne prendra sûrement pas le risque de troubler la cohabitation pour une cause qui l'indiffère, au fond, lui, le centriste. Mitterrand prend donc un malin plaisir à relancer ce débat par de multiples piqûres de rappel faites de déclarations fracassantes. Il jure qu'après lui il n'y aura plus d'essais nucléaires français. Chaque fois, les gaullistes ont le même réflexe pavlovien : Chirac et les siens somment le Premier ministre de décider sur-le-champ la reprise des essais nucléaires malgré Mitterrand, contre lui s'il le faut. Le pauvre Balladur rase les murs, les chiraquiens s'énervent, et le Président est là pour consoler son Premier ministre. A droite, la brèche est ouverte.

A ce moment-là, Mitterrand commence à croire à un « découplage » possible entre Chirac et Balladur, mais une candidature Balladur contre Chirac reste pour lui improbable : « Même si Balladur le voulait, " ils " ne le laisseraient pas se présenter... » « Ils » ? Sa manière de désigner les ennemis de toujours : les gaullistes, la droite des affaires, la bourgeoisie catholique et provinciale de son enfance, les « nationaux » qui complotaient sous la IVe... Bref, « Ils », c'était une masse informe, brumeuse et hostile.

Deuxième épisode : fin 1993, avec l'ascension d'Edouard Balladur dans les sondages. Voilà le Premier ministre très haut, trop haut. Simone Veil, François Léotard et toute l'UDF proclament qu'il sera leur candidat. Les élites de gauche comme celles de droite en font déjà leur président. Soudain, Balladur menace. A quoi bon deux présidents, murmure la France entière. Mitterrand voit le danger. Il entreprend cette fois de faire remonter Chirac descendu trop bas, trop vite. En jouant sur le registre de passions finalement très simples, le narcissisme, la considération, la jalousie.

Le 1er janvier 1994, Mitterrand conduit sa vieille Méhari sur les routes des Landes – c'est la seule fois de l'année. Il roule au milieu de la route, prend à peine les virages et semble ne rien voir. Il réfléchit à haute voix à l'année qui s'ouvre : « Balladur commence à être arrogant, vous ne trouvez pas ?

– Oui, monsieur le Président. Et avec son projet de réviser la loi Falloux, il va mettre tout l'enseignement dans la rue.

– Cela ne suffira pas...

– On dit que beaucoup de chiraquiens passent chez Balladur ?

– Pauvre Chirac ! Tiens, c'est une idée, je devrais voir Chirac... Au fond, nous avons eu des différends, mais ce n'est pas un mauvais bougre... »

Quelques jours plus tard, le 6 janvier 1994, au moment de la présentation des vœux à l'Elysée, alors que le tout-puissant Edouard Balladur connaît son premier grand revers avec sa tentative avortée de révision de la loi Falloux, François Mitterrand et Jacques Chirac ont un long aparté. Ils s'isolent, on les voit rire ensemble, ils se prennent même par le bras, notent les observateurs... Balladur s'inquiète et Chirac remonte un peu. Le Président joue au yo-yo, et ça fonctionne. Il ne lui en faut pas plus pour survivre.

Troisième épisode, le triomphe annoncé de Balladur pendant les neuf premiers mois de 1994. Les reculades diverses du Premier ministre n'y changent rien : le fléau de la balance penche obstinément en faveur d'Edouard

Balladur. C'est le candidat de la bourgeoisie, de la gauche raisonnable, des télés, des Droits de l'homme, des catholiques, des anciens gauchistes établis en nomenklatura, des démocrates-chrétiens, des crypto-lepénistes, de l'abbé Pierre, des beaux quartiers, des cadres supérieurs, et même de ce grognard de Pasqua. Elu ou tout comme, il est le futur président. Chirac, tout à sa solitude, n'intéresse plus personne. Mitterrand lui-même s'en étonne : « Le découplage entre Chirac et Balladur est plus violent que je n'aurais imaginé... C'est maintenant une véritable guerre qui oppose les deux armées de la droite. Il va y avoir du sang à droite. » Il a fini par en être convaincu lui aussi : Balladur lui succédera. A l'Elysée, on en est presque balladurien par résignation. Un détail pourtant. En juin 1994, le Président commence à s'inquiéter de la *voracité* des balladuriens dans les nominations des responsables des entreprises publiques. Mais quand on lui fait part de la fragilité de la position de Balladur, Mitterrand croit à une plaisanterie : « Je dois être devenu très conservateur, mais je ne vois pas les choses ainsi. Pour moi, Balladur est imbattable. »

Le quatrième épisode, nous y sommes. En cet automne 1994, la ligne a changé. Pour Mitterrand, Balladur reste imbattable, mais il lui est devenu hostile. Définitivement. Le Président n'est pas mort. Balladur vient de réveiller sa rage de vivre. Il ne veut pas être enseveli, ni par cette flopée de médecins, ni par ce Premier ministre arrogant. Il veut se battre, il veut la vie, par esprit de contradiction.

Le 26 octobre, déjeuner chez Minchelli

Aujourd'hui, c'est son anniversaire. Et ces dix jours passés sans le voir me paraissent peser des années. Il avance à petits pas, il marche et il surveille, l'œil aux aguets, inquiet d'une chaise qui menace, d'un serveur qui surgit, de tout ce qui pourrait venir le heurter, le briser. C'est un vieillard inconnu qui approche, un vieillard fragile, tendu sur sa canne, si pâle. Il ne reste rien de l'Arsène Lupin flamboyant – l'image est de Colombani –, plus rien de cette vitalité cruelle qu'on lui a toujours connue. Il flotte dans son costume, le col de sa chemise pend à son pauvre cou qui n'existe plus.

Je me dis qu'il va mourir bientôt.

La vie se retire, elle n'est pas encore partie, mais elle s'en va. Il fait peur, pauvre visage fané, tout jaune, tout serré sur lui-même, sans bouche, sans menton, sans angles. Il se traîne. Cette tournée [1] en province est en train de l'achever. Quelques semaines plus tôt, il avait lancé comme un défi l'idée de ce tour d'adieu dans les villes de France : « Ce sera fatigant... Mais ce sera un test pour savoir si, sans cette chimiothérapie et avec ces nouveaux traitements, je peux tenir le coup. » Le test n'est pas concluant. Va-t-il mourir sur scène ?

Il se tasse dans un coin. « Le 18 juillet, j'ai entamé une carrière de gisant » ; à peine ces mots prononcés, il s'affaisse plus encore. « J'en ai marre de moi... J'en ai marre de moi. » Il ferme les yeux un instant. « Il y a une heure à peine, après le Conseil des ministres, je n'étais pas bien du tout. » Il trace un rond en l'air, ses bras et ses mains virevoltent dans un mouvement lent, décomposé. Il mime le grand tournis, le chaos dont il vient de sortir. « J'étais sûr de ne pas pouvoir venir. J'étais trop mal... »

« Les ministres m'ont souhaité mon anniversaire, très gentiment. J'ai été étonné... » Il est plus qu'étonné. Il y a dans son regard une émotion de grand-père, un peu de vanité peut-être, de la satisfaction c'est sûr. Il aime, il a toujours aimé séduire ces jeunes ministres du camp

1. Quimper, puis Brest, le 18 octobre 1994. Foix les 21 et 22 octobre, pour le sommet franco-espagnol.

adverse, les attirer, les attendrir, les éblouir, les faire rire, rêver d'un destin. Il les choisit, bien sûr. Encore souples, vifs, capables d'admiration, ambitieux mais sensibles, un peu du jeune ministre qu'il a été. Ils sont des proies autant que des miroirs. Il ne supporte pas Méhaignerie, « ce nain politique » dit-il, mais il parle de cette affection qu'il croise parfois dans le regard de Juppé, de Roussin ou de Barnier. « Je leur ai dit que soixante-dix-huit ans, ce n'était pas facile à atteindre, et qu'en ce moment, pour moi, ça ressemblait à l'ascension de l'Annapurna... » Il se tait. Longtemps. Paul Guimard, Christine Gouze-Rénal, Pierre Bergé, Anne Lauvergeon et moi commençons à déjeuner faute de savoir quoi faire d'autre. Un ange passe, quand on le voit souffrir, puis s'abandonner sur son siège dans une somnolence agitée. Au bout d'une heure presque, on dirait qu'il revient à la vie. Il bâille, dans un curieux mélange de douleur et de volupté, il se passe et se repasse les mains sur le visage, bâille encore, frotte ses bras engourdis, se tend et s'étire comme un chat au réveil. Ce curieux cycle m'a frappé la semaine dernière. Il arrive, il s'effondre, il se meurt. Et puis doucement, par touches successives, il renaît. Son front se colore, ses yeux s'allument, son corps se déplie, ses mains s'animent, sa mâchoire se décrispe. Entre nous, on appelle ça le « syndrome du phénix ».

Le président-bistrottier est de retour. « Ce matin, j'ai vu monsieur Balladur puis monsieur Delors. Vous vous rendez compte, deux non-candidats à l'élection dans la même journée !... Dans la salle du Conseil, je me suis offert le plaisir de laisser passer Balladur devant moi en lâchant tout haut : “ Après vous monsieur le non-candidat ! ” Vous auriez vu sa tête... » Une pause, il a l'air soucieux soudain, très soucieux, le sourcil froncé, un parfum de drame. Il force le trait : « Il a une drôle de tête, Balladur, en ce moment, vous ne trouvez pas ? Il n'a pas l'air très bien... » Il fait le tour de son public, avec un air candide. Et il conclut : « Il m'a tout de même souhaité mon anniversaire lui aussi. »

« Je fais tant de choses inutiles et ennuyeuses. Tenez, cet après-midi, j'ai deux rendez-vous dont je pourrais me dispenser, dont l'un avec le Premier ministre de Lituanie. Vous imaginez à quel point j'en ai envie... » Interruption de Paul Guimard, l'ami trop rare, l'écrivain retiré, toujours en Irlande : « Vous avez tort, François, il est peut-être désopilant ce Premier ministre de Lituanie... Vous êtes trop pessimiste, François. » L'humour de Guimard lui plaît. Les deux vieillards pétulants entament aussitôt une conversation savante sur les huîtres, celles d'Oléron contre celles d'Irlande, les plus plates ou les moins salées... Ils vagabondent. Mitterrand parle du livre de Guimard, *L'Age de Pierre*, et de son héros solitaire ; ils en arrivent, on ne sait par quels détours, à Antoine Blondin. Ils sont de la même génération, celle de l'après-guerre, et se souviennent de la jeune gloire de Blondin, « le plus rebelle et le plus intéressant des hussards », relève Mitterrand. Ils se lamentent tous deux sur ce destin suicidé, sur cette petite vie rue Guénégaud, sur l'épouse restée seule, et sur l'ingratitude de l'Académie française où il aurait dû avoir sa place. « Ce ne sont jamais les bons qui sont à l'Académie française, vous n'avez pas remarqué ?... Ah, l'aveuglement du temps, et la bêtise de ces hochets... ! Et leurs erreurs, et tous ceux qui n'y sont pas... », regrette Mitterrand. La conversation passe ainsi de Blondin à l'Académie française, de l'Académie française à Voltaire qu'on n'accepta qu'à la troisième tentative, de Voltaire à Zola qui échoua une bonne vingtaine de fois, et de Zola à Edgar Faure qui lui, tout de suite, y fut comme un poisson dans l'eau, selon le Président : « Son goût pour la ruse et le compromis lui ont permis de s'y faire élire. En peu de temps il est devenu si influent qu'on venait sans cesse lui faire la cour pour être élu. A tous les candidats, il disait : " Oui, je voterai pour vous. " Et quand le candidat s'étonnait qu'Edgar Faure n'ait pas tenu sa promesse, celui-ci lui répondait indigné : " Je vous ai promis *formellement*, ce n'est déjà pas si mal... " »

Ainsi roule le cadavre exquis de la conversation de Mitterrand, qui saute de l'Académie française à Poirot-Delpech qui s'y trouve bien, de la maison Gallimard à Jean-Marc Roberts, hôte passager de la rue Sébastien-Bottin, de Roberts à Dan Franck, dont le Président a aimé *Les Adieux*, des *Adieux* à sa dernière visite à Violet Trefusis, qu'il vient de raconter dans un livre, pour en arriver à Marie Bashkirsteff, dont il se demande si elle a vraiment été la maîtresse de Maupassant.

Vient le moment des cadeaux. On les a posés derrière son fauteuil, et, pour les attraper, il doit se contorsionner. Cinq fois, il se courbe, grimace et s'extasie ; une fois par paquet, une fois par convive. On lui offre des livres rares, des éditions originales du XVIIIe ou du XIXe, comme à tous les anniversaires, à tous les réveillons, à toutes les fêtes, au moindre prétexte. C'est devenu le cadeau obligé du cercle. On comprend son embarras au moment de quitter l'Elysée, avec ces milliers de livres qu'il a bien fallu céder.

Pour cet anniversaire, je ne lui ai pas offert de livre. Je me suis déjà laissé prendre. Une fois a suffi. L'année dernière, j'ai passé deux jours entiers à faire les bouquinistes. Je me suis renseigné, j'ai demandé, tourné partout, rive droite comme rive gauche. Chez Clavreuil, rue Saint-André-des-Arts, où j'ai hésité sur des atlas du XVIIe siècle, on m'avait dit qu'il les aimait. A la librairie des Arcades, rue de Castiglione, je me suis emballé pour un introuvable d'Aragon. Chez Vrain, rue Saint-Placide, je suis tombé sur une édition originale de Chateaubriand, hors de prix. J'ai hésité, je me suis décidé, j'ai tout décommandé. Finalement, je suis retourné à mon premier choix, une édition originale reliée du Journal de Léon Bloy, un « maudit » de droite, je m'étais dit que ça irait. C'était mon premier réveillon à Latche, le 31 décembre 1993. Le précieux Léon Bloy sous le bras, enroulé dans du papier kraft, j'avais le trac et j'étais fier. Il en serait fou, j'en étais sûr. J'ai attendu qu'il soit de bonne humeur, pas trop entouré, prêt à me complimenter, et je lui ai tendu mon paquet. D'abord, il a fait le surpris, il était ravi, impatient, et a arraché avec délices le papier kraft. Il a feuilleté le livre trois secondes, ne s'est arrêté ni sur la page de garde, ni sur la mention de l'édition, ni sur la date. Il l'a peloté machinalement et m'a dit : « Je lisais ça quand j'étais jeune. Mais ça a vieilli. » Puis il a posé le livre en écoutant à peine mon récit d'explorateur exalté qui lui vantait la reliure de l'ouvrage. Il m'a coupé : « La reliure, vous savez, m'a-t-il dit, c'est Danielle, elle adore ça. » Kiejman s'avançait déjà avec ses boutons de manchette de chez Charvet. Et on le fêtait. Pour des boutons de manchette !

J'ai compris. Cette histoire de livres, c'était un piège. On prenait toujours un risque en lui offrant un livre rare. Le livre, il l'avait déjà. L'œuvre, elle était si majeure que c'en était insultant de banalité. L'édition, elle n'était pas si originale que ça, et quand elle était originale, elle n'était pas vraiment rare... L'habitude devait l'exaspérer, en vérité. Les amoureux de livres rares doivent être comme les amateurs de vins ou de cigares. Ils ne supportent pas la moindre faute de goût. Ils n'aiment pas perdre leur temps. Ils méprisent les petits joueurs qui se risquent à leur table. Ils ne plaisantent pas. Les amateurs détestent l'amateurisme, ce sont des gens sérieux. Sur cette affaire d'importance, le Président n'avait confiance qu'en lui-même et en

Pierre Bergé. Un vrai amateur lui aussi qui, à la veille d'un cadeau au Président, enfilait son vieux Burberry's, s'enfonçait une casquette sur la tête et allait trotter dans Paris, en explorateur avisé.

Une fois les paquets éventrés, une montagne de papier, de ficelles et de mousse devant lui, le Président pousse un long soupir avant d'ânonner ce vœu étrange : « Ah, j'aimerais tant finir éternellement comme un vieillard sur un banc corse ! » Il a pris cet air triste et drôle qui me fait penser à Buster Keaton. Il mime la canne, et la main qui tient la canne, et le menton qui s'écrase sur la main qui tient la canne. L'œil glisse de gauche à droite comme s'il suivait le mouvement d'un touriste à l'entrée du village. Il reste ainsi, regard mobile sur un corps immobile. « Paul Guimard, vous avez à peu près mon âge quoi, vous pourriez être avec moi sur ce banc corse. Nous pourrions rester tous les deux accrochés à nos cannes à observer les passants et les passantes. » Oui, fait le bon camarade qui promet de quitter l'Irlande pour le maquis. Rires de tout le monde, et puis plus de rires du tout quand le Président reprend : « Ah oui, j'aimerais vivre ainsi jusqu'au dernier jour, assis sur ce banc corse sans bouger. Vous n'imaginez pas le bonheur que ce serait. Je n'en demande pas plus. » Il donne un coup de canne imaginaire à Guimard, promu compagnon de banc, et il dit : « Vous viendrez nous voir, Benamou, vous nous trouverez facilement, nous serons à l'entrée du village. »

Un soir d'octobre 1994, à l'Elysée

C'est crépuscule sur l'Elysée. L'immense pièce n'est pas éclairée, sauf une petite lumière sur le bureau où il se tient. Il a passé la journée au lit, mais il a bien fallu se lever. Le Président est sombre, ce soir, plus sombre que la nuit. « Vous avez vu Balladur... Il ne cesse de se ridiculiser avec la politique étrangère. Tous ces voyages d'où il ne ramène rien... » Il s'est attardé sur le mot « ridiculisé », en a fait rouler les consonnes, ce qui donne à la phrase le ton d'une sentence. « Balladur est un naïf... Le voyage en Chine, celui en Arabie Saoudite, il revient toujours sans rien en poche. Il veut jouer au chef d'Etat, mais il ne savait pas pour l'Arabie Saoudite que ce sont les Américains qui tiennent cette partie du monde... » Il égrène des papiers, sans envie, puis son regard se fixe sur les ombres du parc. Il poursuit, la voix plus sourde, ralentie, comme chargée du poids d'un aveu qu'il n'a pu faire à la face du monde. « La France ne le sait pas, mais nous sommes en guerre avec l'Amérique. » Et il se referme. Le regard toujours perdu, il reprend : « Oui une guerre permanente, une guerre vitale, une guerre économique, une guerre sans mort. Apparemment. » Un petit rire sec, amer. « Oui, ils sont très durs, les Américains, ils sont voraces, ils veulent un pouvoir sans partage sur le monde... Vous avez vu, après la guerre du Golfe, ils ont voulu tout contrôler dans cette partie du monde. Ils n'ont rien laissé à leurs alliés. » Est-ce la pénombre, le contre-jour ou les marques de la douleur ? Au moment où il dit cela, le Président n'est plus le même, ce visage n'est plus le sien. Ce front inquiet, ce regard lourd de rancœur, cette voix des profondeurs... Ce vieil homme assiégé m'est soudain inconnu. On dirait qu'il y a un *dibbouk*[1] en lui, le *dibbouk* de De Gaulle qui ce soir martèle : « Une guerre inconnue, une guerre permanente, sans mort apparemment, et pourtant une guerre à mort... » Il parle, je l'observe, et je me souviens de ce montage photographique de Krystof Pruszkowski, découvert dans un musée de Barcelone et qui nous avait hypnotisés, ce cher François Jonquet et moi. L'artiste polonais avait superposé les négatifs des visages de tous les prési-

1. Dibbouk, dans la tradition judéo-polonaise, désigne un esprit malin qui s'empare de l'âme d'une personne.

dents de la Ve République, qui ne formaient plus qu'un portrait. Il avait empilé de Gaulle, Pompidou, Giscard d'Estaing et Mitterrand. Mais on ne voyait qu'eux deux, de Gaulle et Mitterrand. En cherchant, on retrouvait le sourcil de Pompidou, mais de Giscard il ne restait rien, pas même un cil. Non, vraiment, on ne voyait qu'eux deux, de Gaulle et Mitterrand, qui ne faisaient plus qu'un, mais lequel ? On n'aurait su dire.

C'est cette image-là que j'ai en face de moi.

Il poursuit son monologue fiévreux, et, à présent, alors qu'il me raconte que les Américains voulaient envoyer les Turcs bombarder les Serbes et *qu'il a fait ce qu'il fallait pour éviter cette folie*, il n'y a pas que lui, Mitterrand, il n'y a pas que l'autre, de Gaulle. C'est un autre photomontage, plus fou encore, beaucoup plus ambitieux. On croirait cette fois que l'artiste a puisé plus loin dans l'histoire de France, a convoqué d'autres importants de ce siècle et d'avant. Je l'entends répéter, le regard inquiet, perdu dans la nuit : « Une guerre à mort, une guerre inconnue. »

Et je ne sais plus qui dit cela, quel est ce corps d'où vient la voix. Des effigies connues, mais pas reconnues tout de suite, passent sans se fixer. Ce sont des nez qui s'emmêlent, des regards et des mentons qui cognent, des accents qui se chevauchent, des formes qui rivalisent, qui se battent et se confondent. C'est un kaléidoscope, c'est une hallucination. Le point n'est pas encore fait, la juxtaposition pas tout à fait bonne. Il reste du Mitterrand dans cette image qui me fait face et qui s'emporte contre ces barbares du Nouveau Monde. Je cligne des yeux, et c'est la cavalcade de tous les chefs du vieux peuple qui déboule. Et la voix, cette voix n'appartient plus à un seul corps, c'est une voix étrange, mixée, multiple, inédite, déjà entendue pourtant. Une voix vieille et qui répète, comme dans un chœur étrange : « Une guerre... Ils sont en guerre permanente... Une guerre sans mort apparemment... Il faut se souvenir de tout ce qu'ils ont fait depuis trente ans contre le Concorde... Leur propagande... Leurs manipulations... Leurs mensonges... » Je croise Pétain quand j'entends « mensonges », il aimait ce mot, Pétain. Je le distingue dans cette petite foule qui se presse dans l'enveloppe du Président. Pétain, ce côté vieux chêne accroché à sa terre, qui a vu passer à ses pieds tant de siècles, d'invasions et de peuples qu'il a tout cédé, tout accepté. Pétain si courbé pour survivre qu'il est devenu indifférent à tout. Pétain et l'indolence gauloise. Tout à coup, Clemenceau en pétard débarque dans le tableau. C'est le vieux Tigre qui ordonne à travers Mitterrand. « Il ne faut pas se laisser faire, il ne faut pas se laisser impressionner. » Il ne dort pas, lui, il s'insurge, il harangue le peuple inconscient, il irait même au feu. C'est Clemenceau qui trépigne, là, à l'instant, ce n'est plus Mitterrand. C'est Philippe Auguste après Bouvines, qui a connu la grandeur et qui est prêt à toutes les ruses pour ne pas la perdre... Ils sont nombreux, c'est un cortège qui vient au crépuscule, qui surgit de lui dans cette obscurité. Ils sont tous là. Ce n'est pas un président, c'est l'icône de tous ses prédécesseurs qui parle de grandeur de la France et d'une longue guerre. Il est le dernier d'entre eux, il est un peu de chacun, rien d'un seul, un tout. Tous en lui, dans un corps unique.

Un historien a publié il y a quarante ans une étude considérable sur l'histoire médiévale : *Les Deux Corps du Roy*[1]. Il y étudiait cette règle juridique et symbolique, d'origine anglaise mais qui a irrigué toutes les monarchies européennes, selon laquelle rien n'interrompait jamais la continuité dynastique, pas même la mort. Et cette continuité s'exprimait par la clameur lancée devant le corps du roi défunt : « Le Roi est mort, vive le roi. » Le corps phy-

1. Ernst Kantorowicz, *Les Deux Corps du Roy, essai sur la théologie politique au Moyen Age*, Princeton, 1957, Gallimard, 1989.

sique du roi pouvait bien disparaître, le corps politique restait éternel, lui. La thèse de Kantorowicz n'est plus une fable symbolique. Elle a pris *corps* devant moi... Mitterrand est le dernier de la lignée, fils de tous les autres. Un corps, un simple corps où flottent les âmes de ses prédécesseurs, qui tous vivent en lui, à travers lui. C'est le cortège des huit rois morts que les sorcières appellent et font défiler devant Macbeth.

J'imagine des rendez-vous secrets, comme une fréquentation clandestine, des colloques inconnus de nous, où, courbés sous le vent, tous les vieux chefs gaulois s'affairent autour du dernier, chacun voulant lui transmettre un peu de ses peurs, de ses rages, de sa lourde sagesse. Ennemis devant l'Histoire, ils doivent se réconcilier là-bas. Quand un règne s'éteint, quand le dernier roi s'apprête à les rejoindre, ils doivent avoir pour lui des attentions et des fraternités qui nous échappent.

Je l'écoute, et je me demande si ce n'est pas de ces conclaves enfouis qu'il a rapporté cette religion de la France, ce pessimisme qui s'aggrave avec le temps, ces superstitions d'apocalypse dès qu'il s'agit de forcer le destin du pays, de rêver le monde ou de brusquer l'Histoire, comme en Yougoslavie. Je l'écoute, j'entends cette peur de l'Amérique, vraie et un peu folle, qu'on ne lui connaissait pas jadis, et je me demande s'ils finissent tous ainsi, les monarques de ce pays, en vieux guetteurs inspirés et paranos.

Le 28 octobre, à l'Elysée

Le palais est silencieux, presque vide. Dans les longs couloirs de marbre, on marche à pas feutrés, on parle à voix basse, tout est étouffé. On pense que le Président est un peu partout, tout près. On craint de le déranger, quand on n'anticipe pas le deuil que l'on croit imminent. « C'est une question de jours, c'est une question de semaines », me dit un conseiller.

On ne voit plus le Président. Le matin, quand il n'y dort pas, il arrive à l'Elysée vers 9 h 30. Il passe à son secrétariat, s'informe des urgences, puis emprunte l'ascenseur qui le relie à son appartement où il s'enferme. Il déjeune dans sa chambre, seul avec ses journaux ; parfois sa sœur Geneviève ou Roger Hanin partagent son repas. A l'Elysée, seuls Anne Lauvergeon, Michel Charasse et Christiane Dufour – qui lui apporte les parapheurs envoyés par Matignon – ont accès à son appartement. Son emploi du temps a été allégé et son activité se limite à trois ou quatre rendez-vous que le service de presse du palais s'évertue à mettre en valeur : le Conseil des ministres, les conseils de Défense, la réception d'un chef d'Etat étranger, une visite ou un discours – « Jamais après 20 heures, car à cette heure, je ne suis plus commercialisable », dit-il à ses collaborateurs. Chaque fois que c'est possible, il passe une partie de l'après-midi au lit. Puis, vers 17 heures, il reprend le chemin du matin, repasse par son secrétariat qui attend, avec toutes les autres requêtes qu'on n'a pas pu lui éviter.

Sur son bureau, la montagne de parapheurs, dont s'échappent des chemises jaunes à demi coupées en hauteur et sur lesquelles figurent les annotations de son cabinet. Des tas de chemises jaunes, éparpillées. Il a sorti son lourd stylo à encre et ses grosses lunettes loupes qui le font ressembler à de Gaulle après son opération de la cataracte. Et il se met au travail. Il lit chaque courrier, relit parfois, souligne un détail, revient encore à la page précédente. Il y a des lettres qu'il signe en quelques secondes, d'autres que, après réflexion, il renvoie avec une annotation sur le côté, celle-ci qu'il tourne dans tous les sens avant de la signer. Durant tout ce temps, il m'oublie... Il y a les « vu » qu'il trace en calligraphe, les lettres appliquées, de son écriture un peu tremblante depuis quelques années. Ces « vu » qui déroutent ses collaborateurs, qui ne sont ni des oui, ni des non, des décisions en instance j'imagine. Parfois, il y a des « vu », grattés après un instant d'hésitation, qu'il entoure d'un cercle, avant parfois de les changer en « oui ».

Il change de parapheur, trace encore quelques « vu » du bout des doigts, de temps en temps, parce qu'il faut bien. Mais il y en a tant. Puis il ne paraphe plus rien du tout.

« Il y a un ralentissement de l'activité administrative, m'a confié le conseiller, mais les décisions stratégiques sont prises à temps. Pour le reste, la cohabitation nous arrange bien. A Matignon, ils sont de bonne volonté. Pour Balladur et Bazire, ce serait facile de nous court-circuiter, de nous faire la peau. Bizarrement ils sont corrects. »

Le Président sort une lettre de Plantu, accompagnée d'un dessin, qu'il vient de recevoir. Il en est fier, m'en lit la dédicace drôle et affectueuse. « C'est celui au *Monde* qui me déteste le moins. Et puis il est drôle, il ne faiblit pas avec le temps. Il m'aime bien, je crois. » Il replonge dans ses parapheurs, signe encore un peu, puis s'interrompt maintenant, pour lire ce courrier de l'héritière du Pr Lwoff qui vient de mourir. Lui, ce vieux Nobel juif, ne l'a jamais trahi, ni jamais courtisé : « Lwoff, il a toujours bien réagi. Il a toujours été avec moi. » Et puis, une troisième lettre. Je la connais celle-là. C'est une lettre de Michel Rocard. Elle traîne là depuis le mois de juin, il la ressort. Il l'ouvre, la parcourt – il ne me la lit pas, j'en meurs d'envie pourtant –, et quand il la repose à sa place, près de l'encrier, il a un petit rire grinçant et le culot de me dire : « Ce Rocard, quand je pense qu'il a attendu trente ans pour se présenter et qu'à quelques mois du but, il se retire. »

Il ne paraphera plus. Il veut des nouvelles du dehors, de

la ville, de la politique. L'évocation de la présidentielle le met en appétit.

Mais voilà qu'Anne Lauvergeon entre dans son bureau, sans frapper. Elle vient ramasser les parapheurs. Il se redresse, pris de court. Vite, il se remet en position de travail. Il reprend son gros stylo et trace quelques « vu ». Elle reste plantée près de lui, les bras croisés. Il donne le change, il s'applique. Il plie l'échine, accélère. En douce, il crâne, il joue l'indiscipliné. Il se courbe plus encore, accentue son servage, et me fait d'énormes clins d'œil.

Elle se penche pour récupérer un des parapheurs, ouvert sur le bureau, celui qui a dû être signé. Mais un petit geste de lui l'arrête dans son élan. Elle tente de protester : « Mais enfin, Monsieur le Président, cela fait plusieurs semaines que nous repoussons cette nomination. Tous les mercredis, ils remontent à la charge... » Mais, ce soir, le Président ne veut plus rien signer. Il fait claquer le parapheur en le refermant : « Eh bien, que m'importe, que monsieur Balladur et ses ministres s'impatientent ! »

A l'Elysée, c'est une petite équipe divisée mais vaillante qui tient la maison. En première ligne, Hubert Védrine, le secrétaire général de l'Elysée. Depuis quelques semaines, le diplomate flegmatique est survolté. Il est sur tous les fronts. Il fait tourner la machine Elysée, enchaîne réunion sur réunion, stimule ses collaborateurs tous un peu sonnés, assure le bon fonctionnement de la cohabitation, parle avec Matignon, prépare avec Matignon, répond à Matignon – trop, d'après sa rivale Anne Lauvergeon. Il communique, écrit, diffuse, il fait de l'agit-prop sur toutes les questions importantes du monde et de la mitterrandie. Il doit penser parfois à Balladur qui fut à sa place vingt ans plus tôt, au moment de l'agonie de Pompidou, et se demander comment affronter ces instants que la Constitution ne prévoit pas, auxquels l'ENA ne prépare pas. Et, pourtant, ce n'est pas lui le lieutenant à qui le Président se confie et qu'il réclame à tout moment. L'interlocuteur, l'inséparable complice, c'est Anne Lauvergeon. Le Président apprécie son franc parler « anti-techno », parfois un peu populiste. La secrétaire générale adjointe est, théoriquement, sous les ordres de Védrine... Mais elle occupe une place stratégique, l'ancien bureau de Jacques Attali. On doit passer chez elle pour se rendre dans le bureau du Président. On doit passer par elle pour tout, d'ailleurs. A la fois sherpa, conseillère politique, infirmière, historienne, attachée de presse et copain de bistrot, cette trentenaire a pour le Président un dévouement sans limite. Elle est, à cause de son énergie débordante, comme un ballon d'oxygène. Ils sont inséparables.

A l'Elysée, il faut aussi s'intéresser à ce petit bureau d'angle perché dans une aile du palais : celui de Michel Charasse. Il est *le fou d'Etat*, qui a l'œil sur toutes les nominations, le juriste qui connaît tous les rouages de la machine républicaine et garantit la survie institutionnelle d'un président fragile ; le conciliateur qui calme les tensions entre Hubert Védrine et Anne Lauvergeon, l'homme tampon sur qui se décharge le Président pour les problèmes qui ne peuvent attendre. Surtout, le fidèle, l'homme de quart perpétuellement sur le pont, qui dort à l'Elysée et qui, parfois, la nuit, calme les insomnies du Président par de longues conversations.

Le 5 novembre, déjeuner rue de Bièvre

Samedi matin. Coup de fil inattendu du Président : « On n'a pas pu travailler hier... J'ai eu une journée terrible avec mes médecins... Mais on peut peut-être se voir aujourd'hui... Cet après-midi ?... (hésitation) ou à déjeuner, tiens ! 13 h 15 rue de Bièvre. Ça vous va ? »

Deux jours plus tôt, la France entière a découvert l'existence de Mazarine, à la une de *Paris-Match.* La veille,

Danielle est sortie de l'hôpital Broussais, il ne l'a pas vue depuis. Et voilà qu'il veut déjeuner et travailler avec moi. L'invitation me paraît pour le moins curieuse.

Rue de Bièvre. La maison est silencieuse. La cuisinière me fait entrer dans le salon-salle à manger. La pièce n'est pas grande, toute blanche. Des canapés un peu raides, sur de gros tapis à motifs géométriques. Des meubles en acier et en verre, une grande toile représentant la place Djema el-Fna à Marrakech, une statuette africaine. Une collection d'assiettes en porcelaine qui illustre l'histoire de la Nièvre depuis la Révolution détone un peu. La maison – achetée avec des amis, dont Roland Dumas – a été réaménagée voilà plus de vingt ans, lorsque les Mitterrand ont quitté la rue Guynemer. Tout dans cette maison évoque les années 1970, le temps de la gauche conquérante où les bourgeois de Saint-Germain s'habillaient en velours côtelé et où les femmes imitaient les *frustrées* de Claire Bretécher. On dirait un musée kitsch de ce qui se faisait à l'époque : meubles, décoration, couleurs. Comme si le lieu s'était figé un jour de mai 1981 où il a cessé d'habiter vraiment là.

« Rue de Bièvre, ce n'est qu'un escalier, je suis trop fatigué », dit-il comme une excuse. Il vit entre l'Elysée et le quai Branly. La rue de Bièvre, c'est chez Danielle à présent. Jean-Christophe y vient souvent. Gilbert y dort parfois, quand il donne ses cours à Saint-Denis. Le vrai moment de réunion familiale reste le dîner du dimanche soir avec Christine Gouze-Rénal, Roger Hanin, les enfants quand ils sont là, les Lang de temps en temps, et, parfois, des amis de passage.

Il arrive enfin. Il vient de l'Elysée. Je l'observe de la fenêtre. Il marche la jambe raide, le bras mécanique, le regard à terre. La cour qu'il traverse est petite. Il avance, s'arrête à chaque pas, hésite, comme un automate mal réglé. Il sort d'une semaine folle. Les révélations de *Paris Match,* à propos de l'existence de Mazarine, l'ont obsédé. Il a fallu devancer, prévenir, expliquer, amortir, parler à tous, un à un. Un travail, quel travail ! Depuis trois semaines, il savait ce que le magazine allait sortir. Un soir d'octobre, il m'a dit, après une séance de travail : « Vous allez voir, cette semaine, je vais être attaqué sur ma vie privée... » En prononçant cette phrase, il avait le même ton que s'il était à la veille de subir une troisième intervention chirurgicale. Cette opération-là, l'*opération Mazarine*, il en mesurait les risques, les dangers, elle était nécessaire mais périlleuse. Il pouvait y succomber, politiquement. Comment la France allait-elle réagir au scandale d'une fille naturelle ?

A la mi-octobre, j'ai guetté *Paris Match*. En vain. « Tout n'était pas prêt... », m'a-t-il dit, pour expliquer ce retard. La seconde naissance de Mazarine devait être réussie, et toutes les conditions n'étaient pas réunies pour cela. Des histoires de vacances scolaires avaient empêché de préparer sa fille à cette vie au grand jour. Il fallait ouvrir la cage de l'oiseau avec prudence, ne pas l'aveugler, ne pas l'effrayer. Par l'entremise de Roland Dumas, le Président a donc obtenu ces trois semaines de délai, afin que ce nouveau désordre s'installe, sans trop de dégâts, dans sa vie, dans celle de Danielle, et dans celle de sa fille, Mazarine Pingeot.

Le jour de la sortie du fameux *Paris Match*, il a feint de s'étonner du vacarme médiatique : « Je ne comprends pas toute cette émotion. Si encore j'avais un bébé de six mois, mais elle a vingt ans ! Quand elle est née, je n'étais pas président... » Il a grogné un peu pour donner le change. Mais il était soulagé, heureux, fier comme un père qui s'est trop longtemps contenu. L'opération était derrière lui. Pas d'accident, un dérapage contrôlé. Il y avait bien eu quelques haut-le-cœur vertueux, auxquels il s'attendait, mais, dans l'ensemble, la France avait été séduite par cette si-jolie-jeune-fille-qui-a-un-air-d'Adjani. Le Président prenait l'exemplaire de *Paris Match*, le feuilletait, relisait les titres, les légendes, s'attardait sur les photos. « Les gens de *Match* ont été plutôt corrects... Vous ne trouvez pas qu'elle est belle ? » En le voyant rêver sur la photo de sa fille, je me suis demandé pourquoi il avait tant tardé à révéler son existence.

On est tenté de compliquer, alors que tout est simple. Les médecins lui donnaient peu de chances de survivre au-delà du mois de décembre. Trois chances sur dix. Il ne disposait donc que de quelques semaines pour mettre sa vie en ordre : Vichy d'un côté et Mazarine de l'autre. Le passé et le présent. Toute une existence qu'il lui fallait remettre en ordre pour garder la maîtrise de son destin, toujours. « Je suis très méthodique..., répétait-il ces derniers temps, moi que les autres prennent pour un artiste, toujours en retard... » Alors il s'était décidé, après une longue réflexion et bien des précautions. Jamais paternité ne fut reconnue avec autant de soin. Plus qu'une dette, un devoir envers Mazarine. C'était aussi un bonheur qu'il voulait partager avec elle. Lui seul pouvait réussir la mise sur orbite de cette enfant qui attendait depuis vingt ans. Lui seul pouvait veiller à ce que l'éclairage porté sur cette clandestinité de vingt ans ne lui donne pas de contour sordide.

Le secret de Mazarine avait tenu deux septennats. Il se délitait maintenant. Depuis toujours, les journalistes se racontaient l'histoire de cette petite fille qu'à l'école la directrice avait convoquée un jour, parce qu'elle avait déclaré que le métier de son père, c'était président de la République. « Tout le monde » savait que, dans la vie de François Mitterrand, il y avait une conservatrice de musée, qu'on avait aperçue en 1986 lors de l'inauguration du musée d'Orsay. Il aurait suffi de se donner un tout petit peu de mal pour sortir cette bombe. La presse ne le fit pas. Les médias sont ainsi, ils respectent les puissants, les aiment et les dorlotent, tant qu'ils sont puissants. Le climat de fin de règne autorisait tout, et d'abord cette transgression, le Président le savait. Il en était sûr : quelqu'un bientôt allait oser.

Depuis quelques semaines, on parlait de Philippe Alexandre.

Danielle ne se montre toujours pas... Nous sommes déjà à table, le Président, Jean-Christophe, Christine Gouze-Rénal et moi, quand elle descend son petit escalier en colimaçon – sa chambre est au-dessus de la salle à manger –, les yeux cernés, le visage douloureux, la bouche triste. Danielle sort de trois jours à l'hôpital Broussais où elle a dû retourner après son opération. C'est le motif officiel de cette souffrance affichée, de ce silence tout de suite pesant.

Tout le monde a le nez plongé dans son assiette. On n'entend que le bruit des couverts. La conversation cale. Jean-Christophe parle à son père de politique, comme on demande des nouvelles du bureau. Il y a un bref échange sur l'Afrique entre le Président et son fils – « ex-monsieur Afrique » à l'Elysée, tant critiqué. Ils évoquent le sommet de Biarritz, le dernier sommet franco-africain de François Mitterrand, qui va s'ouvrir dans quelques jours. Ils s'indignent des polémiques si malveillantes, disent-ils, sur les responsabilités françaises au Rwanda, et se scandalisent plus encore du livre de Pascal Krop qui les rend responsables d'un génocide africain... Danielle demeure murée dans son silence, l'ambiance reste de plomb. Le Président tente de l'intéresser en l'interrogeant sur les futurs locaux de la Fondation *France Liberté*, de s'en faire une alliée en évoquant Hassan II qui sera à Biarritz lui aussi. Il va jusqu'à tenter un éloge du peuple sahraoui. Mais Danielle ne répond toujours pas. Aujourd'hui, elle se moque des Sahraouis et des Kurdes aussi.

Je suis tétanisé. Une caricature du temps de l'affaire Dreyfus me revient en mémoire. Il y a deux planches, représentant un déjeuner bourgeois. Sur la première, tout va bien, chacun devise poliment autour de la table. Sur la seconde, une tornade est passée, l'assemblée est dévastée ;

cette simple légende : « Ils en ont parlé. » Et je me demande s'ils vont en parler, de cette affaire qui fâche. Je ne dois pas être le seul. Jean-Christophe semble sur les dents ; Christine, prête à bondir pour éviter ça – c'est elle, à la demande du Président, qui est allée prévenir Danielle de la sortie de *Paris Match*. Et lui, pas très à l'aise, ne semble pas désireux d'ajouter cette explication familiale à son calvaire. Je comprends mieux son désir si pressant de me voir – « Oui, à déjeuner, oui aujourd'hui... » – son besoin impérieux de travailler soudain...

Mazarine n'était pourtant plus un secret depuis longtemps rue de Bièvre. Dès 1974, Danielle connaissait l'existence de l'enfant, Gilbert et Jean-Christophe aussi. « Cette histoire avec la mère de la petite, elle est dans la maison depuis vingt ans », m'a confirmé un membre du clan. Alors pour Danielle, pour les deux garçons, cela n'a pas été une surprise. Ils savaient qu'ils avaient une sœur, c'était comme ça. » « *La petite* », on l'apercevait parfois, de loin, dans les meetings de la campagne de 1988 ; personne n'ignorait où elle habitait. On connaissait les week-ends de François à Gordes, ses escapades à Venise, les Noëls en Egypte. On savait tout, mais on n'en parlait jamais. Surtout pas lui.

Dans la salle à manger de la rue de Bièvre, l'atmosphère est de plus en plus lourde. Le Président, pour combler ce silence menaçant, se met à jouer à l'hôte confus qui s'excuse auprès de son invité. Il force le trait : « Ah, vous êtes tombé dans une maison d'éclopés... » Le sésame qu'il cherchait depuis le début du déjeuner, il vient de le trouver. Danielle s'est redressée, elle a enfin levé les yeux de son assiette. Il pousse un soupir de misère, et reste attentif. Ça marche, elle aussi se met à soupirer et ne tarde pas à prononcer ses premiers mots depuis le début du repas. Il saisit l'occasion, relance sur leurs problèmes de santé, et les deux « éclopés » s'embarquent dans un savant échange sur leurs malheurs respectifs. Broussais contre Cochin. Les palpitations contre les insomnies. Concours de pilules, pronostics en tout genre. On se plaint, on se compare, on se rassure. La maladie a offert un dérivatif à la terrible tension du repas. Danielle se détend un peu, et on la voit sourire à nouveau. Soulagement général... Le Président l'a emporté par la ruse et la compassion, sur le registre « souffrances partagées » et « vieillesse solidaire ». Il s'est donné du mal, le diable, et il pousse plus loin l'avantage avec ce couplet tragi-comique sur la retraite : « On devrait peut-être nous mettre dans un hospice de vieillards. N'est-ce pas Danielle ? On prendrait quelques meubles, hein ? Qu'en penses-tu ? Quels meubles prendrais-tu... » Danielle, toujours un peu ailleurs, s'indigne : « Mais, François, nous avons Latche, c'est tout de même mieux qu'un hospice... » La farce le conduit à se plaindre du faible héritage qu'ils laisseront à leurs enfants : « On dit pourtant que j'ai la plus grande fortune de France... En vérité, Danielle et moi, nous n'aurons pas grand-chose à léguer, une fois à l'hospice. » Danielle s'emporte vraiment cette fois : « C'est normal, François, si tu n'avais pas tout mis dans ce musée... » Il reconnaît : « C'est vrai, et dire qu'on me prête la plus grosse fortune de France ! Ce que les journaux vont chercher tout de même ! »

Tout allait bien jusqu'à ce mot journaux. Danielle a blêmi aussitôt. Elle a entendu le mot journaux et elle a revu *Paris Match,* et elle a repensé à Mazarine. Il a été imprudent, s'en rend compte. Il s'est laissé aller à sa bonne humeur sadique, à ce petit jeu qui marchait si bien. Mais il sait qu'il n'aurait pas dû, que, dans ces moments-là, le moindre mot, l'allusion la plus indirecte, la référence la plus innocente peuvent agir comme un chiffon rouge. Elle s'écrie tout à coup : « On en a marre de cette ambiance de chasse à l'homme, de cette ambiance de règlement de compte. Si encore il ne s'agissait que de moi, je me mettrais au lit et j'attendrais... » A l'instant précis où elle se met en colère, elle n'est plus la même, plus cette malade éteinte et abattue, la Danielle qui tient tête au Président, cette adolescente intraitable qui a résisté à tout, et même à cet adultère national. Lui se fait tout petit, et acquiesce, penaud. Il ne la contrarie pas, il l'approuve, il tremble à l'idée que ça dérape à nouveau. Il n'hésite pas à me prendre à témoin, moi l'étranger, le tampon : « Vous voyez, Danielle aussi a le syndrome du banc corse ! Ah, le banc corse ! Ce n'est pas si loin, la Corse... »

Autour de la table, tout le monde se force à sourire. Sauf Danielle. Elle est dans le vague. Elle a perdu le fil. Elle se tait, poings serrés. Puis elle lance, sur un ton de fureur : « Ah, si je tombais sur ce Philippe Alexandre, je le giflerais... » Elle a envie de boxer, Danielle. Et pas seulement Philippe Alexandre.

Un jour de novembre 1994, à l'Elysée

Tous les jours, à 14 heures précises, on peut voir de jeunes conseillers pressés, des secrétaires inquiètes sortir du palais de l'Elysée. Ils passent par le 55, faubourg Saint-Honoré, ou par la porte de l'avenue Marigny, plus discrète. Ils regardent à droite, à gauche, derrière eux, et traversent tous la rue avec le même air traqué. Arrivés sur le trottoir d'en face, ils jettent un dernier coup d'œil tous azimuts, et, si rien ne menace à l'horizon, ils s'engouffrent comme des voleurs dans la petite cahute du kiosquiste, à l'angle de la rue du Faubourg-Saint-Honoré. Là, ils murmurent un nom de code au marchand qui les connaît bien maintenant, eux et leur manège. Le brave homme leur glisse un pli qu'ils enfournent aussi vite sous leur manteau.

Tous les jours, ils sont quelques têtes brûlées à braver les consignes du palais, à tromper la vigilance de Charasse, à prendre des risques pour se procurer cette feuille *interdite.* Certains rapportent du kiosque plusieurs exemplaires de la feuille clandestine, ils font du marché noir ou de la résistance, on ne sait pas vraiment. Ils rentrent au palais et se bouclent à la hâte dans leur bureau. Ceux du rez-de-chaussée, dont les fenêtres donnent sur la cour, sont les plus exposés, ils inventent des contre-jours, redoublent de prudence.

Cette feuille interdite dont on ne parle plus, dont on a oublié l'adresse, le nom des journalistes, ce journal qui a disparu, qu'on a rayé de leur vie, c'est *Le Monde*.

Depuis des années, entre l'Elysée et *Le Monde*, les relations étaient tendues, tumultueuses. Un article de plus, une attaque de trop, et la guerre qui couvait, contenue depuis des années, vient d'éclater. A l'Elysée, on n'a pas supporté de voir exhumé et décortiqué ce texte [1] de jeunesse de Mitterrand, pas plus que cet article sur la santé du Président, le 10 septembre. Entre le président Mitterrand et *Le Monde*, tout commence en 1981 avec le soutien de Fauvet, les louanges de Poirot-Delpech au « Président écrivain », la complicité tiers-mondiste avec Eric Rouleau ; et se termine aujourd'hui dans l'aigreur et la haine, sous un déluge d'affaires et d'attaques enflammées de Plenel, et celles en apparence mesurées de Colombani. A l'Elysée, on désigne l'ennemi : cette nouvelle équipe qui dirige *Le Monde*. Entre Colombani et Mitterrand, c'est une vieille histoire. Déjà en 1979, au moment du congrès de Metz, on se plaignait des papiers du journaliste jugés trop ouvertement « deuxième gauche ». Aussi, après le départ d'André Fontaine en 1989, ne vit-on pas d'un bon œil, à l'Elysée, la candidature de Colombani pour la succession à la direction du *Monde*. On disait : « Colombani, c'est la rocardie. » Il avait alors échoué de peu. Mais, cinq ans après, le voilà à la tête du *Monde*.

1. « François Mitterrand, questions d'une historienne », par Claire Andrieux, *Le Monde*, 15 septembre 1994.

L'exemplaire du *Monde* que le Président tient entre les mains est tout frais. C'est l'heure de la lecture de *ce journal*, son privilège malgré le *bannissement* du quotidien dans la maison. Avec le geste du lecteur exercé qui ne s'est jamais fait aux suppléments détachables, il laisse glisser le cahier central, tout en gardant le journal ouvert à la dernière page. Il balaye les titres, revient sur la une, va ensuite aux pages politiques. Il ne lit pas, il épluche le journal, il scanne les colonnes, cherche les signatures redoutées, celles de Colombani et Plenel. Il guette l'annonce d'une offensive, un grand papier, un petit encadré, quelques lignes, tassé dans son fauteuil, courbé comme pour prévenir les coups à venir. Quelques jours plus tôt, il était si concentré, si minutieux dans sa lecture, les mains accrochées au journal, qu'il m'avait oublié. Un article parlait d'une possible rencontre avec Bousquet en 1942 – l'information était reprise d'un article de Stéphane Denis dans *Paris Match*. Le papier n'amenait rien de nouveau, en tout cas pas de preuves. Il était ressorti de sa lecture comme soulagé. Mais, aujourd'hui, *rien à signaler*. Il replie le journal et le range sous une pile de dossiers.

En levant enfin la tête vers moi, il entrevoit le ridicule de cette interdiction, alors il se justifie sans attendre, un peu confus : « Quoi, ces gens-là sont en guerre contre moi, il faut bien que je me défende, quoi. Ils exagèrent, vous ne trouvez pas ? »

Cette histoire d'un vieux président en guerre contre un vieux journal me fascine. Depuis dix ans, au moins, que *Le Monde* est sur la ligne *Washington Post*, il pourrait s'y être fait, tenir son rôle de monarque méprisant et silencieux. On pourrait penser qu'il a le cuir tanné par les affaires et les attaques, que les sarcasmes ne l'atteignent plus ; eh bien, pas du tout. Quand il s'agit du *Monde*, il est toujours à vif. Sa lecture dans l'après-midi, c'est le moment pénible, la petite frayeur intacte, chaque fois, mais à laquelle il ne renonce pas, une drogue en quelque sorte.

Je me souviens du fameux éditorial de Jacques Fauvet en 1981. Ce soutien explicite du *Monde* à sa candidature avait étonné, troublé ses lecteurs et, nul ne le conteste, contribué à l'élection de François Mitterrand. J'interroge le Président pour savoir à quand précisément remonte la rupture.

« Au moment de l'affaire du *Rainbow Warrior*... *Le Monde* a alors instruit le procès contre moi de manière tellement injuste que j'en étais révulsé... Car à aucun moment je n'ai été mêlé à cette affaire. Mais *Le Monde* tenait cette thèse pour acquise et c'est devenu de l'hostilité personnelle à mon encontre. Par la suite, l'Affaire du *Rainbow Warrior* est devenue rentable pour *Le Monde*... (une moue crispée). Cette espèce de journalisme d'investigation – des potins de police, oui ! Certains directeurs du *Monde* s'en seraient méfiés par le passé – a été très bien accepté par les directeurs de ces dernières années... Quand il n'a pas été encouragé. »

Au *Monde*, curieusement, la version est identique. Mais, pour eux, l'affaire du *Rainbow Warrior*, c'est avant tout un *événement refondateur*. Le début d'une reconquête. Car, depuis 1981, *Le Monde*, dirigé par Jacques Fauvet, accompagnait la gauche au pouvoir. Il y avait deux raisons à cela. La première, c'était chez Fauvet la conviction que le pays manquait d'alternance. La seconde, c'était pour certains grands anciens comme Raymond Barrillon, une croyance profonde en l'union de la gauche. Mais, quatre ans après, la sanction des lecteurs était terrible : la diffusion avait baissé d'un quart, le journal avait perdu de son influence, l'institution était menacée. Au même moment, une jeune génération de journalistes émergeait au *Monde*, qui, elle, ne voulait plus faire un journal ami du pouvoir. Le traitement consacré à l'affaire du *Rainbow Warrior*, après avoir inquiété Fontaine et suscité quelques débats internes, avait redonné du crédit au quotidien.

Mais depuis 1985 la guerre ne va pas crescendo, elle n'a

pas toujours été si violente. Il y a eu quelques éclaircies, pendant la première cohabitation en particulier. Mitterrand était anti-chiraquien, *Le Monde* aussi. Ils se sont retrouvés, en particulier ce jour de 1986 où Mitterrand a informé Colombani qu'il ne signerait pas les ordonnances, ouvrant ainsi la première crise grave dans la cohabitation avec la droite. Les relations se sont dégelées quelques mois. Et puis, en 1989, tout s'est dégradé à nouveau. Mitterrand était à l'apogée de son règne, et les gens du *Monde* se plaignaient de son mépris. Ils se souvenaient de ces quelques mots de Mitterrand élu qu'on leur avait rapportés : « De toute façon, Jacques Fauvet a beaucoup moins d'importance que Jean-Claude Bourret et son journal de 13 heures. » Cette phrase avait eu au *Monde* beaucoup d'importance... Un jour où je demandais à Mitterrand s'il l'avait vraiment prononcée, cette phrase, il m'a répondu qu'il n' « écoutait jamais le journal d'une heure ». Puis il a haussé les épaules : « Ça ne m'étonne pas, *Le Monde* n'a guère de considération pour moi. » Il me répondait à côté, comme le faisaient souvent les gens du *Monde*. Il a poursuivi, vindicatif : « Ils me cherchent depuis trente ans. Figurez-vous qu'en décembre 1965, quand j'ai présenté ma candidature contre de Gaulle, *Le Monde* a consacré quinze lignes à la nouvelle (en colère, il me désigne avec deux doigts levés l'épaisseur du texte), *et,* en face, il y avait quinze lignes où le PSU hurlait contre ma candidature... »

D'un camp à l'autre, on se renvoie ainsi la balle. « *Le Monde* n'est pas un journal de gauche », selon Mitterrand, et pour les gens du *Monde,* « Mitterrand n'est qu'un lecteur de la presse de droite, fou de *L'Aurore* et maintenant du *Figaro* ».

« Vous n'avez pas à vous plaindre. Vous êtes aussi mal traité par *Le Monde* que le fut de Gaulle !

– Ah bon... »

Il fait l'étonné. En réalité, il le sait bien, mais il s'en fout.

« Oui, l'article de Beuve-Méry en 1965 sur l'âge du capitaine – où il exige le départ de De Gaulle à cause de son âge – vaut bien quelques papiers de Colombani aujourd'hui...

– Ah, je me souviens pas de ça... »

J'ai du mal à le croire. Il poursuit :

« Beuve-Méry n'y allait pas aussi fort contre de Gaulle, pas aussi bas. (Une pause.) Je le connaissais, Beuve-Méry, on se voyait.

– Souvent ?

– On déjeunait ensemble de temps en temps. (Un air de nostalgie.) C'était un personnage important, quelqu'un de qualité.

– Cette hostilité du *Monde* n'est-elle pas aussi celle de la " deuxième gauche " ?

– Non, je ne crois pas qu'il s'agisse entre ce journal et moi d'un désaccord politique. (Silence. Plus grave soudain, un déni de la tête.) Cela n'aurait pas suffi. Cela n'aurait pas été jusqu'à des attaques personnelles aussi perfides quand il s'agit de parler de moi. »

Il soulève quelques dossiers, reprend le journal caché un peu plus tôt. Il regarde à nouveau la manchette et le repose d'un air pincé. Il lève sur moi un œil soupçonneux :

« Vous connaissez ce Plenel ? »

Il n'attend pas la réponse.

« Je ne le connais pas, je ne l'ai jamais rencontré, je ne lui ai jamais rien fait... » Pense-t-il à ces écoutes téléphoniques chez Plenel – et d'autres – dont on l'accuse ?

L'œil toujours soupçonneux, il poursuit : « En fait pour Plenel, c'est peut-être une vengeance d'ancien gauchiste... Je ne sais pas... Tous ces gens qui continuent à me harceler, mais ça sert à quoi ? Leur mai 68 n'a jamais débouché... Le poids de chacun a été pesé... Ce ne sont pas eux qui ont fait l'Histoire. »

Un silence.

« Et puis vous savez, ce sont eux qui m'ont le plus violemment attaqué sur Vichy. Pour des gens qui se veulent aussi pointus, leur propre origine ne l'est pas spécialement. Il y a l'histoire d'Uriage... » Un air de dire « eux aussi y étaient à Vichy ». Puis il rompt cette discussion par cette réponse absurde : « Alors qu'ils s'occupent de leur propre passé ! »

Sur son bureau, depuis plusieurs jours, il lit à chacun de ses visiteurs ce texte de 1939, très ambigu, de Beuve-Méry sur Hitler.

Non, décidément, il ne s'y fait pas à la haine du *Monde*. De fait, l'organe officiel choisi par l'Elysée, c'est aujourd'hui *Le Figaro*.

Les retrouvailles entre Mitterrand et Giesbert viennent d'avoir lieu, après dix-huit ans de brouille. En 1972, le jeune Franz-Olivier Giesbert est au *Nouvel Observateur* quand il fait la connaissance de Mitterrand. Très vite, Mitterrand l'adopte, s'exerce à être un Pygmalion comme il sait l'être avec les jeunes hommes ; il lui propose même d'abandonner le journalisme pour une circonscription. Fin 1976, Giesbert lui apporte le manuscrit tant attendu de *La Tentation de l'Histoire*. Le livre avait du souffle, quelques accents lyriques, et juste ce qu'il fallait d'acrimonie, mais Giesbert appuyait parfois là où ça faisait mal : Vichy, l'Algérie, l'Observatoire. C'est la rupture.

Ainsi, durant toutes ces années, pour Mitterrand, Giesbert, au *Nouvel Observateur*, ce sera un *rocardien* : à peine arrivé au *Figaro*, il deviendra Doriot. Je me souviens de son grognement quand, en 1993, Giesbert reçut le grand prix du roman de l'Académie française [1]... Il m'avait dit : « Tiens, vous devriez dénoncer ça, vous qui êtes de la presse libre ! »

Mais aujourd'hui, tout est rentré dans l'ordre. Mitterrand

1. Franz-Olivier Giesbert, *L'Affreux*, Grasset, 1992.

espère un Goncourt pour Giesbert et le compare à Jules Renard.

Et les grandes interviews du président de la République vont non pas au *Monde,* mais au *Figaro.* Mitterrand se venge.

Mitterrand a beau idéaliser ces quelques déjeuners avec Beuve-Méry dans les années 1960, il sait bien que depuis toujours, *Le Monde* le traite comme un politicien ordinaire. Et cela, il ne le digère pas. Car il y a Mendès, et cette différence obstinément rappelée entre Mendès le juste et lui le diable. Leur « obsession Mendès », comme il dit aujourd'hui, en fait la sienne. Mendès, le spectre de Mendès qui, à la fin de son règne, vient encore le narguer. Depuis quarante ans, qu'il s'agisse du *Monde* de Beuve-Méry, de *L'Express* de Servan-Schreiber, de *L'Observateur* de Claude Bourdet puis de Jean Daniel, le seul qu'on respecte et qu'on désire, c'est Mendès.

Sa rancune est tenace. La semaine dernière, il m'a encore raconté l'histoire de cette « une » de *L'Observateur* en 1965. Gilles Martinet avait préparé une couverture commentant ainsi la candidature Mitterrand contre de Gaulle : « Mitterrand, jamais. » Il avait fallu à Claude Estier une nuit de négociations pour la transformer en « Mitterrand, pourquoi ». Chaque fois que Mitterrand raconte cette histoire, il parle de Martinet en disant « cette vipère lubrique ». Martinet qu'il fera généreusement ambassadeur à Rome, probablement pour l'éloigner. Parfois, Mitterrand poursuit avec cette autre histoire du temps de l'Observatoire où des journalistes de l'hebdomadaire avaient tenté de sauter les grilles du fameux jardin pour savoir si Mitterrand avait menti.

En fait, Mitterrand n'aime pas les journalistes. Peut-être parce qu'il a été ministre de l'Information, la liberté de la presse lui paraît être une belle idée, un peu théorique. Et il s'agace de l'indépendance du *Nouvel Observateur* dont il aurait aimé faire son hebdomadaire. Déjà, aux temps héroïques de *France Observateur*, il fulminait contre Martinet, Bourdet et Viannay : « Qui sont ces gens ? Ils veulent me battre sur ma gauche mais ce ne sont que des hommes politiques avortés. » Et aujourd'hui encore, quand Jean Daniel, en réponse à ses plaintes, lui dit qu'il n'a pas que des ennemis dans ce journal, lui parle de Pierre Bénichou, neveu de Georges Dayan, ou de Robert Schneider, ancien rocardien ayant eu son chemin de Damas, Mitterrand répond : « Eux, ce sont les miens. Mais tous les autres, chez vous ! » Car, à l'*Observateur*, la deuxième gauche est toujours là et le diable s'appelle Jacques Julliard.

Le 17 novembre, déjeuner chez Minchelli

A peine un mois plus tôt, il s'est lancé ce défi d'une tournée des villes de France. « Ajoutez-moi une ou deux villes de droite, pour que ce ne soit pas trop facile », demandait-il. Ce tour des régions françaises tient autant des voyages de Pétain que des grandioses visites bretonnes ou strasbourgeoises du Général avant son départ. Cette tournée est peut-être un adieu au pays, mais elle est surtout sa manière de dire « ça passe ou ça casse ».

Après Quimper, Foix, Blois et Chartres, il a prononcé ce matin un long discours devant l'Association des maires de France dont le vice-président est Michel Charasse. Il a fait un triomphe. « Vous auriez vu cette foule... L'émotion de ces milliers de maires, presque tous de droite... Ces gens debout, parfois en larmes. Ces applaudissements à la moindre de mes phrases... C'était impressionnant... Chirac était là, au premier rang, ému et si prévenant avec moi. Tiens... » Candidat à la présidence de la République depuis quelques jours seulement, Jacques Chirac excite la curiosité de Mitterrand, si impatient que la bataille de la présidentielle s'engage enfin.

Il dit : « Tiens. » Un « Tiens » à haute voix, un « Tiens » insistant de la tête qui semble vouloir dire : quelle surprise, quelle rencontre... Après l'étonnement, voilà qu'il a comme un air de regret : « Je l'ai peut-être mal jugé. Ou trop terrorisé... »

On dirait que, ce matin, il a eu un coup de cœur – bien tardif – pour son ennemi, le pire pendant tant d'années, celui dont il disait en 1988 : « C'est un faux dur, entouré de faux professionnels. Il pense comme il monte les escaliers. Il parle comme il serre les mains. » Oubliés ces vingt-six mois de haine entre 1986 et 1988, quand le Président pensait que Chirac cherchait à l'humilier et que Chirac, convaincu que Mitterrand voulait lui nuire, faisait sien ce conseil de Pompidou : « Ne vous laissez jamais impressionner par Mitterrand. Vous ne devez jamais croire à ce qu'il dit, quoi qu'il raconte. » Oubliées toutes ces années de combat que résumait très bien ce duel télévisé de 1988, à la veille de la présidentielle, qui suintait la haine.

Aujourd'hui, le passé ne compte plus. Il est revenu, touché par l'émotion, devinée chez Jacques Chirac, de sa détresse d'homme seul. « Au fond, Chirac, c'est un affectif... Je l'ai vu dans ses yeux ce matin. C'est un homme qui souffre, c'est un homme seul. Il a été trahi par Balladur – et de quelle manière ! Il est lâché par les siens, tous ces soi-disant gaullistes. Il a bien des malheurs dans sa vie... C'est difficile d'imaginer à quel point il doit être seul aujourd'hui. C'est pathétique, terrible. »

Ce grand calculateur a des accès de sincérité. Et, à l'instant, il est sincèrement triste, sincèrement compatissant, sincèrement proche de l'ennemi d'hier. Il se trouverait même une communauté de destin. Chirac lâché par les siens. Comme lui. Ils sont seuls, tous les deux.

Aujourd'hui, il est triste comme un père. Ses fils de

gauche « ne veulent pas être compromis par lui », dit-il, amer. Delors, lui, n'a pas le profil du fils. Chirac passait par là, il était disponible. Tous deux venaient de se découvrir un point commun, outre la solitude : une solide détestation de Balladur. Ça crée des liens. Mitterrand lui trouve même des vertus, à Chirac, maintenant : « Il est beaucoup moins à droite que Balladur en vérité... Balladur, c'est la vraie droite, c'est beaucoup plus à droite qu'on ne l'imagine, c'est la reconquête, les Rothschild, les milieux d'affaires... Ce n'est même pas une classe sociale, même pas le produit d'un arrondissement parisien, à peine celui d'une ou deux artères du 16e arrondissement. Proust a écrit des tas de choses sur des gens comme lui. »

Le Président prend plaisir à raconter le bon tour qu'il a joué à Balladur, le 25 août dernier, à l'Hôtel de Ville. On fêtait la libération de Paris. Le protocole plaçait le Président et le maire de la ville avant le Premier ministre. Le Président et le maire devaient signer un registre. Ils auraient pu faire ça très simplement, mais ils s'étaient isolés longtemps tous les deux. Si longtemps que tout le monde avait commenté l'aparté. C'était devenu un événement politique. et tous les journaux avaient publié cette photo de Balladur, visage fermé, qui poireautait. « Vous auriez vu la tête de Balladur, quand je suis revenu avec Chirac. Une tête... » Il avait alors été frappé par la détermination de Chirac : « En revenant dans le couloir, Chirac m'a dit : quoi qu'il arrive, j'irai jusqu'au bout. Ils ne le savent pas, mais j'irai jusqu'au bout. » C'est ce jour-là probablement qu'est née entre eux cette connivence des faibles.

Il y a chez Mitterrand le désir de vibrer, de penser à autre chose qu'à sa mort. Depuis octobre, par rejet de Balladur, en raison de l'absence de la gauche, par envie de se distraire dans cette « campagne si terne », il suit Chirac de près. Entre l'Elysée et l'Hôtel de Ville, les contacts sont devenus réguliers – à Lauvergeon les chiraquiens et à Védrine les balladuriens, lui qui s'entend si bien avec Bazire... Les émissaires se croisent, on s'échange des messages et des amabilités.

Il y a trois semaines, tout à sa passion pour le match Chirac-Balladur, il n'y tenait plus. Il voyait le temps passer et Chirac qui ne se déclarait toujours pas. « Mais pourquoi n'y va-t-il pas, mais pourquoi n'y va-t-il pas? répétait-il. S'il n'y va pas maintenant, dans trois semaines, il sera mort et enterré. Oui, c'est maintenant qu'il doit y aller. » Il fallait alerter Chirac. Le 22 octobre, il chargea une de ses relations de ce message en deux points : d'abord, il faut vous déclarer dans les quinze jours, sinon vous n'avez plus aucune chance; ensuite, cette déclaration devra se faire hors de Paris, dont vous êtes le maire, et de préférence dans un lieu fortement symbolique. Le 1er novembre, jour de la Toussaint, Jacques Chirac, à peine de retour d'un voyage au Japon, recevait étonné l'émissaire de Mitterrand. Le rendez-vous dura deux heures. Le message était passé. Trois jours après, Jacques Chirac choisissait Lille, la ville du général de Gaulle, pour déclarer sa candidature dans un appel publié par le quotidien *La Voix du Nord.*

Ce message de la Toussaint s'est révélé un acte stratégique majeur. Depuis, Mitterrand aide Chirac à sa manière, par de petites formules retentissantes. Ce matin, à la tribune du congrès des maires, il a eu cette petite phrase assassine : « Il faut que le chef d'Etat aime les Français et que les Français sentent qu'il les aime. » Aussitôt, on a essayé de plaquer cette phrase sur Balladur, le futur président, on en était sûr. Mais ça ne collait pas. Tout à coup, du Premier ministre, on ne voyait plus que les chaussures anglaises et le quant-à-soi. Non, ça ne pouvait pas être lui, « le chef d'Etat qui aime les Français ». En une simple phrase, posée au détour d'un discours anodin, Mitterrand, monarque condamné et sans pouvoir, a instillé le poison. On ne pourrait plus voir Balladur sans s'en souvenir.

Je lui demande s'il a prémédité cette déclaration. « J'y pense depuis ce voyage officiel en Corse avec lui, en 1993, répond-il. C'est là-bas que je me suis rendu compte, à l'accueil qui lui était fait, aux gestes de la foule, au regard des gens, que les Français n'aimeraient jamais cet homme-là. Et que lui, de toute façon, ne les aimait pas, ne les comprenait pas non plus. »

Mais cela n'atténue qu'un moment la tristesse du Président. De toute façon, lui s'en va : « Mais, malgré cela, malgré les affaires, Balladur sera probablement élu. Nous aurons un second tour droite-gauche, avec Mauroy contre Balladur. Il sera élu, mais ça ne durera pas. Au bout d'un an, les Français se rendront compte de ce qu'ils ont fait. Ils descendront dans la rue, ça se réglera comme ça... Et là, Balladur sera en danger. Dommage que Chirac n'ait pas ses chances face à lui. »

Un autre jour de novembre 1994

C'est un petit trou à la tempe droite. Un petit trou rouge, régulier, bien tracé, comme l'impact d'une balle. L'autre jour, c'était un autre trou, sur le front – on le voit toujours. Il y a eu aussi cette blessure à la main, il en reste la trace. Et puis toutes les autres plaies qu'on a oubliées, qui se sont effacées, ou celles que l'on ne voit pas. Ces stigmates sont comme les stations de son calvaire. Il les accumule, il les collectionne, il les raconte. L'autre jour, un voyage en province, ce vertige tout à coup et puis la chute, ce meuble auquel on s'agrippe et l'angle de ce meuble qui rencontre la tempe...

Il s'effondre en silence, dans l'ombre, de plus en plus souvent, pauvre roi. Mais ces plaies, il ne leur en veut pas, il en rit même, et répète quand ça va mieux : « Pour éviter les casse-pieds et leurs questions, je raconte que c'est un Black à Pigalle qui m'a fait ça... »

Il vient de commencer un nouveau traitement par radiothérapie. Il a l'air de souffrir plus que jamais. « Je suis brûlé de l'intérieur, nous dit-il. J'ai déjà fait neuf séances, mais j'ai dû m'arrêter. C'était trop insupportable. Je suis une plaie vivante. Dimanche dernier à Latche, c'était intenable... Jamais je n'ai souffert autant... Je me tordais de douleur... »

Il frissonne. Et tandis qu'il raconte, il revit l'épouvante de ce dimanche, comme un explorateur rescapé d'une contrée terrifiante. Il était en enfer, il en a ramené cet éclair de frayeur dans les yeux. Il a fait là-bas des rencontres que les mots ne peuvent pas dire. Il a connu des brasiers. Il a hurlé, on ne l'entendait pas. Il a les mains tordues qui disent l'homme escargot que l'on doit devenir dans ces moments-là.

« Je souffrais le martyre. On a fait venir un médecin. Il a voulu me faire une péridurale de morphine. On m'avait dit que ce genre de choses, c'était pour les tout derniers jours. » Il s'arrête et précise : « Mais je sentais que je n'en étais pas encore là... Finalement, il m'a fait une simple piqûre de morphine. Et, alors que je me tordais depuis des heures, en vingt minutes, comme par magie, la douleur s'est évanouie. » Un geste de prestidigitateur. Table rase de la douleur. De son regard s'est envolée la couleur du cauchemar. « J'ai à nouveau senti mon corps qui n'était plus perclus... Comme mon corps est sain et que je n'ai jamais pris de médicaments de ma vie, je suis très sensible. Alors, en très peu de temps, la morphine a fait un effet... »

Depuis cette deuxième opération, la souffrance le préoccupe plus que tout, comme il l'a confié à Jean-Pierre Elkabbach en septembre dernier. « Je serai président jusqu'au bout, sauf si la souffrance... ». Elle l'inquiète, il la redoute, il n'est pas sûr de tenir face à elle.

« Avec un cancer de la prostate, on meurt dans d'atroces souffrances. Vous le saviez ? » Il ne laisse pas le temps de répondre, prend une écrevisse et la presse, la casse doucement. « Ce cancer-là attaque directement les os. Ils s'effritent... Petit à petit, tous les os, les uns après les autres, se brisent comme cela. On peut brusquement se casser en deux ou en mille morceaux. » Et, comme s'il n'était assez explicite, il continue à broyer ce qu'il reste de l'animal. « Le pire dans cette maladie, c'est la fin. Mon père et mon frère Philippe sont morts comme ça. J'ai vu leur souffrance... A croire que c'est le lot de tous les Mitterrand mâles. »

Le 26 novembre 1994, déjeuner chez Lulu

Dans les rédactions, les nécros sont prêtes. A TF1, on aligne une heure et demie d'archives. A France 2, on a voulu se surpasser, deux heures trente de bandes sont prêtes. A France 3, selon *Le Canard enchaîné*, on a mis en place un dispositif « décès du Président », les cars régie sont prêts à partir. Les journalistes appellent l'Elysée, ne croient pas l'Elysée, alors ils font le tour des relations du Président. La rumeur est folle, elle court, électrise la ville, les ministères, les cabinets balladuriens, les cercles deloristes, tous les maîtres du monde.

Hier, il était mort, c'était sûr, foi d'inspecteur des Finances. Il y avait eu ce malaise en conseil de Défense, on avait vu des prêtres entrer à l'Elysée, une ambulance filer, un cercueil... La veille, il se mourait déjà en cachette, dans une mystérieuse clinique hors de Paris. Il agonisait, affirmait ce ministre de Balladur, l'ami d'un ami nivernais lui avait tout raconté, il était à son chevet et avait même tenu sa main glacée... Aujourd'hui, c'est *Paris Match* qui annonce qu'à l'Elysée on a pris toutes les dispositions républicaines pour les obsèques du Président.

On ne sait plus qui croire. La rumeur qui a martelé toute la semaine ou cet endiablé qui, à l'instant, maudit la terre entière... Le temps de la rumeur est trompeur comme la lumière des étoiles. Entre l'émission et la réception, il y a sa course mystérieuse. La rumeur ne vit pas en temps réel, elle ne se déplace pas en ligne droite. Elle louvoie, elle bégaie, elle a raison trop tôt, elle a raison trop tard, mais tombe juste de temps en temps, comme une montre arrêtée donne l'heure deux fois par jour. Le Président sait que la rumeur n'a jamais été aussi forte. Alors, il s'efforce de rassurer, avec cette réponse vague : « La rumeur confond. » Il se désigne avec un geste de dire : « Voyez, je suis là avec vous. »

Le Mitterrand qui est devant moi est un Volpone qui grogne et s'amuse de son propre deuil. Celui qu'on donnait pour mort ce matin est un homme debout, traits tirés, mais visage plein. Œil cruel, main solide, le contraire de cette grande main molle qui l'a toujours frappé chez de Gaulle. Un homme dans la bourrasque, rendu plus sec et plus teigneux, comme réveillé par la douleur et ses morsures. Il arrive et il tempête, bouche pincée. Il n'a pas dormi. Il revient de Baden-Baden, où on l'a fait « homme de l'année ». « Cela faisait plaisir à Kohl... A moi aussi d'ailleurs. » Le moribond se porte bien. Il est de très mauvaise humeur. « Mais j'ai souffert de la négligence de certains de mes collaborateurs. » Qui ? Le chef du protocole, sa cible favorite ces temps-ci ? Le cuisinier de l'Elysée dont il se plaint souvent ? Son médecin, mais lequel ? L'irréprochable Marie-Claire Papegay, sa secrétaire qu'il malmène ces temps-ci ? Depuis peu, il est de si méchante humeur qu'à l'Elysée on l'appelle « Tatie Danièle », raconte Laure Adler [1].

« Les gens se foutent de moi ! Vous voyez que je ne peux pas m'asseoir, eh bien, ils n'avaient pas prévu de fauteuil pour moi ! Je ne peux pas faire de longs trajets : il m'a fallu pourtant monter des escaliers qui n'en finissaient pas ! C'était l'horreur ! Quant à obtenir un verre d'eau, ça, ça relevait de l'exploit ! » Il s'arrête un instant. Il cherche sur qui faire fondre la foudre. Pas longtemps, il a une cible toute trouvée : « Regardez, même Gubler, avec qui j'avais rendez-vous à 10 h 30 pour la séance de radiothérapie, n'est pas venu. »

Ce Mitterrand-là ne va pas mourir demain. Il dévore, commande des huîtres et en redemande, goûterait bien de ce boudin, ratisse toutes les purées de la table, finit ses endives, puis pique chez les autres, et s'enfile cet apple crumble qu'il déteste pourtant à cause de la vanille, mais bon... L'ogre engloutit les crustacés avec autant de rage qu'il se paie ses contemporains. Stéphane Denis et ses articles dans *Paris Match* ; Izetbegovic, le président bosniaque qu'il n'aime pas beaucoup ; ces idiots de banquiers qui, à force d'écouter les rumeurs sur sa mort, ont fait chuter le franc. Tout est bon pour fixer sa rancœur. Mais depuis que Rocard n'existe plus, sa proie favorite c'est, on l'a vu, Edouard Balladur : « Toutes ces rumeurs, cette histoire d'obsèques républicaines, c'est Balladur – ses services de propagande plutôt – qui prend ses désirs pour des réalités. Balladur qui dit et laisse dire, efficacement relayé par mes ennemis, une certaine presse, les rocardiens et autres ex-gauchistes ralliés à la droite... » Il répète : « L'exaltant M. Balladur est pressé. Mais il n'est pas encore président, il l'oublie trop souvent. » Balladur lui a annoncé, quelques jours auparavant, sa décision d'être candidat. Le Président

1. Laure Adler, *L'Année des Adieux*, Flammarion, 1995.

raconte le rendez-vous, les amabilités, les soudaines prévenances du Premier ministre, qui en a profité pour lui demander la permission d'aborder les sujets de politique étrangère – « oh juste un peu, pour exister »... « Mais maintenant, je vois clair avec Balladur. Avec lui, c'est la technique de l'étrangleur ottoman. Il est tout doux, il s'insinue, il vous neutralise, et puis, le moment venu, couic... » Il fait le geste et il reprend : « Il est fin prêt, Balladur, il attend que je m'en aille. Il va dans les îles pour gratter le point qui lui manquera au second tour. Il pense à tout, surtout que, dans ces coins-là, on sort un peu ce que l'on veut des urnes, et un point ce n'est pas négligeable. C'est ce point qui m'a manqué en 74. »

Encore une fois, il parle de ces Conseils des ministres qu'il ne supporte plus : « Ce sont des visites médicales. Quand on me serre la main, j'ai l'impression qu'on prend mon pouls ou ma tension... Tous les mercredis, ils m'auscultent ainsi, et ils se demandent quand... Je le vois bien... » Il poursuit : « Dire qu'ils ont eu le culot de faire rentrer Bernard Debré au gouvernement, croyant être mieux renseignés sur ma santé, sur la date précise de ma mort, peut-être même... Ils ne savent même pas que Debré n'a jamais été mon médecin. »

Il récapitule le nombre de ministres de Balladur démissionnaires. Alain Carignon en juillet, Gérard Longuet en octobre, Michel Roussin il y a quelques jours... Et il conclut, gourmand : « Et de trois ! Il a raison d'être pressé, Balladur. Trois ministres inculpés qui démissionnent. On n'a jamais vu ça dans la République. On dit même qu'il y en aurait un quatrième, bientôt. Et Méhaignerie, c'est pour quand ? Quatre, ça fera beaucoup. Mais à partir de combien ce sera trop ? Ah, si c'était arrivé à la gauche, ce n'est pas la démission du Premier ministre que nous aurions eue – et bien plus tôt – mais celle du président de la République ! »

Autour de la table, on lui dit qu'il exagère, qu'il est

injuste, que Balladur est traumatisé par la mort de Pompidou, et que ce triste souvenir le pousse sincèrement à la compassion et à une retenue que tout le monde lui reconnaît. Il rabroue les contradicteurs : « Si ce n'est pas lui directement, ce sont les siens. » L'un de nous insiste, lui apprend que Nicolas Bazire conserve avec émotion, dans le sous-main de son bureau à Matignon, une photo où lui, François Mitterrand, alors ministre de la France d'outre-mer, posait avec M. Bazire père, haut fonctionnaire en poste en Afrique. Un moment d'attendrissement. « Ah, oui ? » Et son courroux repart : « Vous êtes bien naïfs... ! Vous vous laissez berner ! Vous ne comprenez rien ! Les balladuriens ont un intérêt vital à me pousser dehors, et tout de suite. Aujourd'hui, ils ont toutes leurs chances. Mais demain, rien n'est sûr. Il y aura de nouvelles affaires. Chirac, pour l'instant, ne remonte pas... Mais il a des méthodes. Il peut trouver comment abattre Balladur. »

Le seul qui pourrait rivaliser, dans l'agacement, avec Edouard Balladur, c'est Jacques Delors. Le Président revient de Liévin. Il tenait à ce voyage au bout de la gauche, façon *Germinal*, pour saluer les socialistes réunis en congrès, et surtout pour souligner *a contrario* l'absence de Delors. Aujourd'hui, il explose : « Delors ne veut pas être trop marqué par le Parti socialiste, comme si c'était honteux d'être socialiste ! Il a peut-être peur qu'on s'aperçoive qu'il est de gauche ! D'ailleurs, Delors, c'est pas vraiment la gauche, les gens comme lui ne sont obsédés que par l'union avec le centre... Comme Rocard. Oui, Delors, c'est comme Rocard [un temps de réflexion]... en moins tordu tout de même, en moins faiseur d'histoires. Les rocardiens n'ont pas dit leur dernier mot, ils ne croient plus aux chances de leur champion, mais avec Delors, ils ont trouvé une parade. Si par miracle Delors y allait, ils prendraient le contrôle de la campagne et s'empareraient du pouvoir en cas de victoire. Les rocardiens n'ont pas désarmé... »

Il a dit ça d'une traite, comme s'il avait besoin de se libérer. Il revient à la charge : « Delors, c'est un type compliqué, il ne s'est jamais vraiment frotté aux électeurs. Je l'ai vu tant de fois hésiter que j'en viens à me demander si, après s'être tant contorsionné, il aura vraiment le courage d'y aller. »

Le 6 décembre

Mitterrand se moque. « Vous avez vu Giscard ? Vous avez vu ce roman [1] grotesque, où il culbute une auto-stoppeuse... ? La sexualité de Giscard, c'est passionnant ! Il a dû découvrir ça sur le tard, en devenant Président. » Il prend l'assistance à témoin et, très enjoué, il répète : « Imaginez-le, lui, avec cette auto-stoppeuse ! » Il jubile, sourire aux lèvres : « Vous vous rendez compte, quel destin ! Après avoir été président de la République, il est devenu une sorte de figure nationale un peu folklorique, qui nous raconte ses émois érotiques... » Mitterrand en rajoute : « Il faut qu'il se dépêche, Giscard, il n'est plus tout jeune, dit-il avec une fausse commisération. Il va sur ses soixante-dix ans... Sa dernière excentricité, c'est d'être maire de Clermont-Ferrand, et ce n'est même pas sûr qu'il y arrive ! Sans parler de sa menace de candidature : il veut ennuyer Balladur qui lui a pris l'UDF, mais, le malheur, c'est qu'il ne pèse plus rien... » Je l'interromps en lui disant que Giscard est définitivement sorti du jeu politique en 1981, avec ce départ ridicule, mais il n'est pas d'accord : « Détrompez-vous, lorsqu'il a quitté l'Elysée, il n'était pas fini. Il aurait pu se ressaisir, s'organiser, avoir des hommes à lui, mais il s'y est très mal pris. Giscard, ce n'est qu'un tacticien, un homme à courte vue. Il sait sauter sur l'occasion, créer l'événement,

1. Valéry Giscard d'Estaing, *Le Passage*, Robert Laffont, 1994.

faire des coups, mais il n'a jamais eu de stratégie, il n'a jamais tenu de cap. C'est curieux d'ailleurs... »

A chaque moment de cette discussion, il cherche ses mots pour être plus cruel, plus cinglant... Il étudie le cas Giscard en entomologiste. Depuis que l'autre l'a battu à la présidentielle de 1974, il examine et jauge l'animal Giscard, sous toutes les coutures. Il se prend le menton : « Voilà... En fait, il n'y a qu'un mot pour résumer ce qu'il est, et au fond ce qu'il a toujours été : braque. Oui, je pense qu'il est profondément braque... » Ce vieux mot, « braque », claque comme une revanche du destin, une façon de dire que Giscard n'a été qu'un accident de l'Histoire, un intermède aberrant entre le gaullisme et lui, un simple accident. Un empêcheur de destin, et quel empêcheur !

En 1974, Mitterrand était prêt, c'était le bon moment, le meilleur, pour conquérir le pouvoir. Mais, à quelques voix près, il était passé à côté, encore une fois. Peut-être était-il trop tôt pour son rendez-vous avec les Français, peut-être lui trouvait-on alors trop l'air d'un perdant. Il faut se souvenir que, en ce temps-là, le moderne, le visionnaire, le gagneur, c'était Giscard. Mitterrand, lui, c'était l'*honnête*, le *rustique*, l'*homme du passé*, dépassé. Il y avait l'aisance folle de Giscard et l'opiniâtreté un peu terne de Mitterrand. Il faut se souvenir de cette terrible joute télévisée, ce ring où un Giscard, acclamé par les élites et adoré des femmes, sautillait avec brio et boxait un Mitterrand K.-O. debout, un Mitterrand pataud qui ne parvenait pas à répondre, un Mitterrand sonné, curieusement absent. A trois cent mille voix près, le 5 mai 1974, il avait vu son destin se briser. « Une situation comme ça ne se représentera plus », avait-il dit ce soir-là à ses amis.

François Mitterrand ne parle jamais de cette élection de 1974, comme si elle n'avait pas existé. Il aime raconter, surtout ces derniers temps, la campagne de 1965 contre de

Gaulle, cette flamboyante épopée partie de rien. Il revient parfois sur la marche triomphale de 1981, sur le congrès de Metz en 1979, celui où Rocard avait failli l'emporter. Mais sur 1974, rien. Pas une pointe de nostalgie, jamais la moindre anecdote. Un trou noir. Je l'y pousse aujourd'hui.

« Après avoir été battu par Giscard, quel était votre état d'esprit ?

– Je me disais que j'avais manqué ma dernière occasion d'être élu... J'allais finir ma vie ainsi, dans la peau d'un chef de l'opposition. »

Il s'interrompt, et ajoute un ton plus haut.

« Et que ce n'était pas déshonorant. »

Il ferme les yeux, comme s'il imaginait la vie qui aurait été la sienne s'il n'avait pas été président, sa vie autrement, dans la peau d'un Jaurès, d'une sorte de Moïse de la gauche qui ne serait jamais arrivé en Terre promise. Il doit se repasser cette histoire souvent et se demander quelle aurait été alors sa légende, plus grande, plus nette, peut-être... Il a dû finir par trouver l'idée jolie, mais ennuyeuse.

Il reprend sans que j'aie besoin de le relancer : « C'est en 1974 que j'aurais dû être élu. J'avais cinquante-huit ans. La situation économique internationale était moins dégradée qu'en 1981. J'aurais eu plus de marge de manœuvre... Mais le destin en a voulu autrement. »

Le déjeuner a commencé comme un vaudeville avec un Giscard dans les champs, et se termine par cette méditation à haute voix, grave soudain : « Quand j'ai été élu, j'avais soixante-cinq ans... Ce n'est plus un âge où l'on peut rêver. »

Il se tait maintenant. A quoi pense-t-il ? A ce qui aurait été changé si, une fois arrivé au pouvoir, il avait pu rêver encore... ?

Le 10 décembre, à l'Elysée

Nous sommes à J — 1 de la décision définitive de Jacques Delors. Demain, dans ce 7/7 tant attendu, il annoncera s'il se présente à la présidentielle. Personne n'en doute, il sera candidat et sera président dans quelques mois. Il est 11 h 45. Marie-Claire Papegay, de permanence ce samedi, tente de passer une communication au Président. Mais il ne veut prendre personne. Elle insiste : « C'est Emmanuelli. » Il hésite, dit non, puis « Oui, oui ». Allongé sur un divan au fond de son bureau et caché derrière l'immense maquette de la TGB, il saisit le téléphone portable qu'on lui tend.

François Mitterrand : « Allô... je ne vous entends plus... Vous êtes dans les Landes ? Vous en avez de la chance... »

Henri Emmanuelli : (...)

François Mitterrand : « Ça vous étonne, sa décision ? Moi, pas du tout... »

Sa voix est sourde, mais je n'ai aucune peine à deviner, à travers les bribes lâchées, qu'ils parlent de la longue discussion qu'Emmanuelli a eue cette semaine avec Delors. Coup de théâtre, ce dernier ne se présentera pas.

François Mitterrand : « Eh oui, c'est sa formation. C'est un cachottier... Mais moi, je vous le prédis depuis six mois au moins... » (Air narquois, plutôt gai.)

Henri Emmanuelli : (...)

François Mitterrand : « Ce n'est pas très convenable ce qu'il fait. Ce n'est pas un politique, pas un socialiste. Et puis, ce qu'il vous a fait à Liévin... »

Henri Emmanuelli : (...)

François Mitterrand : « Bien sûr, maintenant il va falloir envisager les choses en fonction de cette situation nouvelle... Mais il ne faut pas se précipiter. Si je peux faire quelque chose... Oh, pas grand-chose (air très modeste)... Vous savez, je suis un retraité... Alors à mardi... »

Le 15 décembre 1994, déjeuner chez Minchelli

Depuis dimanche, la France est consternée par la décision de Jacques Delors. Elle a perdu un président. La gauche est en deuil et la droite respire. Mitterrand, lui, fait l'indifférent : « Delors aurait fait un bon candidat mais un si mauvais président ! Moi, je ne suis pas catastrophé par cette nouvelle que j'annonce depuis six mois. C'est simple – lisez bien les réactions – ce sont les gens de droite qui se pâment devant ce retrait ! Ce sont les gens de droite qui s'enthousiasment pour lui, portant au pinacle son abnégation et sa rigueur morale. Tu parles..., ils n'aiment que la gauche qui perd. C'est pour cela qu'ils ont toujours aimé Rocard, et maintenant Delors. »

Le Président exploite le renoncement de Delors. J'y décèle une jouissance, une certaine fierté à se savoir encore si fin analyste (seuls Chirac et lui l'avaient prédit), un soulagement. Il en avait plein les oreilles de cette passion pour Delors. Et Delors la vertu... Et Delors la morale... Et le livre de Delors... Et, aujourd'hui, il considère les airs catastrophés autour de la table et attaque, enjoué : « Cette tête qu'il avait, dimanche chez Anne Sinclair... Cette tête des mauvais jours, ce visage long, coincé, antipathique. Oh, il avait vraiment une sale tête ! » Au moment où il dit cela, il se transforme en un méchant mime qui, avec les deux mains appliquées sur le visage, tente de restituer le visage pincé de Delors ce soir-là. Il mime une tête de poire renversée, un regard de chien battu, des lèvres pincées. « Son numéro était indigne. Ce faux suspense, cette mise en scène, cette déclaration minable à la fin de l'émission, c'était pitoyable ! *Oh, un tel non-événement en direct, ce n'est pas tous les jours que cela arrive* ! »

Il attendait ce moment depuis si longtemps, il se défoule : « Delors vient enfin de révéler sa véritable nature politique :

un type sans volonté politique, sans véritable courage... Et à la télé, il a plus souvent cité Bayrou – qui a quand même mis un million de personnes dans la rue avec la loi Falloux – que le Parti socialiste, vous vous rendez compte ! »

Plus il va, plus il enrage. Il se libère de son silence contraint depuis cinq mois : « On s'extasie devant tant de probité. Mais ce n'est qu'une comédie médiatique. Le moteur de cette opération, c'est sa vanité. On parle de lui, on le flatte dans les journaux, il passe à la télé et voilà M. Delors rose de bonheur... Est-ce qu'on se rend bien compte de la vanité du personnage qui *n'y va pas* parce qu'il n'a pas reçu de signes du centre et parce qu'il s'indigne qu'on n'ait pas lu son livre [1] ligne par ligne ?... Ce qu'il voulait, Delors, c'est se forger une stature à la Mendès. Au lieu de quoi, il s'est discrédité auprès du plus grand nombre, et il empêche toute autre candidature à gauche. On parlera de lui pendant quelques jours encore, puis il va disparaître. Contrairement à son calcul, il ne sortira pas grandi de cette mise en scène minable. Et c'est tant mieux. »

Exit Delors. Retour à la case départ. Aujourd'hui, le retraité de l'Elysée revient dans le jeu, dont l'hypothèque Delors l'avait sorti. Il existe à nouveau.

Depuis trois jours, à l'Elysée et au Parti socialiste rue de Solferino, on cherche, on traque l'improbable candidat. On fait des listes. On teste des noms. Mauroy hésite – il a peur de perdre la mairie de Lille. Pour Mitterrand, ce serait une solution convenable. Depuis septembre, on sait qu'il préférerait Mauroy ou Jospin à Delors – Jospin est sorti du jeu de son désir, après cette petite phrase, en pleine affaire Péan : « On voudrait rêver d'un itinéraire plus simple et plus clair pour l'homme qui fut le leader de la gauche dans les années 70 et 80. » Pour Mitterrand, Jospin a rejoint *la meute*.

1. Jacques Delors, *L'Unité d'un homme*, Odile Jacob, 1994.

Et autour de la table, on fait aussi des listes, on lance des noms. Fabius ? Le Président a un mouvement de dépit silencieux : « Fabius... Il serait le meilleur. Quand je vois la campagne s'annoncer si médiocre et les guerres terribles qui se livrent à droite, je me dis que Fabius aurait dû y aller, malgré cette affaire du sang qui a l'air de l'impressionner. Elle lui aurait beaucoup moins nui qu'il ne le pense – les politiques ne l'auraient pas attaqué là-dessus, des gens comme Séguin ou Barre ont même pris sa défense. Il se serait battu, il se serait expliqué... C'est dommage, moi à sa place... »

On a l'impression que, depuis peu, les deux hommes se retrouvent, après une crise dans leur relation, plus sourde qu'avec Jospin, mais bien réelle pourtant. A quand remonte-t-elle ? Selon Mitterrand à 1992, au moment où Fabius, à la tête du PS, s'allie à Rocard et refuse la proportionnelle. Selon les fabiusiens, on peut la faire remonter au refus du Président de s'opposer à la comparution de Fabius devant la Haute Cour. Peut-être plus loin encore : « J'ai compris avec Fabius, m'avait dit, un jour de colère, le Président, la fois où à la télé je l'ai entendu dire : “ Lui, c'est lui et moi, c'est moi ”... Ce jour-là, je me suis dit, c'est bizarre... Et puis, il y a eu Jaruzelski... »

Il n'a pas fini sa phrase mélancolique sur un Fabius retrouvé qu'autour de la table quelqu'un lance le nom de Joxe. Le Président est intéressé – je crois qu'en fait c'est lui son vrai candidat aujourd'hui. « Il faudrait le voir, le convaincre. Vous savez, quand il s'y met, il est un excellent tribun, un débatteur redoutable. Il serait battu peut-être... quoi que, face à Chirac... Mais quittera-t-il la Cour des comptes pour y aller ? »

« Et Badinter ? » propose un autre. Il apprécie : « Ah ça serait bien... Une belle gauche... » Il le regrette mais il connaît la réponse d'avance.

Chacun a son idée. « Et Dumas ? » fait un autre. Il prend

une mine désolée : « Ce serait le meilleur, mais il a dix ans de trop. Dommage. »

« Et Emmanuelli ? » Il se montre plus réservé, moins convaincu que ne le prétendent les journaux qui en font son candidat : « Il a envie d'y aller. Il ne faudrait pas lui faire de mauvaises manières... »

« Et Lang ? » lance un autre. C'est une vieille histoire, cette candidature Lang. Il hésite depuis le mois de juin, au soir de la défaite de Rocard aux Européennes : « Je vous l'ai dit : il en a le désir, mais pas la volonté... Il a des qualités et je suis sûr qu'il ferait une excellente campagne, mais il se laisse impressionner par les campagnes du *Monde* et par la grogne de quelques socialistes. S'il savait les attaques que j'ai endurées, moi, en 1965. Je n'avais personne, avec moi, seule ma volonté d'y aller. »

C'est le tour de Martine Aubry. L'œil du Président s'allume : « Ah, elle a du talent... On se voit parfois vous savez... Elle me dit du mal des rocardiens, mais je ne suis pas dupe, elle est leur planche de salut... Mais non, elle, ce n'est pas possible. Imaginez ce que l'on dirait, le père qui se retire pour sa fille... »

Anne Lauvergeon tente à présent de lui vendre un-inconnu-à-belle-gueule, un Kennedy de nos régions, un fidèle : Jean-Marc Ayraut, le très inconnu maire de Nantes. Cette idée farfelue a dû passionner une matinée son cabinet de l'Elysée qui ne sait plus quoi inventer. Il se tourne et demande, ironique : « Vous trouvez, vous, qu'il ressemble à Kennedy ? » La jeune femme insiste : « Mais oui, mais oui. » C'est ce moment que choisit un impudent pour lancer le nom de Jospin. Un froid autour de la table. Le Président a cette remarque faussement naïve : « Vous pensez vraiment qu'il a envie d'y aller ? » L'impudent bafouille deux mots incompréhensibles et l'on change de sujet. Il n'avait pas compris qu'on ne parlait plus de Jospin..

La liste de tous ces fils putatifs, adoptifs, ou maudits, le laisse perplexe. La conversation commence à s'effilocher. Fabius, Ayraut, Emmanuelli ou Aubry l'intéressent moins tout à coup que cette jeune femme brune, de profil, à deux tables de là : Juliette Binoche.

Elle est là avec Claude Berri et Daniel Auteuil. Berri prépare un film sur la vie de Raymond et Lucie Aubrac, ce couple de résistants que Mitterrand a croisé pendant la guerre dans la région de Mâcon. Je raconte le projet de Berri au Président, mais il ne s'intéresse qu'à elle. Il relève à peine un salut très insistant de Claude Berri. Il ne voit qu'elle.

Il m'a souvent parlé de Juliette Binoche. Elle est au Panthéon de ses comédiennes, devant Sophie Marceau, trop plantureuse pour lui mais dont il suit avec précision la carrière et la biographie. L'autre jour, apprenant que Sophie Marceau attendait un enfant, il avait pris un air scandalisé et drôle : « Mais qu'est-ce qu'elle lui trouve de plus qu'à nous, à ce réalisateur polonais ? » Il y a aussi Jacqueline Bisset qui l'a troublé dans un film tiré d'un livre de Madeleine Chapsal. Et puis, l'inaccessible Julia Roberts, dont il refuse de croire que ce ne sont pas ses jambes qu'on a filmées dans *Pretty Woman*, mais celles d'une doublure...

De toute façon Juliette Binoche reste sa préférée.

Il la fixe. Des regards volés d'abord, furtifs, pas ces coups d'œil goguenards qu'il a parfois dès son arrivée quand il me demande : « Vous avez vu quelque chose ? » Non, cette fois ce n'est pas la « fiancée du samedi » qu'on reluque chez Lulu, cette jeune brune sauvageonne, cheveux frisés, yeux bleus, et dont il me dit : « Il vaut mieux la regarder de loin car avec elle ça ne durerait pas une semaine. » Ce n'est pas non plus Farida, le mannequin admiratif croisé chez Le Duc, qu'il détaille avec curiosité, à qui il a écrit mais dont il me dit : « Je vous la laisse. A mon âge je ne peux être que votre faire-valoir. »

Cette fois, ce n'est pas une amourette. Juliette Binoche est le centre de gravité. Il la fixe. On lui parle, il ne répond pas. On veut l'intéresser, il se détourne. Rien à tirer de lui après son couplet sur Delors. Il est là-bas, à quatre mètres de nous, captivé. Il campe auprès d'elle, dans la plus totale indifférence à tout ce qui n'est pas elle. A nous, ses convives, qui avons compris qu'il ne fallait pas le déranger. A Claude Berri, qui n'a rien vu encore parce qu'il n'arrête pas de parler. Ou à Daniel Auteuil qui, je crois, a compris. Indifférent même à la gêner, elle, à la mettre mal à l'aise. Il n'a même pas l'ambition de lui prendre un sourire – l'actrice est de profil. Juste la pure, la simple contemplation de cette beauté-là, brune, aiguë et sans fard, celle des femmes qu'il a aimées.

Sans sortir de son hypnose, sans même tourner la tête, il m'interroge. « Quel âge a-t-elle ? Avec qui vit-elle ? De qui est cet enfant qu'elle vient d'avoir ? Où vit-elle ? Quel était ce film qui se passait à Prague ? Elle était nue, elle était si belle... »

A chaque réponse qu'il reçoit, il hoche la tête. Il considère toute information, si mince soit-elle, comme une nouvelle d'importance, tout en poursuivant le feu roulant de ses questions. Quand il n'y a pas de réponse, il est déçu. Le dossier Binoche, il le dévore. « C'est la plus grande... » Un silence, une moue de réflexion. Il confirme : « Elle dépasse toutes les autres. »

Il s'est évadé longtemps. Il s'en rend compte. Et, revenu de sa longue rêverie, il nous parle d'elle, et à travers elle de cet idéal féminin qu'il s'est construit, dessiné, mûri. « Une femme qui n'est chaque fois ni tout à fait la même ni tout à fait une autre... »

« J'aime cette trentaine. Avant trente ans, c'est trop jeune, ça ne sait pas, ça joue... Oui, j'aime la femme de trente ans, trente-cinq même. La petite quarantaine, quoi, c'est un âge idéal. » C'est la première règle.

La seconde ? « Il faut préférer les femmes du Nord... Les Latines, les Méditerranéennes font du cinéma, elles ne sont pas fiables. Les femmes du Nord ont une autre gravité. Elles vous aiment vraiment... »

Troisième règle : « On ne peut pas aimer les femmes qui se fardent ou les femmes à bijoux. »

Quatrième règle : « Il faut préférer les anonymes. Ou les actrices. Pas les autres. Les mannequins, ce sont des casse-pieds qu'on admire et qu'on ne touche pas. Sans parler des danseuses ! Vous ne connaissez pas les danseuses ? Les jambes ne sont que du muscle, et si vous leur descendez les seins d'un millimètre, c'est un drame. Non, les mannequins et les danseuses, ce n'est pas possible. Par contre, les actrices... »

Cinquième règle : « Les brunes. Il faut préférer les brunes. Les blondes ça n'existe pas, c'est pour les musées et les magazines. »

Alors, dans ces moments-là, on tente un portrait-robot. On dégage les intruses, celles qui dépassent du cadre, celles qui ne remplissent que quatre conditions sur cinq. On fait le point. Il reste quelques élues qui n'en font qu'une.

Danielle... Cette photo de famille, prise rue Guynemer dans les années 1950. La trentaine qu'il aime, cet air de jeune fille, jupe serrée à la taille et sans fard, jeune mère comblée, bourgeoise juste ce qu'il faut, pas encore gauchiste.

Anne Pingeot... La jeune cavalière d'Hossegor, brune et sans apprêt, peut-être le type de cette femme du Nord, ardente et dévouée. La tendre résignation de la femme secrète, cette inconditionnalité dont l'enfant François a toujours eu besoin à en crever.

La mère, Yvonne Lorrain... Ce cliché d'elle, morte jeune, en 1936, figée à jamais dans sa petite quarantaine. Brune, simple et blanche. Il m'avait dit un jour combien c'était troublant pour lui de se rendre sur la tombe de sa mère et de penser qu'il était désormais plus vieux qu'elle.

Toutes les brunes du tourbillon de sa vie ont la même silhouette fuyante. Elles passent sans s'arrêter, belles et ternes. Elles sont faites pour l'ombre souvent, mais en y regardant bien, elles brûlent toutes de cette lumière pâle et têtue.

Je relis ces notes, et je me dis qu'on ne connaît vraiment un homme-qui-aime-les-femmes qu'à son enterrement. Je comprends mieux pourquoi Truffaut a commencé son film par celui de son personnage, joué par Charles Denner. Lui dans le trou. Cette caméra qui monte le long de leurs jambes, bas noir ou bas nylon. Elles sont seules, nombreuses, éparpillées autour de lui. Elles ne se connaissent pas et, pourtant, elles savent.

A Jarnac, le jour de l'enterrement du Président, je me suis souvenu de cette scène. Elles étaient là, toutes, différentes. On ne savait pas, mais on devinait, à cet air de parenté qu'elles avaient, par-delà les âges ou les richesses, à leur allure de brunes simples un peu battues par la vie, toujours juvéniles, à l'absence de fard – chez Truffaut, c'était à leur cheville légèrement épaisse qu'on pouvait les reconnaître. On les remarquait à leur deuil singulier. Elles n'étaient pas au premier rang, mais sur le côté, un peu gauches, perdues dans le vague, avec leur chagrin clandestin. Sans personne pour les soutenir, sans personne à qui dire, sur qui s'appuyer, à qui raconter, avec qui se souvenir. Certaines se trouvaient là, au bras d'un mari solidaire.

Au cimetière de Jarnac, et plus tard à ce déjeuner donné au mess de l'aéroport militaire de Cognac, cette femme du Nord, encore jeune, assise seule, au milieu des tables bavardes et animées. Elle ne mangeait pas. Elle restait prostrée à fixer le terrain d'aviation, la plaine. Une autre pleurait en solitaire et repartait sans s'attarder, elle n'avait pas de réunion de famille. Dans l'avion du retour, cette brune de cinquante ans qui disait « François » avec la jeunesse qu'il avait dû aimer vingt ans plus tôt.

Ce jour-là, la caméra s'affolait. Curieux remake du film de Truffaut. Toutes ces femmes en noir, avec leur peine et leur énigme.

Nous nous levons de table. Le Président n'a pas vu Claude Berri qui fonce sur lui, lui tend la main, lui garde la main, le remercie d'un œil mouillé pour tout, pour *Germinal*, pour ce qu'il est, pour ce qu'il a fait, qui veut l'embrasser, qui l'embrasse. Le Président se dégage et me glisse : « Je ne pouvais tout de même pas lui dire que c'est un baiser d'elle dont je rêvais... »

Et il se retourne une dernière fois pour la voir, voleur d'images.

Le 31 décembre 1994, Latche, les derniers vœux

Cette année, il ne voulait pas présenter ses vœux aux Français. Il disait que rien ne l'y obligeait, que c'était une règle non écrite de la République et qu'il pouvait s'en dispenser. Qu'il n'avait rien à dire... qu'il avait trop à dire... qu'il n'était plus bon pour l'exercice, plus bon à rien d'ailleurs.

Paris, jeudi 29. Le Président parle encore de s'abstenir de toute déclaration.

Latche, vendredi 30 au matin. Autour de lui, on s'inquiète. Il n'a toujours pas écrit son texte.

Latche, vendredi dans l'après-midi. Il prend sa plume enfin, tente un début, rature et jette tout.

Latche, vendredi soir. Il rentre à Paris avec Tarot, plus tôt que prévu.

Elysée, nuit de vendredi à samedi. Tarot ne ferme pas l'œil. Il réveille le Président à l'aube. Celui-ci se met à écrire enfin.

Elysée, samedi 31, midi. le Président n'a toujours pas

fini. Il transmet les feuillets un à un à sa secrétaire, teste des formules sur ses collaborateurs, les renvoie validées, à destination du prompteur. Les techniciens attendent.

Elysée, 17 heures. L'équipe de tournage est inquiète ; la cassette doit être livrée aux télévisions. Et le Président n'a toujours pas bouclé son texte. Il ne trouve pas sa conclusion et, sans elle, sans cette clé de voûte, pas de vœux.

Elysée, une heure plus tard, on enregistre enfin. Tout est en boîte. In extremis.

Bientôt 20 heures. Il est installé au rez-de-chaussée dans son fauteuil-lit, capitonné de coussins. Nous sommes trois à rester avec lui devant une télévision de dépannage. Il y a beaucoup de bruit, de l'agitation dans la bergerie. Les deux postes sont branchés, sur des chaînes différentes. « Il faut trancher, commande-t-il en haussant le ton, que tout le monde se mette sur la Une ! »

Il attend, somnole, l'œil mi-clos. C'est une momie enroulée dans ses couvertures qui se redresse, en alerte, quand le générique retentit. Et sur l'écran, c'est un autre Mitterrand qui surgit. Un Mitterrand splendide, son effigie glorieuse, garnie d'or et de bleu-blanc-rouge ; un Mitterrand viril à la gueule des belles années, massif, solennel ; des mains puissantes, une voix qui porte. Il commence : « Mes chers concitoyens » et l'on n'y croit pas... On pense à une image de synthèse, filtrée, remodelée, sculptée, une forme du Président seulement, épaissie par les lumières, le maquillage, toutes sortes de ruses. L'effet est saisissant. Ce Mitterrand qui passe à la télé n'est qu'un lointain cousin du vieil homme allongé là qui lorgne, matois, son clone si vaillant. Et qui le juge. Et qui ne manque rien. Il connaît le texte, alors il le précède, l'accompagne avec des petits mouvements de la tête et des lèvres. Il le suit en cadence, il connaît le slalom, acquiesce dans les lignes droites lyriques du début ; il proteste à ce mot qui bute ; il approuve fort de la tête quand il s'agit d'Europe ; il rit quand il surprend une audace bienvenue ; un instant il voudrait l'embrasser, tant il est fier de lui ; à la fin, il a du chagrin soudain, un chagrin attentif, et il nous espionne en douce, quand l'autre finit en proclamant : « Je crois aux forces de l'esprit... »

20 h 10. Le Président reste allongé devant la neige de la télé. Il y a un froid. Personne ne se précipite pour parler, pour approuver, commenter, complimenter. Le Président n'est pas entouré, curieusement on reste à l'écart, ému par ce « l'an prochain, d'où je serai », troublé par cette drôle de phrase, « Je crois aux forces de l'esprit »... Personne ne s'attarde auprès de lui, on bafouille une formule, mine confuse et gestes accablés, mais on ne prend pas de risques, personne n'ose lui reparler de ces « forces de l'esprit ». Tout le monde est en deuil dans la bergerie, la gorge nouée. Mais lui, il est heureux, il a faim, il est radieux tout à coup. Il retire ses couvertures, ses bandelettes, et s'extrait à la force des bras de son sarcophage. Il me tire à lui et me souffle : « Je crois que ça a été, non ? » Il n'attend pas mon approbation : « J'ai hésité pour les forces de l'esprit... Mais je crois que j'ai bien fait... » Il sait qu'il a réussi cette station de son calvaire où tout le monde l'attendait. Il ne trouvait pas sa conclusion, prétend-il. Hier, dans la nuit de l'Elysée, il a dû se tourmenter, avant d'avoir cet incroyable culot métaphysique. Maintenant, il suffit d'entendre le silence dans la bergerie, les sanglots dans la voix des femmes, l'émotion dans la poignée de main des hommes, cette gêne, ce silence électrique. Ils voudraient en parler, mais ils n'osent pas. Ils sont impatients d'être à demain. Il sait qu'il a touché juste, au cœur et à l'âme, et que ces vœux-là sont pour l'Histoire.

Le Président n'a aucune envie de passer une mauvaise soirée. Alors il chasse le malaise en lançant à la cantonade : « A table ! Eh bien, j'ai fait cette année un bon message.

Une fois passée l'anxiété, j'étais complètement détendu. » La troupe indisciplinée ne suit pas, ne réagit pas. Il reste seul à la table du banquet quelques minutes. Il tapote sur un verre, les relance, joue au roi comique : « Eh bien, je vais dîner tout seul. » Il sourit, l'air rêveur.

Moi aussi, je brûle d'en savoir plus sur les curieuses formules du Président. J'interroge Tarot : est-ce qu'il ne survivra pas à l'année qui s'annonce, aux mois, aux semaines à venir ? Tarot se veut optimiste : « On pense qu'il est tiré d'affaire. » Je continue avec les « forces de l'esprit » : provocation, parade, ou retour d'un mysticisme refoulé ? « Les épreuves qu'il vient de traverser l'ont amené à s'intéresser à la mort, à en parler, et, d'une certaine manière à s'y préparer. Mais pour l'instant ce n'est pas à l'ordre du jour, il va mieux. » Je me demande si Tarot fanfaronne. Je cherche confirmation auprès de Christine Gouze-Rénal, observatrice tendre et lucide : « Tarot a dit que nous serons fixés entre le 15 et le 20 janvier. Alors seulement, on saura s'il est vraiment tiré d'affaire. Déjà, depuis quelques jours, nous le retrouvons. Après des semaines de dépression, il reprend goût à la vie. »

Le réveillon sera gai, le désordre est sympathique. On remarque que le Président a placé l'épouse de Tarot à sa droite. Les Kiejman ne sont pas là, mais les Emmanuelli sont de retour. On installe Emmanuelli à la droite de Danielle Mitterrand. Le premier secrétaire du Parti socialiste est un personnage considérable en cette fin de règne. Tous les fils se sont rebellés, ont trahi ou déçu. Il ne reste plus à Mitterrand que ces deux fils-là, le fils des champs, Emmanuelli, et le fils des villes, Lang. Celui-ci grimace. Il se croyait le fils préféré et voilà qu'on l'a installé à la droite d'Emmanuelli, plus loin du Président, derrière un maudit poteau de bois. Il va passer sa soirée, le pauvre, à se contorsionner, à ruser avec ce poteau. Emmanuelli comme Lang doivent penser que la soirée est une étape importante avant la désignation de l'un d'eux à la candidature socialiste pour la présidentielle. Lang veut y aller. Si le Président le soutient, si le parti ne s'y oppose pas, si *Le Monde* cesse de l'attaquer, si les rocardiens ne lui font pas de misère, si Fabius s'engage à fond, si les francs-maçons oublient les accords Cloupet [1], et si Emmanuelli lui cède le passage... Mais Emmanuelli aussi s'y verrait bien. Depuis le retrait de Delors, la course à l'onction est lancée. Tout le dîner se passe, à fleurets mouchetés, jusqu'à ce que Hanin, n'en pouvant plus de toutes ces manières, et supporter déclaré de Lang, saisisse le sabre et lance : « Mais Emmanuelli, qu'est-ce que tu as contre Lang ? » Le Président lâche une huître, intéressé. Emmanuelli contre l'assaut, façon Guitry : « Mais non, mon cher, je suis tout contre lui au contraire. » Et, d'un geste théâtral, Emmanuelli emporte la partie en faisant mine de se coller contre le poteau.

Le Président a retrouvé sa férocité de chroniqueur. Ce n'est plus le même homme. Il règle d'abord son compte à Balladur. Ça commence comme le récit d'une brouille entre collègues. Une histoire qui traîne, un coup tordu que l'autre voulait lui faire, et qui se termine par une grosse colère. La brouille en question, c'est l'affaire Schuller-Maréchal, la dernière aventure de Mitterrand, vue des coulisses.

Le 20 décembre 1994, un médecin de renom, le Dr Maréchal, était appréhendé à l'aéroport de Roissy, avec un million de francs en argent liquide dans ses valises. L'homme est le beau-père du juge Halphen qui, depuis le mois de février, fait trembler le tout-RPR, avec ses investigations sur les affaires des HLM de Paris et des Hauts-de-Seine. Maréchal s'est laissé corrompre. Il est tombé dans un piège

1. En juin 1992, Jack Lang signe avec le père Cloupet, secrétaire général de l'enseignement catholique, un accord réglant le contentieux financier entre l'Etat et l'enseignement privé.

que lui auraient tendu la police judiciaire et, dit-on, des proches de Charles Pasqua. On parle du dessaisissement du juge Halphen, et au RPR on croit pouvoir respirer. Mais la ficelle est un peu grosse...

« J'ai compris qu'ils allaient dessaisir le juge si on ne les arrêtait pas. J'ai agi vite. Le 22 décembre au matin, j'ai appelé Balladur sur les conseils de Charasse, et j'ai demandé à le voir dans la journée avec son ministre de la Justice... Il a bafouillé : peut-être un autre moment, je dois partir à Chamonix... ça ne peut pas attendre... J'ai dit non, 18 heures à l'Elysée. » Il mime la scène. Il est tour à tour Balladur qui défait ses valises, Madame qui proteste et l'avion qui part sans eux... Il triomphe : « Et Balladur arrive avec Méhaignerie, l'un comme l'autre ennuyés, pressés de partir, se demandant ce que j'avais bien pu leur préparer... Je les interroge sur cette curieuse affaire qui sent le traquenard. Ils jurent qu'ils n'en savent pas plus que moi, qu'ils n'y sont pour rien. Ils ont l'air sincères et je les crois volontiers. Je leur parle des rumeurs de dessaisissement du juge Halphen. Ils ont l'air étonnés. Ils me rassurent : il n'en est pas question. »

Jusque-là, rien de nouveau. Il fait une pause dans son récit, manière de ménager son effet. A peine les deux ministres ont-ils quitté l'Elysée qu'on apporte une dépêche au Président : le procureur Burgelin s'apprêterait à demander le dessaisissement du juge Halphen. « Mon sang n'a fait qu'un tour, poursuit-il... J'appelle ma secrétaire et lui dicte aussitôt une lettre de saisine du Conseil supérieur de la magistrature. Ils m'avaient trahi. Je répliquais. Désormais, il s'agissait d'une affaire d'Etat. » « Une affaire d'Etat », il répète l'expression avec solennité, comme si cette solennité-là donnait au drame toute son acuité et à sa fonction toute sa majesté. Mais à partir de quand une affaire devenait-elle une affaire d'Etat, où était la limite, quel était le levier, qui décidaient vraiment du label ? Je n'ai pas réussi à le savoir, ce n'est pas inscrit dans la Constitution. Reste que Balladur avait – indirectement – commis une faute, que Mitterrand l'avait vue et venait de bondir.

Le Président a insisté sur la chronologie des événements, sur les détails de procédure, sur le comportement des protagonistes. L'événement lui permet d'effectuer son retour sur la scène politique après une absence de six mois, en même temps que de donner un formidable croche-pied à ce Premier ministre qui se voit déjà président à sa place. Mitterrand s'en doute, les dégâts de cette affaire Schuller-Maréchal seront plus importants que la démission des trois ministres de Balladur mis en examen. « Vous verrez, cette histoire ira loin, elle causera du tort à Balladur. Pour l'instant, il plane avec histoire de l'Airbus [1], il croit gagner les élections ainsi, mais cette affaire, on en reparlera. Les juges ne vont pas les lâcher, lui et son gouvernement, et ils ont bien raison. »

Mitterrand, défenseur des juges ! Eux qu'il soupçonne depuis quatre ans de fomenter un « putsch antirépublicain » ; qu'il accuse de le persécuter, de ne s'en prendre qu'à lui, à ses amis, à sa famille ; eux qu'il aurait aimé voir mis au pas il y a six mois à peine par le gouvernement Balladur – « Ils n'en auront pas le courage » regrettait-il alors... « Après tout le procès qu'on a fait à la gauche, on découvre maintenant les affaires de la droite. Ces affaires des HLM de la ville de Paris et des Hauts-de-Seine sont une bombe pour la droite. Quand le scandale éclatera-t-il vraiment ? On ne sait pas vraiment, mais, aujourd'hui, plus personne ne peut arrêter ce genre d'affaire. Même si la droite croit tout tenir et tout verrouiller, l'affaire est lâchée. Elle suivra son cours. Quand des scandales ont cette dimension, les juges et les journalistes trouvent toujours les failles. On ne peut plus les arrêter. Maintenant, ils n'ont plus peur... »

1. Le 26 décembre 1994, sur l'aéroport de Marseille, le GIGN libère les passagers d'un Airbus d'Air France pris en otages par un commando du GIA.

Derrière leur poteau, Lang et Emmanuelli se lamentent. Le pays va mal. La gauche va mal. Et la présidentielle est foutue. La gauche ne sera même pas au second tour.

Mitterrand écoute distraitement, semble s'ennuyer, il sursaute un instant quand quelqu'un parle de Raymond Barre.

Il attend que la vague morose s'épuise et qu'ils se taisent, en fait. Il veut parler, je le sens, mais il veut toute l'attention. Alors il s'agace. De ce fils au téléphone avec Moscou, de ces amis debout, de celui-là qui fait du bruit en mangeant son dessert. Il saisit un silence propice pour se lancer. « Je vous entends vous lamenter, vous préparer à revivre le cauchemar de 1969... Vous avez tort ! La place considérable prise par Jacques Delors a prouvé que face à Balladur, il y a un espace politique qui permet d'espérer la victoire. Si cela a été possible à un Jacques Delors ça l'est pour un autre, même si nous n'avons pas aujourd'hui de candidats aussi bien placés que lui. »

Les convives se resserrent autour de lui. Ils font glisser leur chaise doucement, certains s'installent aux pieds du Président, d'autres restent figés de peur d'interrompre. Toute la pièce bascule vers lui.

« La gauche sera présente au second tour ! J'enrage contre votre défaitisme ! La catastrophe de 1969 est exceptionnelle. Nous n'avions pas choisi la bonne stratégie : l'Union de la gauche. La gauche a alors préféré courir après cette chimère, l'union avec le centre. Ne pas admettre l'Union de la gauche, c'est aller à l'échec comme Defferre et Mendès en 1969. »

Très vite, il est de nouveau le Mitterrand tribun, ivre et expert, qui trouve là encore sa vengeance historique contre la deuxième gauche. On retrouve le souffle de jadis, la phrase qui s'éteint pour mieux repartir, l'air qui claque quand on ne l'attend pas, l'artiste qui sait enflammer l'enthousiasme, des foules hier, de la vingtaine d'invités ce soir... Il parle pour les autres, mais c'est de lui qu'il nous entretient, de ce temps passé qui ne reviendra pas, de sa nostalgie des meetings et des belles guerres : « Je préfère 1965 à 1969. Une victoire n'est possible pour la gauche qu'à la seule condition qu'elle n'oublie pas que sa famille c'est les ouvriers, les salariés, les gens qui peinent... Il faut rester à gauche, il faut y croire, il faut se lancer, et ne pas se laisser intimider. Tout est possible pour la gauche à condition qu'elle reste elle-même et qu'un homme soulève l'enthousiasme et emporte l'adhésion. »

Il se tait et l'on n'entend plus que les bûches qui craquent dans la cheminée. Le discours, car il s'agissait bien d'un discours, a duré jusqu'autour de minuit. Les deux fils socialistes se regardent. Ils doivent se demander lequel d'entre eux sera celui qui demain soulèvera les foules.

On échange les vœux et les cadeaux, sans s'attarder. La soirée a été lourde de tous ses testaments. Cette tirade héroïque l'a fait vieillir à nouveau. Il file, flanqué de Tarot, laissant les convives songeurs, impressionnés de s'être vu proposer de si vastes espérances.

Deuxième Partie

Sortir par le haut

(janvier 1995-mai 1995)

Le 6 janvier 1995, à l'Elysée

L'arène est comble, elle attend le vieux gladiateur. Personne n'imaginait manquer les derniers vœux du Président à la presse. Depuis deux ans, le pouvoir s'échappant, cette réunion qui avait été un grand moment mondain, politique et médiatique, avait perdu de son attraction, de sa magie. Mais cette année, c'est autre chose : les adieux.

Ils sont tous revenus une dernière fois, les rebelles historiques, Patrick Poivre d'Arvor, l'ennemi d'hier, ému aujourd'hui, attentif; les légitimistes tardifs, Franz-Olivier Giesbert avec Paul Guilbert et les troupes du *Figaro*; l'autre gauche, tout *Le Nouvel Observateur*, est là; et aussi le tout-télé, le tout-radio, des rédactions entières attirées par la curiosité historique, et toujours l'opiniâtre Christine Clerc, au premier rang, qui doit penser à sa question. Depuis le temps, elle a mis au point un numéro de persiflage plutôt réussi qui fait enrager le Président.

Le murmure impatient enfle. Il sait cela, devant sa glace, tandis qu'il s'habille, se dégourdit les jambes, répète les moments de ce discours sans notes, et se demande comment il va bien pouvoir tenir, marcher, s'asseoir.

En descendant de son appartement, il flaire l'odeur de cette arène qui va le guetter, le scruter, traquer le moindre de ses gestes pour saisir le plus petit fléchissement de la voix ou du genou. Il force sur ses jambes, la gauche d'abord, la droite ensuite, pour s'assurer qu'elles tiennent bon, qu'il ne va pas chuter, se ridiculiser... Ah, ils veulent se régaler de ma dernière exhibition, renifler mon cadavre !... Ils vont voir ce qu'ils vont voir...

Il respire fort avant d'entrer, il se redresse. Le masque est mis.

Un visage vigoureux, pommettes saillantes et mâchoire carrée, un visage remonté, resserré, comme fouetté par le défi d'aujourd'hui. Lentement, le Président traverse la salle soudain silencieuse. Il est plus droit, plus raide encore que d'habitude, solennel et imperceptiblement prudent dans sa navigation. Prudent jusqu'à cette marche qu'il faut grimper pour accéder à l'estrade sur laquelle son fauteuil est installé. Je le vois, il prépare le mouvement, prend son élan, mesure son geste. Il grimace au moment où les muscles fléchissent.

Cette année il doit faire son discours assis. Il reste raide d'abord, calé sur un angle du fauteuil, un coussin dans le dos, une fesse en équilibre on ne sait comment. Il tâtonne, se cale sur un pied. Ainsi curieusement installé, le buste penché en avant, il trouve sa posture, mi-royale, mi-tribun. Accoudé sur un pupitre imaginaire, son genou, il se projette vers la salle et se met à parler.

Il plaide, il plaide pendant deux heures. Le style du grand Mitterrand, le verbe prodigieux, l'aveu qui fait rire, la plaisanterie à ses propres dépens, la défense cinglante, lyrique, enflammée, puis triviale tout à coup. Le Mitterrand des meetings, meilleur à mesure que le temps passe et qu'il se chauffe. Un Mitterrand qui s'emporte et se porte sur tous les fronts. 1981 et ses années de crise, la difficulté de réformer la France, le poids des administrations, les grands travaux, l'ex-Yougoslavie, cette maison de Venise qui n'est pas à lui, l'Algérie qui n'est plus la France, ces quatorze ans de pouvoir qui n'en sont que dix. Il plaide, il charge, il accumule les arguments. Il pourrait parler de n'importe quoi, l'assistance est subjuguée par l'exploit, cette verve, ce souffle retrouvé, cette main qui vit toute seule dirait-on, qui bat la mesure. Il connaît son public, et il joue sur tous les registres. Il s'est fait admirer, il les a épatés, il leur a montré qu'il était plus jeune qu'eux, plus vivant en tout cas. Il les a retournés. Maintenant il peut redevenir monarque un temps, rudoyer son public ravi. Le temps d'une question, il maltraite un journaliste « deuxième gauche », rabroue l'insolent, donne une leçon à ce naïf qui tourne autour du pot quand il s'agit de lui rappeler son passé de ministre de la Justice au moment de l'affaire algérienne. Il ose, endosse la question, la reformule et la rend plus cruelle encore, puis l'esquive avec l'habileté du judoka. Le Président a les rieurs, tout le monde, avec lui maintenant. Il est roi à nouveau, le temps de cette méchante prouesse, et le roi sait faire rire.

Deux heures à ce train, l'arène s'est rendue, éblouie, émue, heureuse de s'être encore une fois laissée séduire par le beau diable.

C'est un monarque épuisé mais radieux qui laisse l'arène derrière lui. Sitôt la porte passée, il se tasse à nouveau et redevient le vieillard familier. Avant de disparaître dans les profondeurs de son appartement, il me lance un regard complice qui veut dire « tout s'est bien passé », puis il me glisse à l'oreille : « Il faut toujours sortir par le haut. » Ce n'est pas la première fois que j'entends dans sa bouche cet énigmatique dicton.

Il me faisait cadeau, parfois, de maximes si simples qu'on avait l'impression, après coup, d'avoir toujours vécu avec : « Il ne faut pas exploiter un succès » ; ou « Il faut mépriser l'événement » ; ou encore « Dans la vie les grandes choses se font à dix, pas à cinq cents ». C'était toujours un morceau de sa vie qui s'était sédimenté, jusqu'à devenir ce petit caillou très dur dans sa mémoire, une litanie.

Sortir par le haut, jamais cette maxime n'a eu plus de sens qu'en ce début d'année 1995. La *sortie*, il prononçait le mot avec panache, c'était pour lui la clef de voûte d'une vie. Tout se jouait sur ce dernier acte. Rien n'était gagné, ni sa vie dans trois mois, ni sa place dans l'Histoire. Tout tenait à la dynamique qu'il allait impulser à sa *sortie*, comme on lance une toupie. Si la dynamique était bonne, les ombres qui rôdaient sur sa postérité seraient balayées dans cette purification ultime, dans ce baptême à l'envers. Si, au contraire, la dynamique était mauvaise, s'il commettait la moindre faute, si le plus petit incident venait parasiter sa dramaturgie, il le savait : ce serait l'échafaudage d'une vie patiemment édifiée qui s'effondrerait. De lui, il ne resterait que des ombres, les âmes meurtries des suicidés, le fantôme d'une année 42, l'errance de la gauche, des affaires ténébreuses, un vent de soufre et de trahison, une légende noire.

Il avait survécu à tout, et, comme un miraculé qui se dresse soudain sur ses jambes, il prenait maintenant le contrôle de sa *sortie*. Il écrirait lui-même sa légende, « parce que l'Histoire est relative et toujours déformée, noircie par les autres »... Il en serait le dramaturge. Jusqu'au mois de mai, il s'emploierait à régler les lumières sur le tableau de sa vie. Aujourd'hui s'était joué son retour. Le premier acte de la *sortie*.

Un samedi de février 1994, déjeuner rue de Bièvre

– Regardez ! Le Président n'a plus besoin de coussins sur son siège ! s'exclame Tarot.

– Et puis, j'ai retrouvé mes jambes. Rien de tel qu'une heure de marche tous les jours, renchérit le Président, qui se tape sur les jambes comme pour saluer leur retour.

Tarot vante les progrès de son malade et le malade est tout fier. Ils triomphent en chœur. Tarot lui avait dit : « Vous serez vraiment fixé au 15 janvier », sous-entendu, on saura alors si vous aurez un peu de temps, le temps de tenir jusqu'en mai, le temps de sortir. Le Président avait passé le 15 janvier comme on passe le cap de Bonne-Espérance, après bien des tempêtes. A les entendre, nous serions rentrés dans un temps nouveau, celui de la « convalescence » : moins de souffrance, moins de traitements, une grande fatigue seulement. Tarot donne le ton, il force l'optimisme et le Président le suit – il se garde de parler de ce malaise que le Président a eu il y a quelques jours lors d'une remise de décoration. Fini l'agonie et les plaintes, ils sont en piste, ils ont trouvé un rythme, une petite foulée pour tenir longtemps. Tenir trois mois, douze semaines, presque cent jours...

Tenir jusqu'au 7 mai. *Tenir*, le mot revient sans cesse. Mitterrand est un champion et Tarot son entraîneur obstiné. A eux deux, ils forment une équipe. Une équipe qui compare résultats, analyses, PSA et plaquettes ; une équipe qui affiche et commente les meilleurs temps, trace des courbes, se fixe des objectifs et des dates butoirs ; une équipe qui se félicite d'un bon parcours ou d'un score inédit ; une équipe roublarde parfois, qui triche et bluffe pour se donner du courage. Cette équipe avait un record à battre, un marathon de quatorze ans. Ce serait trop bête de s'effondrer si près de la ligne d'arrivée.

Le Président s'émerveille : « Les rayons accumulés tout au long des séances continuent à faire leur œuvre... » Il touche ce corps qui revit, qui continue à lutter seul. Il retrouve l'ordre qu'il aime : celui d'une nature bien faite qui – hors Tarot aujourd'hui – se passe de médecins et de bistouri.

Un instant, le champion faiblit pourtant. « Je ne souffre plus mais je suis fatigué, extraordinairement fatigué par moments. » Il cherche le regard de Tarot, « Trop geignard ? » semble-t-il lui demander. Il lit la désapprobation et se redresse aussitôt comme on tire sur son uniforme avant la parade. Il reprend d'une voix plus ferme : « Mais je n'ai pas à me plaindre, je préfère ça à la souffrance que j'ai endurée en décembre. On me dit – nouveau coup d'œil à Tarot – qu'à la fin du mois de février j'aurai rechargé mes accus et que petit à petit je vais retrouver une vie normale. » Tarot écoute les mains dans le dos, attentif, et en bon coach il approuve de la tête l'optimisme de son champion. Ainsi encouragé, le Président poursuit : « Oui, je n'ai pas à me plaindre. En octobre, je n'avais pas une chance de survie, en décembre, on m'a accordé trois chances sur dix de passer le mois, c'est-à-dire de connaître 1995... »

Tarot vaque tout en tendant l'oreille au cas où le ton changerait. Il revient avec une assiette qu'il tend au Président. « Il y a beaucoup de médicaments, mais bien moins qu'avant. » Tarot s'adresse à moi, d'une voix soudain plus forte pour qu'*il* sache qu'il n'était pas dupe : « Je laisse le Président prendre encore les bonbons de son gourou... De toute façon, ça ne peut pas lui faire de mal, il n'y a rien dedans ! » Le Président feint de ne pas entendre. Indifférent, il avale une à une les pilules dans un désordre de formes et de couleurs. Il prend son temps et, tandis que Tarot finit son discours oblique, il attaque un petit sachet, une crème rose, comme un dessert pour cosmonautes, et grommelle : « Moins de médicaments, tu parles ! Je suis devenu un alambic ambulant ! »

L'offensive de Tarot contre son rival s'est enlisée une fois de plus. Tarot, malgré son omniprésence et une relation de plus en plus étroite avec son patient, n'a pas écarté le Dr De Kuyper. Le Président continue à le voir, discrètement, à le consulter pour les choix stratégiques et à prendre les pilules qu'il lui prescrit. Entre l'homéopathe et Tarot, la guerre se poursuit. Ils se haïssent, le Président le sait, le raconte et s'en délecte.

Le 16 février 1995, déjeuner à l'Elysée

C'est un vaste appartement de cadre supérieur, redécoré au début des années 1980, situé dans l'aile gauche de l'Elysée, au dernier étage. Danielle Mitterrand n'y habite plus – elle s'y plaignait d'insomnie, accusant les sous-sols et leur arsenal nucléaire d'en être la cause. On ne s'y réunit plus en famille ou entre amis. On y dîne rarement. Le Président lui-même y dort peu, à l'occasion d'un départ matinal ou d'un retour tardif de voyage officiel. Cet appartement désordonné, ce lieu de passage, c'est sa garçonnière, en fait.

Le paquet des quotidiens du jour est à ses pieds – le dévoreur de presse ne les a pas encore feuilletés. Le Président malade ressemble à un célibataire sans heures, ni contraintes, qui se laisse vivre, traîne au lit un matin ensoleillé. Pyjama bleu, cheveux en bataille, plis enfantins de la nuit sur le visage. Il me regarde avec l'air groggy et facétieux du pensionnaire qui n'aurait pas entendu la sonnerie, et me lance un salut rococo, comme échappé des *Disparus de Saint-Agil*. Il s'excuse en riant de me recevoir ainsi, mais il aime bien cette situation et sa vie de patachon. Il a le réveil souriant. Une bonne nuit de sommeil, une journée qui s'annonce bien, ça le change. Il se lisse les cheveux, s'étire, se passe la main sur le menton, puis cherche en tâtonnant son rasoir électrique posé sur la table de nuit, de l'autre côté du lit. Un gros rasoir à la forme aérodynamique, avec plein de tubes et un moteur puissant. Le genre de rasoir dont les hommes de sa génération raffolent.

Il commence à se raser. La machine vrombit, insiste. Un premier vroum sur le menton et il s'interrompt : « Vous avez vu Balladur ? Il croyait être élu sans faire de campagne, mais ça commence à retomber... Je m'en rends compte à la mine inquiète de ses proches depuis quelque temps... Ils s'y voyaient déjà et ils commencent à paniquer... » Pas le temps de reprendre, en plein milieu de la joue, un nouvel arrêt : « Il faut dire que je n'y suis pas étranger... En convoquant le Conseil supérieur de la magistrature en décembre, j'ai tiré le tapis sous leurs pieds. Depuis que l'affaire est lancée, elle ne cesse de rebondir... Vous avez vu les journaux, les juges... »

Une pause-rasoir puis il ajoute : « Les balladuriens n'ont pas l'air de m'en vouloir pour cette affaire qui risque de leur être fatale. Depuis quelque temps, en Conseil des ministres ou en audiences privées, ils sont avec moi d'une amabilité, vous ne pouvez pas imaginer ! »

Un pan de barbe disparaît : « Je ne comprends pas que les balladuriens soient soudain si gentils avec moi. Les chiraquiens, je veux bien : ils ont tout intérêt à ce que je termine mon mandat. Mais les balladuriens, ils ont toutes les raisons de m'en vouloir... Il y a eu l'affaire Schuller-Maréchal et, pire encore pour eux : j'ai survécu. » Silence un peu théâtral. « Et en survivant à ce mois de décembre, j'ai fait une bien mauvaise manière à M. Balladur... » Le vrombissement du rasoir reprend. Au milieu de l'autre joue, il s'arrête et complète d'un ton badin : « Il est bien évident que si tout s'était passé comme prévu, si j'étais mort en décembre, il aurait été élu dans la foulée... »

Et le rasoir ronfle à nouveau. Qu'il est horripilant, le petit bruit du rasoir électrique ! « Balladur s'est peut-être fait avoir en nommant Bernard Debré ministre. Il pensait ainsi obtenir à tout moment des informations de première main sur ma santé et ma survie. L'ennui, c'est qu'il n'a jamais été ni mon médecin, ni mon chirurgien. C'est probablement sur de fausses informations que les balladuriens ont fondé toute leur stratégie. Ils pensaient me voir mort en décembre... ! » Il a fini de se raser.

La salle de bains est très high tech, comme le reste de l'appartement. Une baignoire compliquée, et, accrochée au pommeau de la douche, une grenouille, celle du « Bébête show ». Il me la désigne. « Eux, ils m'ont moins raté que les Guignols sur Canal +. Vous avez vu la tête qu'ils m'ont faite, cet air de petit vieux, je les trouve un peu cruels ! »

Retour dans sa chambre. Il se laisse tomber dans son fauteuil, et me lance comme s'il me demandait des nouvelles d'un ami disparu : « Et le centre, vous avez des nouvelles du centre ? » Je n'ai pas entendu l'expression depuis Jean-Jacques Servan-Schreiber. Elle fleure les années 1960, la troisième voie, les démocrates-chrétiens, tout ce qu'il déteste. Il répète : « Oui, le centre, Raymond Barre, quoi. Qu'est-ce que vous savez des intentions de Raymond Barre ? » Je lui dis que Barre étant coincé par la candidature Balladur qui est celle de l'UDF en fait, il y a peu de chances qu'il se décide. Il approuve, mais comme à regret : « C'est vrai, Balladur lui a pris son créneau et il n'a plus d'espace. C'est dommage car il a les qualités d'un chef d'Etat. » Depuis des mois, le Président guette Barre, l'espère. Son ancien adversaire de 1988 est de tous celui qu'il respecte le plus. Barre, il l'a craint longtemps. Sa campagne de 1988 avant le premier tour avait pour seul objectif d'éliminer Raymond Barre afin de se retrouver au second tour face à Jacques Chirac. Un second tour avec Barre était risqué, pensait-il. Depuis sept ans, les deux hommes se parlent, s'écoutent, se respectent. Pour Mitterrand, Barre fait partie du club des hommes d'Etat, dont les critères d'entrée nous restent mystérieux.

La droite va gagner, il en est sûr. Et, à choisir, il préférerait Raymond Barre. A cause de cette stature de chef d'Etat, de l'Europe, du franc fort, et peut-être surtout parce que, vingt ans après, malgré sa récente tendresse pour Chirac, le Président répugne à remettre les clefs du pouvoir à leurs anciens propriétaires, à ces « gens-là », ces gaullistes qu'il n'a eu de cesse de combattre tout au long de sa vie.

Après ce détour par Raymond Barre, le Président revient à son leitmotiv. « Vous ne trouvez pas qu'on s'ennuie ferme ? Les balladuriens sont courtois, les chiraquiens me défendent, par contre les socialistes restent très discrets avec moi... Je ne les entends pas, eux. Je ne les vois pas beaucoup, non plus. Comme c'est curieux... »

Le 20 décembre, il a reçu Lionel Jospin, venu lui annoncer sa candidature à l'investiture des socialistes. C'était une visite de courtoisie. Ils n'avaient pas grand-chose à se dire. Jospin, cassant et mal à l'aise, parlait à un Mitterrand qui ne l'écoutait pas vraiment. En regardant Jospin, lui revenait une foule de souvenirs déplaisants. Le congrès de Rennes et ses parricides hurlant dans la salle de Rennes « Mitterrand, Bourguiba » ; l'alliance avec l'ennemi, Rocard ; cette obstination des jospiniens à ouvrir « l'après-Mitterrand »... Ah, l'après-Mitterrand ! Et cette phrase de Jospin après le livre de Péan que le Président ressasse depuis des mois. Jospin ce jour-là avait fait son devoir. Les deux hommes se sont quittés sans tarder. Jospin a hésité, un instant il a dû avoir envie de renouer, mais il ne l'a pas fait.

Depuis, Jospin a triomphé d'Emmanuelli, et le Président n'a pratiquement plus de nouvelles.

Il me dit : « Vous avez vu l'investiture de Jospin[1] ? C'était prévisible. » Il soupèse, il n'a pas l'air effondré, plutôt perplexe devant la situation, assez admiratif pour l'exploit, un peu agacé aussi mais moins que je ne l'aurais cru. « C'était prévisible », laisse-t-il tomber. Mais l'avait-il prévu ? On parle de toutes ces manœuvres orchestrées par l'Elysée, de la longue liste de tous les candidats de Mitterrand pour contrer Jospin. Et l'on ne doute pas que la victoire de Jospin représente une forme de désaveu pour Mitterrand.

1. Le 3 février 1995, Lionel Jospin est élu candidat à l'élection présidentielle par les militants socialistes, avec 66 % des voix.

Il aurait bien voulu éviter Jospin, mais il était trop lucide sur le rapport de forces pour s'occuper de la campagne d'Emmanuelli. Un jour il mettait Emmanuelli en garde contre un échec face à Jospin qui lui fera perdre le Parti socialiste... Le soir même, il craignait d'avoir été trop dur avec Emmanuelli... Le lendemain, il le rappelait, il réchauffait sa flamme en lui racontant la présidentielle de 1965 et sa marche héroïque d'homme seul. Et Emmanuelli, sur le point d'abandonner la course, se remettait à rêver.

A chaque visiteur venu quêter son soutien, il rappelait d'ailleurs l'épisode de la marche héroïque de 1965, à tous il tenait le même discours enflammé inauguré avec succès lors du dernier réveillon : « Dans une élection présidentielle, les jeux ne sont jamais faits. Il y a toujours une place pour l'inconnu, la surprise, l'audace personnelle... »

A chacun il faisait entrevoir un destin, l'ivresse de la campagne et la conquête du pouvoir. Et chacun s'était dit que cet homme-là qui devait se lever, pouvait être soi-même. Le Président les voyait repartir chargés de rêves et il ne les contrariait pas... En fait, il avait repris sa vieille manie : le feu orange. Le feu orange, c'était ni oui ni non, sa manière de ne pas trancher, de garder toujours plusieurs fers au feu. Le feu orange avait causé bien des dégâts tout au long de son règne. La Cour traduisait ce syndrome d'une phrase : « Le roi ne dit jamais non. » Le feu orange, c'était la force et l'inertie du régime, une conjugaison de son conservatisme et de son pessimisme, la croyance archaïque et fataliste qu'il faut laisser faire les êtres, ne pas contrarier les passions mais en jouer, laisser l'Histoire suivre son cours, de ne pas contrarier le Ciel ou la chimie des âmes. Ne jamais rien changer aux équilibres dangereux, à la douceur des pentes, des bonnes comme des mauvaises.

Quand cette manie était-elle apparue ? En 1983, lorsque le Président avait compris qu'il ne transformerait pas le monde ? Un peu plus tard, quand les obstacles et les bureaucraties finirent par le décourager ? En 1988, avec ce long sommeil où l'avait plongé le gouvernement Rocard ? Avec la cohabitation ? Avec l'âge ? Avec la maladie ? A moins que, la vieillesse venant, il n'ait plus eu de goût pour une histoire en mouvement et son cortège d'ennuis. J'y retrouvais son regret d'avoir été élu à l'âge où l'on ne rêve plus. Ou bien, en définitive, était-ce son côté roseau, souple et intuitif, trop souple parfois, incapable de rompre franchement avec Vichy, avec Bousquet, avec tant d'autres.

Depuis longtemps, il joue à chercher la relève, le fils, le successeur à gauche. Il n'a pourtant jamais supporté les dauphins, les a trompés, les a quittés, les a oubliés – chacun son tour ; mais qui a commencé ? Trop sages, ces fils l'ennuyaient, rebelles ils l'inquiétaient. Il les voudrait tous, et il n'en voulait aucun. En vérité, il a la nostalgie de l'homme jeune qu'il avait été. Et aujourd'hui, c'est Jospin, le plus rétif de ses fils, qui a entendu le message du père et compris la leçon de 1965.

Mitterrand ne dit pas de mal de Jospin. Ses amis s'en chargent, il laisse faire, et c'est un signe dans cette muette hiérarchie. Avec les années, Jospin a acquis un statut particulier aux yeux de Mitterrand. Il s'est émancipé, éloigné sans jamais rompre. En 1992, avec le départ d'Edith Cresson, Jospin perdait le ministère de l'Education et créait sa principauté à l'intérieur de la gauche. Il y avait des crises, la fronde de Jospin, un lourd contentieux. Les cercles se haïssaient, mais rien n'était frontal entre les deux hommes. Mitterrand respectait son tempérament et ses convictions – entendez, sa mauvaise humeur. Jusqu'à la petite phrase de Jospin, après le livre de Péan, les deux hommes ont continué à se voir, à se parler, et Mitterrand avait assisté en juin dernier au mariage de Jospin. Il n'avait jamais été un intime, il n'était plus un fils. Il avait quitté la maison, le Président ne le haïssait pas pour autant. La haine, c'était pour Rocard.

Au fond, Mitterrand sait qu'il a été imprudent en parlant beaucoup à Emmanuelli, aux autres, et pas à Jospin qui lui en veut et qui prend soin de ne pas l'appeler. Il proteste sans qu'on ait formulé la moindre remarque : « Je n'ai jamais eu de mauvaises relations avec Jospin... Ce garçon, je l'ai installé comme premier secrétaire en 1981, c'était important... En 1986, quand il a eu cette brouille avec Fabius à propos de la direction de la campagne socialiste pour les législatives, j'ai tranché en sa faveur... En 1988, quand il a voulu quitter la rue de Solferino, j'en ai fait le deuxième du gouvernement... » Il cherche, il feint de chercher : « Ah oui, je vois... peut-être cette histoire de lycéens que j'ai reçus quand ils manifestaient contre lui en 1990 [1]... Il m'en a voulu, paraît-il. Ce jour-là, pourtant, je lui ai rendu service : le lendemain, le mouvement était désamorcé... » Il fouille encore, il n'en a pas besoin, il prend son temps : « A moins que ce ne soit autre chose... Peut-être Matignon qu'il a espéré en 1992, quand j'ai nommé Edith. »

Il attend un signe, mais Jospin ne lui demande rien. Il préfère se passer de lui pour cette campagne, lui a-t-on dit. Il n'en croit rien et continue d'espérer ce coup de fil, de Jospin. Mais rien ne vient.

Il fait le fier : « Je ne m'en mêlerai pas, ce n'est pas mon affaire. » Il peste contre cette présidentielle qui ne le concerne plus, répète que les socialistes ne l'intéressent plus et qu'ils doivent se débrouiller – eux qui ont transformé en champ de ruines le parti d'alternance qu'il leur avait laissé –, demande qu'on le laisse en paix, avec sa maladie, sa vie qui s'achève, affirme qu'il doit tenir jusqu'en mai, et que tout le reste, toutes ces histoires, n'ont plus d'importance... Mais il renonce trop vite.

1. Le 12 novembre 1990, la « Marche nationale pour l'éducation », contre son ministre Lionel Jospin, réunit à Paris plus de 100 000 jeunes. François Mitterrand reçoit à l'Elysée une délégation de lycéens.

Son jeu de retraité est trop poussif pour sonner juste. En réalité, il crève d'envie, le bel orgueilleux, d'en être, de cette campagne, « la première depuis cinquante ans dont [il serait] tout à fait absent », relève-t-il songeur. Ce détachement cache mal ce qu'il considère comme une anomalie, une injustice. Car il rêve de se jeter dans cette bataille. Il ferait tout pour vibrer à nouveau avec eux, une dernière fois. Il est malade, presque octogénaire, mais il pourrait bien être le plus ardent des militants. Si seulement l'autre l'appelait...

Une petite place, qu'on lui trouve une toute petite place dans cette campagne. Et qu'on l'écoute. Les Français, il les connaît mieux que personne, et pour la politique il reste le meilleur. Ne venait-il pas de faire trébucher l'intouchable M. Balladur avec cette affaire Schuller-Maréchal ? Ah, si seulement il appelait ! Si seulement il lui demandait quelque chose, de venir à un meeting par exemple ! Un meeting ! Même président de la République, il accepterait. Il rêve d'un meeting, d'une tribune à Toulouse ou ailleurs. Un meeting comme avant ; une dernière fois, il voudrait goûter à cette fièvre, les lumières qui éblouissent, les tocsins, la chaleur animale de la foule qu'on soulève, ce moment où on parle à cette foule comme en confidence, en tête-à-tête, et puis, tout à coup, cette tempête de milliers d'âmes qu'on allume d'une phrase. Oui, une dernière fois, connaître cette fièvre – *même au profit d'un autre.*

Le 10 mars 1995, à l'Elysée

J'étais bien ce jour-là, loin de Paris, assis à une terrasse ensoleillée. J'avais emporté les derniers enregistrements réalisés avec le Président et les deux tomes de l'indispensable *Histoire de la République gaullienne* de Viansson-Ponté. Il fallait reprendre et resserrer ce qu'il m'avait dit sur de Gaulle et lui de 1958 à 1965, dans le désordre et l'humeur. Et voilà que le téléphone sonne. Marie-Claire Papegay, la secrétaire du Président, a fini par me retrouver. « Le Président veut vous voir pour déjeuner... Mais comment ! Où êtes-vous ?... Dans le Midi ! Non, non, ça ne peut pas attendre, sautez dans un avion !... Ah bon, vous arriverez tard... Bon, je le préviens. Il vous attendra pour déjeuner... Oui, deux heures, même deux heures et demie, ça ira encore... »

Je m'étais juré de résister, je n'ai pas pu.

François Mitterrand a la démarche plus solide, une chemise bleu ciel portée sans cravate et les cheveux coupés courts, une nouveauté. Il n'attend pas ma remarque et se passe la main sur son crâne déplumé : « C'est ma nouvelle tonsure spartiate... Pas mal non ? Je trouve que ça change, que ça mène au dépouillement. »

Dans sa chambre, la table est déjà dressée. Enfin, la table... deux guéridons à côté de son fauteuil à rallonge. Un campement. Il campe depuis qu'il passe le plus clair de son temps allongé là. Il s'est organisé deux univers à l'intérieur de la pièce : l'un autour de son lit, où sont disposées les mêmes photos qu'à Latche, celles de ses parents et de ses grands-parents, et, à portée de main, ses médicaments jetés en vrac, des journaux en liasses, quelques livres récents, dédicacés, et un téléphone. A deux mètres de là, collé contre le mur, le monde qu'il a organisé autour de son fauteuil. Sur une table basse, des dossiers, des parapheurs, le texte de ses discours à venir, quelques courriers personnels, d'autres photos plus récentes, encadrées, et, tout près de sa main gauche, l'Afrique, une immense carte de géographie d'avant guerre. Il se tient là pour travailler certains jours, pour recevoir des visiteurs, en danger permanent sur le tabouret qu'il leur offre. Aujourd'hui, c'est là, à côté de la Libye encore italienne, que nous déjeunons : œufs mollets et hachis parmentier.

Le Président va droit au but : « Alors, qu'est-ce qui se passe... ? Qu'est-ce qui se passe autour de Chirac... ? » Voilà pourquoi il m'a fait venir. En quarante-huit heures, quatre de ses proches viennent de s'engager en faveur de Chirac. Des Mitterrand d'abord, Frédéric et Jean-Gabriel. Ses neveux, les fils de Robert, ont été les vedettes de la réunion du comité de soutien des artistes pour Chirac, aux Bouffes du Nord. La presse a commenté avec gourmandise. Ensuite, Pascal Sevran, un intime de la famille, qui était de toutes les fêtes, de tous les Solutré, a été vu là-bas, et au bras de Line Renaud. Puis, coup de théâtre, Pierre Bergé, le Charentais, l'intime, l'ami du samedi, vient de proclamer son soutien à Chirac. Ce n'est plus quelques ralliements isolés, mais une migration à laquelle les journaux ont abusivement rajouté le club Phares et Balises [1], sans préciser que les intellectuels de gauche qui en font partie se distinguent d'abord par leur aversion à son égard.

Le Président prend un ton badin pour évoquer ce mouvement très « parisien ». Il fait bonne figure, joue à celui qui en a tant vu, qui a connu bien des campagnes. Et pourtant, derrière le ton léger, je lis une sorte de désarroi dans son regard, dans cette main qui s'impatiente quand il me demande : « Vous croyez vraiment, vous, que ça intéresse les gens, ces histoires de comité de soutien ? » La fausse assurance de sa voix, sa manière de jauger, de poser des questions dont il connaît la réponse, de plaisanter pour en savoir plus. Un air paumé, en fait.

Il se retrouve prisonnier de son propre piège. Au début, il s'agissait juste d'affaiblir Balladur, de faire un peu enrager Jospin qui a honte de lui et peur de son soutien. Ainsi, le beau-frère si populaire a décidé de voter communiste ; Chirac lui manifeste beaucoup d'égards ; Séguin semblait

1. Fondé en 1992 par Régis Debray et Jean-Claude Guillebaud, le club Phares et Balises rassemble des intellectuels déçus du mitterrandisme ; également anti-balladuriste, le club reçoit Jacques Chirac en octobre 1994. Il se saborde le 30 août 1996.

l'aimer comme un père, et Rousselet voyait beaucoup les chiraquiens depuis son « Edouard m'a tuer ». Tout ça l'a amusé un temps. Mais ses espérances ont été plus que comblées, la machine s'est emballée. Il a perdu le contrôle de son manège.

Ces quelques amis sont si proches, si emblématiques, que leur ralliement à Chirac a fait l'effet d'un tremblement de terre dans cette campagne sans relief. On en a déduit : Mitterrand vote Chirac. La première secousse est passée, on en attend d'autres. Et lui a compris : il redoute l'explosion de son système, de ce qu'il en reste. Une catastrophe naturelle, dévastatrice, qui frappe les fins de règne. Je le devine terrifié par les ondes de choc que produirait ce séisme-là, à quelques semaines de sa sortie.

Tout de suite, il veut comprendre, dresser un tableau complet de la situation. Il réfléchit à haute voix, dresse un état des lieux qui devient un état des forces lorsqu'il cherche à préciser le nombre des *dissidents*. Il s'aide de ses doigts et compte. D'abord ses neveux, Frédéric et Jean-Gabriel. « Ils ont toujours été de droite, comme leur père, comme le reste de la famille, d'ailleurs. On a pu croire un temps qu'ils étaient de gauche, mais ils sont revenus à leur origine. Ils ont beau s'appeler Mitterrand, ils étaient de droite, ils le sont toujours. Je n'ai été qu'une parenthèse pour eux... Frédéric est un gentil garçon, mais si exalté, un bon cœur mais pas une tête politique... » Voilà pour les neveux. Il reprend son compte, les yeux au plafond il cherche le troisième, son index s'agite. Ah oui, ensuite il y a Sevran... « Sevran, lui, m'est très attaché et on me rapporte qu'il est effondré, qu'il s'en veut. Il dit qu'il a été léger, qu'il n'a fait qu'accompagner une amie, par curiosité... Qu'on n'aurait normalement pas dû le voir. Il en est malade, paraît-il... » Et de trois. Il continue à compter sur ses doigts. « Et puis, il y a notre ami Bergé. » Et il s'arrête. Bergé, c'est un gros morceau. Il écrit, il a des amis, il a des réseaux. Depuis 1988, il est celui que les journalistes interrogent pour savoir ce que pense le Président. Quand il attaque Jospin, après le congrès de Rennes, ou quand il fait la guerre à Rocard pendant des années, on voit la main du Président. Sur Bergé, il n'a pas tous les éléments du dossier, alors il me questionne : « Est-ce que vous savez comment ça s'est passé pour Bergé ? » Je lui raconte ce que m'en a dit Pierre Bergé. Le vernissage de cette exposition au Petit Palais, la rencontre avec Chirac, l'amabilité de Mme Chirac ; les bavardages, bref, la séduction Chirac, un micro qui se tend et Bergé qui se lance. Sans préméditation. Le Président hoche la tête à chaque étape du récit, il imagine et rit à la fin : « Oh, je vois, Bergé c'est un impulsif, un affectif comme Chirac, il a été séduit. »

Mais il n'a pas tout saisi, alors il me questionne de nouveau. Cette interview, était-elle vraiment à chaud ? Ou dans un studio de radio ? Sur quelle station ? Connaissait-il Chirac avant ? Ou Mme Chirac peut-être ? Il se tient les trois doigts, le pouce de ses neveux, l'index de Sevran et le majeur de Bergé maintenant. Il se tait, il réfléchit, les yeux mobiles, et il revient : « Oui, je comprends mieux. Bergé est mal avec Jospin depuis cette histoire de " menton mussolinien " [rires]. Par ailleurs, il ne s'entend pas bien avec Balladur qui s'est mal comporté avec lui à propos de l'Opéra... » Il s'arrête un instant, se rappelle le déjeuner servi devant lui. Il avale un œuf, m'ordonne de faire de même. Et reprend : « Et puis, Pierre Bergé n'est pas socialiste ! Il était avec moi à cause de moi. (Il a un air coquet en disant cela.) Moi parti, il se retrouve libre et disponible. Son suffrage n'appartient pas au Parti socialiste... » Ce n'est pas fini. Le tableau n'est pas tout à fait complet, il veut en savoir plus encore. Est-il tellement associé à ces ralliements ? Sur cette affaire, la polémique va-t-elle prendre à gauche ? Ou bien à droite ? D'autres ralliements à Chirac sont-ils prévus ? C'est un véritable interrogatoire que je subis, il ne néglige aucun détail. Toujours ce côté méthodique.

« Chaque cas est un cas isolé, vous commencez à le comprendre... » Il me parle et, en même temps, il classe les cas dans sa tête. Il les isole, les détaille, les interprète un à un. Il cherche à se rassurer, il veut, pour lui, pour moi, pour les autres, dégonfler l'effet de masse. Il veut tout expliquer et chasser ainsi l'irrationnel. Une fois le point fait, il va mieux. Je le sens qui reprend pied.

Il a tout prévu, pour sa sortie. Sa seule terreur, c'est un faux pas. Il ne doit prendre aucun risque. Le but est si proche. Mais, aujourd'hui, le marathonien sent le sol se dérober sous lui. Il revit le cauchemar qu'il faisait parfois l'année dernière : sortir dans la honte, sous les crachats. Sortir comme un traître et le rester dans l'Histoire, sortir comme un vulgaire trafiquant pris la main dans le sac, et resté pour toujours l'imposteur qui aurait volé la gauche. Il entend déjà leurs sarcasmes : « On vous l'avait bien dit. » Il sait déjà ce qu'on dit à l'état-major de Jospin rue du Cherche-Midi, la rage de Daniel Vailland, les colères de Moscovici. Il entend sonner la joie de Rocard et des siens. Il imagine le titre à la une du *Monde* dans deux ou trois jours : « Le mouvement de ralliement des amis de M. François Mitterrand à M. Jacques Chirac s'amplifie – protestation du porte-parole de M. Lionel Jospin. » Il connaît déjà l'éditorial de Jean Daniel, et celui, enragé, de Jacques Julliard. Il se courbe rien qu'à penser aux insultes du peuple de gauche dans la rue. Il ne pouvait y avoir pour lui *sortie* plus piteuse. Après tant d'efforts pour gagner, pour survivre, ressembler ainsi sur la fin, dans le tout dernier acte, à l'hideuse caricature qu'*ils* font de lui depuis cinquante ans, ce manipulateur, ce pervers. Leur faire ce plaisir, leur donner raison pour l'éternité. Il en frémit.

L'avide interrogatoire est terminé. Il tend son bras vers le lit-capharnaüm, secoue une pile de dossiers et s'empare d'une chemise de couleur. Puis il cherche à tâtons, dans ce même désordre, ses grosses lunettes. Son gros stylo en main, il se plonge en silence dans un texte. Il tique à un moment, puis referme le dossier et me dit : « J'ai vu Giesbert... On a fait un entretien pour *Le Figaro* il y a quelque temps... » Il reprend le texte, le parcourt en diagonale, se tait, le regard pointu : « Justement, je me demande si je ne devrais pas en avancer la publication... » Je lui demande s'il y parle beaucoup de la présidentielle, de Chirac, de Balladur, de Jospin. Il me répond, soucieux : « Justement, c'est ce que je suis en train de voir. » Il replonge dans le texte, le relit à voix basse, semble se fixer sur un passage. Il cherche, il trouve, le stylo bondit : « Voilà... Oui... Ce passage ! Giesbert me demande si je suis content de la désignation de Jospin par les socialistes, je réponds : " C'est un candidat capable de cristalliser l'espérance et les réalités de la gauche. Il croit en ce qu'il fait. " » « Ça va, non ? Qu'en pensez-vous ? » Il a l'air sur la défensive tout à coup. « Le président de la République n'a pas à choisir son successeur, pas à s'immiscer dans une campagne électorale... Non ? »

Il paraît peu convaincu. Il dévisse à nouveau son stylo : « J'ai trouvé... » Il se met à gratter quelques phrases dans la marge, appliqué, vérifiant la jonction des paragraphes, relisant à mi-voix, puis il rejette la tête en arrière pour se repasser la phrase en entier. Il rature une dernière fois, et me lit à haute voix le passage corrigé de l'interview : « C'est un candidat capable de cristalliser l'espérance et les réalités de la gauche. Il croit en ce qu'il fait. » Il pose sa voix : « Et voici ce que j'ai rajouté : " Ce n'est pas un mystère, je voterai pour lui et j'espère que ceux qui m'ont suivi jusqu'ici agiront comme moi. " » Il s'approuve de la tête, plusieurs fois. Et, fier comme un librettiste qui aurait trouvé ses dernières rimes : « Oui, ça ira comme ça... Je ne voulais pas me mêler de cette élection. J'aurais peut-être adressé un signe vers la fin de la campagne. Et encore, je ne suis pas sûr, car je n'ai pas à choisir mon successeur... Tant pis, cette mise au point ne me remplit pas le cœur, mais il fallait la faire. »

A la fin du déjeuner, Danielle Mitterrand vient s'assurer que tout est en ordre pour l'arrivée, imminente, de son ami Fidel Castro. Elle ne fait que passer, dit-elle. Elle s'est rendue à l'hôtel Marigny, tout proche de l'Elysée, où il doit séjourner. Elle s'inquiète de la cuisine préparée par l'Elysée que Castro entend refuser, selon son habitude, par crainte d'un empoisonnement. Une tournée d'inspection, pour Danielle, avant son grand jour.

Elle : François, ce sera assez bien pour lui, tu crois ? Tu es sûr qu'il y sera bien traité ?...

Lui, amusé : Mais oui, tout est prévu.

Elle : Tout doit être parfait, hein, François... Il doit être aussi bien reçu que tes autres chefs d'Etat. N'est-ce pas, François... ?

Lui : Oui... A l'Elysée, ils ont l'habitude, tu sais. Ne t'inquiète pas.

Elle : ... C'est un voyage important... Parce que, avec ce blocus des Américains, ils ont tant besoin de nous...

Lui : Oui.

Elle : Et puis, c'est un si beau pays.

Lui : Oui, j'y suis allé il y a vingt ans. Je m'en souviens.

Elle : Et puis il souffre tant de tous les mensonges qu'on raconte.

Lui, ironique : Oui, et en plus, lui c'est un parfait démocrate...

Elle, émue : Oui, c'est un grand démocrate et le sauveur de son peuple. Sans lui, que seraient-ils devenus, des affamés, des bandits... ?

Lui, intéressé, faussement : Tout ce qu'on raconte sur ses prisons, c'est donc faux...

Elle : Oui, on me les a fait visiter. Tout est normal.

Lui : Ah bon ?

Elle : A propos, j'ai oublié...

Lui : Quoi ?

Elle : Fidel m'a chargée d'un message...

Lui : Ah bon, lequel ? Il pourra me dire cela de vive voix dans deux jours... De quoi s'agit-il ?

Elle : Eh bien, ça lui ferait plaisir que tu viennes faire un voyage à Cuba.

Lui : Mais, tu sais bien que mon programme de voyages officiels est bouclé jusqu'en mai.

Elle : Oh, non... il disait cela pour après, quand tu auras quitté l'Elysée.

Lui, rêveur : Ah bon ?

Elle : Oui, ça lui ferait tellement plaisir !

Lui, toujours rêveur : Mais je ne serai plus rien, qu'un retraité.

Elle : Mais tu te trompes !... Tu ne connais pas ta popularité dans des pays comme ça. Et puis Fidel prévoira tout. Ce sera très bien, tu verras.

Lui, sérieusement : Je ne sais pas si j'en aurai la force... Je suis un vieillard, je ne serai plus rien.

Elle : Ils en ont tant besoin ! Tu comprends, le blocus !... Les Américains !

Lui : ...

Elle : Alors, qu'en penses-tu ?

Lui, se tournant vers moi : Qu'en pensez-vous, Benamou... ? De Gaulle est bien allé chez Franco après sa sortie...

Elle, enthousiaste : Bon, alors, je ne lui dis pas non... ?

Le 28 mars 1995, déjeuner à l'Elysée

J — 40. Le compte à rebours est lancé, cette fois. Dans l'appartement, le désordre d'un déménagement laborieux, qu'on entreprend par étapes, qu'on laisse traîner. Les toiles de mauvais goût années 80 sont toujours accrochées le long du couloir. Dans le corridor bibliothèque, des dizaines de caisses de livres béantes, pas tout à fait remplies. Des tableaux posés au sol, quelques portraits de lui, des paysages classiques sans intérêt, quelques toiles modernes, maladroites. Sur les rayons vides de la bibliothèque, quelqu'un a disposé de ridicules bibelots au centre de chaque casier, des petits singes en porcelaine, une miniature en cristal de la statue de la Liberté. Sur la table, trône la maquette d'un Lysander MKIII, l'avion dans lequel il avait embarqué, un soir de 1943, dans la région d'Angers, pour se rendre à Londres. De tout, en vrac, une brocante, sa brocante. Des lettres – celle de Rocard qui, en quelques mois, est passée de son bureau à sa chambre –, des petits mots sur bristol, témoignages d'affection, de bonne santé, la longue lettre envoyée par ce médecin de province qui lui parle de cancer, de la gauche, et lui propose ses services ; quelques vieux quotidiens, et, curieusement glissé sous la couette, un ancien numéro de *Paris Match,* sur Mazarine ; quelques livres de collection rescapés ; des fleurs séchées, une branche d'olivier, du laurier peut-être, une rose ; un souvenir de vacances, une photo de Venise ; une petite sculpture envoyée par Nikki de Saint-Phalle ; le portrait sous-verre des Bush dédicacé, *Best greetings to François and Danielle*, ils s'aimaient bien je crois. Tout près de Bush, quelques médailles en plaqué or, souvenirs de sommets internationaux oubliés. Son gros rasoir électrique jeté sur le lit, non loin de ses lunettes-loupes posées sur un dossier jaune encore ouvert.

Beaucoup de choses ont déjà été emportées. Ne reste là que l'inclassable, ce bric-à-brac qu'on ne sait jamais dans quel carton ranger quand on s'en va, ces lettres, ces mille babioles inutiles, ces reliques ridicules auxquelles on s'attache, tous ces souvenirs dont on pense se débarrasser sans jamais y parvenir et que l'on finit au dernier moment par réunir au hasard, en urgence, dans une malle unique.

C'est une vie qui décante, le temps qui reste. Au moment où l'on se retrouve un peu désœuvré, flottant dans la pièce vidée, la mise en scène du plus petit objet qu'on avait oublié – un timbre, une statuette, qu'importe – provoque la rêverie, appelle le souvenir, fait remonter les ombres et les parfums. C'est ce dénuement-là qui ouvre les portes à la mémoire bien plus que l'accumulation des objets.

Dans cette pièce, il reste ses photos surtout. Un album du début du siècle. Une tribu réunie pour le grand jour de la photo dans les années 1920. Une autre, datée de 1913, agrandie celle-là, posée au pied de son lit. Deux vieillards robustes installés sous une véranda ombragée, un jardin feuillu que l'on devine à l'arrière-plan. Ses grands-parents maternels, les Lorrain. Lui, solide et bon, elle, myope et très douce. Le cliché est signé d'un photographe bordelais qu'on avait fait venir pour l'occasion. Une autre photo encore, où le père et la mère posent en notables avec tous leurs enfants ; François est tout à fait à droite, légèrement à l'écart, le visage moins carré que ses frères ; il a posé sa main sur le genou de sa mère. Et, non loin, d'autres photos surgies d'un autre monde, en couleur cette fois. On glisse d'un siècle à l'autre, avec ces images si proches de la télévision. Lui quinze ans plus tôt, conquérant, visage bronzé, cheveux au vent, image d'avant la vieillesse, image romantique qu'il doit aimer. Une autre, récente, déchirée dans un journal américain, belle allure de chef d'Etat, un côté de Gaulle en plus aigu.

Il est debout, les jambes plantées au sol, fièrement installé entre les caisses, les mains sur les hanches comme un portefaix. Il fait mine de souffler quand il me voit. Toujours coincé entre ses caisses, il me montre avec fierté les bibliothèques presque vides : « J'ai sorti de cette chambre quatorze ans de livres et de paperasses... Enfin, pas tout à fait quatorze ans, car cette chambre a été aménagée après 81. Mais tout de même, quel travail... ! » Il ajoute en connaisseur : « J'ai déjà donné des milliers de livres au centre Jean-Jaurès de Nevers. Certains ouvrages de collection seront pour Mazarine, les autres pour la fondation de Danielle. Ça permettra à la fondation de vivre, en les vendant à des collectionneurs. C'est ridicule de les laisser enfermés dans des bibliothèques. » Il ramasse un livre qui traîne, hésite entre les cartons, en abandonne d'autres à un ultime rangement... « Après les livres, le plus gros sera fait. Après toutes ces années passés ici, je n'ai pas de meubles à déménager, rien à emporter. Dans quelques jours, il ne me restera plus qu'à prendre mes vêtements et à m'en aller. » Il mime en trois gestes un vagabond qui fourre son ballot sur son épaule et s'en va, à la manière de Charlot.

Sur son lit traînent le catalogue d'un décorateur à la mode, des échantillons de tissus, de papiers peints. Il a dû choisir les canapés de son prochain appartement, les quelques meubles, la couleur de la moquette, des murs et des tentures, de tout ce qui fait une vie qui recommence. Entre Anne Lauvergeon, sa belle-sœur Christine, le préfet Chassigneux et Mazarine, il doit disposer d'une véritable commission d'experts. La semaine dernière, je l'ai vu partir là-bas, il hésitait sur la couleur des murs, vantait la lumière, l'espace, le quartier, à deux pas du Champ-de-Mars, en face de l'Ecole militaire. « Comme mes prédécesseurs, me dit-il aujourd'hui, je vais avoir un appartement de fonction. Je m'en suis occupé pour Giscard quand j'ai été élu – il voulait absolument être dans le 16e. Le général de Gaulle, quand il a démissionné en 1969, a eu un appartement avenue de Breteuil, mais il n'y allait jamais. Balladur a été très correct. J'ai pu donner mon avis sur ce choix... Dans cet appartement, je travaillerai, j'aurai un bureau, je ne sais pas si j'y vivrai mais j'aurai un peu de confort si je veux m'y reposer... » Traduction : je vivrai là-bas.

Il s'invente un futur. Il veut penser à la vie *après*, avec foi et certitude, comme si tout recommençait. Il faut bien continuer à vivre, simplement ne plus compter en années. Il vivra donc, il se promènera dans Paris – faire les vitrines, il adore ça. Il voyagera aussi, Venise, l'Egypte, l'Asie Mineure, l'Orient. Il dit « l'Orient » comme on le disait au XIXe siècle, avec une sorte d'audace et d'émerveillement, sans qu'on sache vraiment où situer sur la carte cet Orient-là, cette fuite. Il y croit très fort, à son Orient, et cela donne au vieil homme un éclat de jeunesse.

Mais, avant cela, il faut tenir. Le marathonien, après d'impensables efforts, aperçoit la ligne d'arrivée. Plus que vingt-trois jours. Une éternité. Il me fait penser à ce nageur fou qui traverse l'Atlantique ces temps-ci. Il y a les beaux jours où tout va bien, où il se laisse porter par le courant. Et d'autres moments – demain peut-être – où le nageur est vidé, à bout de souffle, exsangue, prêt à lâcher à quelques encablures de l'arrivée, surtout quand il devine que les squales rôdent, car les porteurs de rumeurs, encore une fois, le donnent pour mort ces jours-ci.

Aujourd'hui le ciel est dégagé, mais il surveille chaque organe, chaque élément de sa pauvre charpente. Depuis quelques semaines, il a ainsi pris l'habitude d'effectuer des rotations du cou à l'improviste : « Il faut que je fasse cela de temps en temps, pour que ça ne bloque pas... Vous imaginez, si je n'arrivais plus à tenir ma tête... » Il faut tenir, tenir debout, tenir cette tête, tenir à tout prix. « Imaginez que je ne puisse plus la tenir droite, le jour où je recevrai mon successeur à l'Elysée... » Son rire sardonique, glacé, m'effraie. Il se retourne, soudain, vers la carte de l'Afrique toujours accrochée au mur, perdu dans ses pensées, pose le doigt sur l'Egypte, cherche Le Caire, Alexandrie, Louqsor... Un silence, un coup d'œil, un large panoramique sur cette chambre vide à présent, ce lit en bataille, ces caisses qui l'assiègent. Il passe la main sur sa nuque rase. « Enfin, ce sera dans six semaines... J'espère que ça tiendra jusque-là. »

Le 3 mai 1995, dernier Conseil à l'Elysée

Le dernier Conseil des ministres de François Mitterrand vient de se terminer. Dans la loge de l'Elysée règne une atmosphère légère, printanière, une ambiance pagailleuse, bon enfant : les gendarmes inaugurent un ordinateur – c'est bien le jour –, mais l'ordinateur ne marche pas. Les visiteurs se pressent au portillon, s'entassent dans le petit bureau des gendarmes. Des groupes se forment, plaisantent, se souviennent. Les deux cousins de province d'un conseiller de l'Elysée sont venus là pour profiter une dernière fois de la cantine présidentielle ; trois journalistes du *Figaro* prétextent un rendez-vous pour venir flairer le parfum de la fin d'un règne ; une femme, robe légère, couleurs vives, permanente impeccable, la maîtresse d'une éminence de palais, veut revoir une dernière fois cet appartement de permanence où elle a dîné si souvent, où les vins sont si bons et le lit si douillet ; un énarque sémillant qui se voyait ministre balladurien vient saluer un ami, sur le départ lui aussi ; un lycéen, bourgeois du 7e et allure de tagger, vient chercher son père au bureau et ne manque rien au passage, impressionné par cette dernière visite. La loge est bondée, l'ordinateur ne marche toujours pas, mais personne ne s'impatiente. On est en goguette, visiteurs et gendarmes sympathisent, c'est jour de fête dans cette grande bâtisse que, depuis deux ans, on dit hantée par la mort et les scandales.

Derrière la gaieté, il y a chez chacun la vigilance de celui qui fréquente l'Histoire, ses coulisses, et ne veut rien en perdre. On s'attarde sur tout, on engrange vite fait, on remplit sa musette d'une multitude de détails dont on veut se souvenir : la moustache du gendarme, le carré de papier blanc qu'il remplit pour vous, le sabre de la sentinelle, au mur cette photo officielle du Président, un peu de travers, le bruit du gravier dans la cour, les ors et les couloirs.

Le morne débat d'hier soir entre les candidats Chirac et Jospin a donné plus de relief encore à la fin du règne de François Mitterrand. La nouvelle ère sentirait peut-être moins le soufre, mais, pour ce qui était de la gloire... Les gens sont venus en fétichistes faire provision de mémoire, collecte de reliques, une carte du menu du jour, ce badge de visiteur qu'on ne rendra pas, n'importe quel souvenir du palais. L'apercevoir peut-être...

Voilà pour les visiteurs.

Ceux de l'Elysée sont comme les passagers d'une longue traversée à l'instant où le paquebot approche du port. Ils ont bouclé leurs affaires. Les secrétaires sont plus pimpantes, les huissiers plus aimables, les conseillers un peu endimanchés, joyeusement désœuvrés : certains méditent fenêtres ouvertes, les pieds sur la table, dans leurs bureaux-cabines vidés ; d'autres flânent dans les salons, dans les couloirs ou la cour d'honneur, ultime tour pour fixer les images et les ombres. D'autres encore s'échangent leurs adresses puisqu'il va bien falloir se quitter. Certains sont déjà lotis, d'autres, en attente, paraissent sans inquiétude, croyant sans doute en cette règle non écrite selon laquelle les membres du cabinet présidentiel sont toujours recasés.

Je n'ai jamais vu l'Elysée aussi gai depuis 1988.

Ils ont été de cette longue et périlleuse traversée jusqu'à cette fin de règne où tout tanguait, où l'on croyait avoir perdu la route et même un temps le capitaine bouclé chez lui, où l'on désespérait d'arriver un jour à bon port. Par moments, ils n'y croyaient plus. Il aurait suffi de si peu de choses, une bourrasque plus forte que les autres, un juge d'instruction qui débarque, une métastase folle. Ils ont été puissants, puis ils se sont trouvés à la merci des éléments du temps. Ils se sont divisés, combattus, haïs comme c'était la coutume au château. Aujourd'hui, ces passagers heureux saluent bruyamment ceux qui les attendent à terre. Ils ne regrettent pas le voyage, ils ne déplorent pas son terme non plus.

Après deux semaines de silence, il m'avait dit, hier, au téléphone : « Demain... demain, que faites-vous ? C'est mon dernier Conseil des ministres. On pourrait peut-être déjeuner ensemble... J'ai quelque chose qui m'ennuie, je l'annule et on déjeune ensemble, vous voulez bien... » Vous pensez si je veux bien ! Moi aussi je suis un fétichiste, et, comme les visiteurs de l'Elysée, j'accours.

Je l'avais appelé ce jour-là parce que j'étais en rage. Un Marocain, Brahim Bouaraam, avait été assassiné par des skinheads à la suite d'une manifestation du Front national. Jeté à la Seine. Dans la classe politique, obnubilée par le second tour de la présidentielle, on a condamné discrètement, sans plus. L'appel à la manifestation lancé par Fodé Sylla n'a rencontré qu'un faible écho, aucun ferme soutien. J'entendais répéter dans les états-majors : « Entre les deux tours d'une présidentielle, il ne faut jamais se mêler de ces histoires-là. » Bref, Brahim Bouaraam était un gêneur, l'inattendu trublion du second tour.

J'étais ulcéré. Alors j'ai appelé le Président comme un recours, comme l'avaient fait pendant quatorze ans tant de jeunes gens indignés. Il nous entendait parfois, et le savoir là nous rassurait... En début d'après-midi, le Président n'était pas joignable. Aussitôt, j'ai alerté Hanin. Il était l'auteur d'un film, *Train d'enfer*, qui contait l'histoire d'un crime raciste semblable. Je savais qu'il comprendrait. Hanin l'a trouvé, lui a parlé et, juste avant le journal du soir, nous avons pris rendez-vous pour le lendemain.

Dans sa chambre, je croise Tarot, presque enjoué : « Je vous laisse un Président en acier, me glisse-t-il, alors, de grâce, ne me l'abîmez pas avec vos questions... » Et sans attendre un signe qui ne vient pas, il continue plus haut : « Ce n'est pas parce que le Président va bien qu'il faut faire des excès, n'est-ce pas, monsieur le Président ? » En vérité, je crois qu'il ne veut pas croiser De Kuyper qui, plus tard dans l'après-midi, doit se rendre à l'Elysée.

Allongé sur son fauteuil, rêveur un instant, rieur peu après, le Président a l'air d'un recordman fourbu et satisfait. Ce visage pacifié, ce crâne de bonze qui le rajeunit, cette cravate dénouée sur ce costume officiel de jour de Conseil, lui donnent à lui aussi l'air impatient du voyageur prêt à descendre sur le quai. Dans cette chambre presque vide, il se relâche, il souffle de bonheur, s'aveugle de la lumière dehors et me dit simplement : « Ça y est... [Un silence.] C'était mon dernier Conseil des ministres. » Il a tenu bon. Il a réussi l'impensable marathon. Comme pour souligner l'exploit, il ajoute : « Sur la fin, ce n'était pas évident. » Et il se remet à rêver. Le suspense aura duré jusqu'au bout. Pendant l'enregistrement en avril dernier de « Bouillon de culture », Pivot a été bouleversé par ce président dont il se demandait s'il pourrait terminer l'émission ; quelques jours plus tard, sur la photo d'un défilé militaire, on a lu les morsures de la douleur sur son visage, sur son corps amaigri qui portait lourdement sa tête, ce corps drôlement sanglé dans un manteau sombre, le cou enroulé dans une écharpe bicolore.

« Mille trois cents Conseils des ministres, ce n'est pas donné à tout le monde ! » lance-t-il, comme on annonce son temps après un record. Je suis persuadé que défile en ce moment dans sa tête le long panorama d'une vie en politique. La première fois où, ministre des Anciens Combattants, il a mis les pieds à l'Elysée ; la première photo sur le perron de l'Elysée, et puis toutes les autres sous la IVe, le premier tête à tête avec Vincent Auriol ; sa première – et dernière – démission en 1953 [1]; la première fois où – avec Mendès qu'il aimait encore – il est allé hurler dans le bureau de René Coty, avant l'affaire des fuites; et le premier Conseil des ministres qu'il avait présidé... En 1981, ce trac et cette fièvre la première fois qu'il a pris l'ascenseur installé par Vincent Auriol pour descendre à la salle du Conseil. Cet ascenseur qu'il a repris il y a quelques heures pour ce dernier Conseil. Mais quatorze ans après, il a eu besoin de s'asseoir sur la banquette pour économiser ses jambes le temps du voyage.

Depuis sa deuxième opération, il nourrit une véritable passion comparative pour la sortie de scène des « autres ». Il évoque les rois de France autant que les petits présidents oubliés. Pour tous il a un mot, de la tendresse parfois. Il s'apitoie sur ce pauvre Jules Grévy, obligé de démissionner à la suite du scandale des décorations. Il se désole du sort de Napoléon III qui, après un si long règne, trois septennats, a tout gâché avec la « capitulation de Sedan ». A force de passer l'histoire de France en revue, François Mitterrand est devenu expert en postérité.

« Les Français sont imprévisibles, ils se révoltent facilement contre leurs gouvernants. » Il retourne fouiller dans sa mémoire, pour me le prouver. « Depuis la révolution de 1789, en effet, rares ont été les chefs d'Etat français à pouvoir terminer leur règne ou leur mandat. De Napoléon Ier à de Gaulle en passant par Albert Lebrun, la plupart sont morts au pouvoir, ont été assassinés ou contraints à la démission. Seuls Emile Loubet, Armand Fallières, Raymond Poincaré, Gaston Doumergue, quelques présidents oubliés sont allés jusqu'au bout de leur mandat... Depuis 1931, je suis le seul avec Vincent Auriol – un socialiste – à

1. Favorable à l'émancipation de la Tunisie et à la fin des hostilités en Indochine, François Mitterrand démissionne en septembre 1953 du gouvernement Laniel où il était ministre délégué au Conseil de l'Europe.

finir normalement mon mandat. » Son constat est discutable, sa référence à Auriol fait sourire, mais il est minutieux. Dans ces moments d'adieux, de retour sur soi, on est superstitieux et précis. Il me répète, cherche à m'expliquer le record qu'il vient de décrocher : « Oui, aucun président depuis cinquante ans n'a terminé normalement son mandat. Ou bien ils sont partis avant terme, ou ils ont été battus. Elu en 1932, réélu en 1939, Albert Lebrun ne survit pas à la déclaration de guerre. Il est balayé par Pétain en juillet, il n'a pas même démissionné, il a cédé tous ses pouvoirs avant d'être déporté en Allemagne... Pétain, qui s'était proclamé chef de l'Etat français, part dans les conditions qu'on sait... Auriol fait ses sept ans et il ne se représente pas... René Coty sombre avec la IVe République, il doit céder la place à de Gaulle... De Gaulle démissionne trois ans avant la fin de son second mandat... Pompidou est fauché par la maladie après quatre années à l'Elysée... Giscard fait ses sept ans la première fois. Il croit être réélu quand je le bats. Aucun d'entre eux n'aura fait mieux que moi... »

Je ne suis pas dupe. J'ai entendu compter : « Albert Lebrun, Philippe Pétain, Vincent Auriol, Charles de Gaulle... », comme une série évidente. Quand il fait son compte, il trouve une place pour Pétain dans cette chronologie fantaisiste au sein de laquelle le plus médiocre des présidents de la IIIe République côtoie François Ier. Entre Lebrun et le suivant, il ne marque pas de pause, pas un semblant d'hésitation. Il n'y a pas le flottement qui signifierait la parenthèse, la distance à mettre entre Philippe Pétain et le suivant, entre Pétain et lui, et les autres, tous les autres.

Cette année, lors d'un discours, il a parlé de ces vingt et un présidents qui l'ont précédé. Le seul journaliste à remarquer que le compte n'était pas bon a cru à une erreur. Mais non, pour Mitterrand, Pétain était du nombre. Il avait mal tourné, mais par un singulier tour de passe-passe qui jouait sur la confusion entre « chef de l'Etat » et « président de la République », Philippe Pétain s'était glissé en douce sous le manteau rhétorique de François Mitterrand.

Pour l'heure, c'est au rival illustre de Pétain que le Président songeait le plus souvent. Au cours de nos entretiens, il lui est souvent arrivé d'évoquer ce qu'il appelle la « sortie de De Gaulle ». Dans l'instant, le ton changeait, le regard s'éclairait, le geste se faisait plus aérien. Ces derniers mois, rien ne le passionnait plus que la sortie du Général. Lui parlait-on de sa première élection présidentielle en 1965 et de la mise en ballottage de De Gaulle, il répondait : « Ah, tout cela ne vaut pas de Gaulle en 1969 ! Quel magnifique départ... Cet orgueil blessé, cette bouderie somptueuse, ce manteau qui flotte dans la lande irlandaise... » Et sur le putsch gaulliste de mai 1958 que, jusqu'au bout, il a combattu, il rétorquait avec une sorte de tendresse inédite pour son collègue en postérité – du moins l'espérait-il : « En 1958, il a tout gâché en s'alliant avec la bourgeoisie. Mais, tout de même... Quelle belle sortie ! Il est arrivé par la bourgeoisie en 58, il a été chassé par elle dix ans plus tard, dès qu'elle a eu Pompidou sous la main. Il a été chassé, et pourtant quel départ magnifique ! »

Une sortie comme celle de De Gaulle le faisait rêver. Mais pas question, pour lui, d'être battu, de se réfugier en Irlande... Il était lucide. Il n'en avait pas les moyens, pas la gloire, pas le 18 Juin.

Bien sortir. Depuis cet automne 1994, il s'est acharné à repousser de toutes ses forces l'idée d'« une sortie à la Pompidou ». Hantise de ses plus proches collaborateurs, ce à quoi tout le monde se préparait. De surcroît, cette mort en scène aurait renforcé, trop à son goût, la couleur shakespearienne que tous entendaient donner à sa fin de règne : « Shakespearien... Roi Lear... Les journalistes n'ont pas beaucoup de vocabulaire ni d'imagination, s'indignait-il souvent. Je suis " machiavélique " – et ma fin est " shakespearienne "... C'est tout ce qu'ils savent dire. Ce qu'ils sont conformistes, tout de même ! » Parfois, après une journée de douleur, la lecture des journaux et la découverte du journal de 20 heures, il explosait de rage, de lassitude : « Que savent-ils ces petits messieurs qui veulent ma mort ? Sont-ils vraiment sûrs d'atteindre un jour mon âge, et d'avoir eu ma vie ? Se le demandent-ils seulement, ces petits messieurs ? »

Il voulait bien sortir, de plus il tenait à contrôler sa succession. Son état d'esprit de ces derniers mois s'illustrait par cette phrase : « On est toujours accablé par ceux qui vous succèdent. » Il savait que son influence se limitait à ne pas contrarier un destin présidentiel, s'était convaincu qu'un président de gauche ne pourrait être élu, ainsi s'était-il intéressé de près à Balladur d'abord, et depuis novembre à Chirac. Il n'avait pu s'empêcher d'envisager sa postérité sous cet angle. Un bon successeur le traiterait bien, dans l'accessoire comme dans l'essentiel. Il lui permettrait demain de régler toutes ces questions idiotes de l'escorte, de ses gendarmes qu'il voulait garder, du nombre de ses collaborateurs, de son logement, de ses transports, de ces égards qui facilitent une vie de président à la retraite. Un bon successeur, c'était bien sûr la garantie pour après d'une place convenable dans les manuels d'histoire, dans les commémorations, sur les places des villages, sur quelque boulevard parisien ou sur les quatre tours de cette Très Grande Bibliothèque qu'il guignait... Un bon successeur, c'était la garantie d'une éternité républicaine où on ne l'accablerait pas, où on ne viendrait plus le chercher sur Vichy, Bousquet ou la Bosnie, où l'on n'ouvrirait pas les placards de son histoire. Un bon successeur, c'était la paix. Il devait forcément faire confiance à ce successeur, aveuglément, car, entre eux, ce serait un drôle de contrat dont il ne pourrait pas surveiller l'exécution.

Les yeux fermés, il parle en soufflant, par à-coups, des phrases courtes, à cause de la fatigue, de l'émotion de la journée, de tous ces comptes qu'il a faits. A un moment il se relève et considère la chambre vide, ces caisses qui traînent encore. Puis il reprend : « Encore ce matin, en Conseil des ministres, j'observais Edouard Balladur qui me rendait hommage. Un hommage vraiment sincère – après tout, il n'était pas obligé. Je le regardais et je me disais qu'il avait bien failli y arriver, que, si près du but, c'était rageant de voir ainsi ses espoirs s'envoler. D'autant plus que, malgré tout ce qu'on avait dit et contrairement à Barre en 1988, il ne s'était pas lamentablement effondré au premier tour... »

Le Mitterrand cruel et intraitable de novembre dernier a disparu. Il aurait presque maintenant de l'attendrissement pour ce perdant très digne. Il se mettrait presque à regretter ce coup de sang, de haine, qu'il a eu à l'automne. Il doit se demander à quel point le cours de l'Histoire eût été différent si Balladur avait pu mener sa course jusqu'à la victoire promise. Mais il est trop tard. Il réfléchit à haute voix maintenant : « Chirac a fini par y arriver. Chirac président, vous imaginez ? De toute façon, Balladur est trop impopulaire... mais avec lui ça aurait peut-être été du sérieux. Oui, contrairement à ce qu'on a dit, Balladur ne manque pas de courage. Tenez, son fameux coup de sang au soir du premier tour... C'était un acte de courage de sa part. Il ne faut pas négliger que c'est en faveur de son adversaire qu'il a pris parti sans hésitation, sans plus attendre, et que c'étaient ses propres supporters qu'il sermonnait dans ce moment si douloureux pour lui... Un geste qui ne manquait aucunement d'autorité. Non, vraiment, Balladur s'est comporté très dignement dans cette défaite. »

Il n'a pas parlé jusqu'à ce moment du duel télévisé de la veille ; dans la foulée de sa tirade sur Balladur, il me lance : « Hier soir, c'était vraiment un match nul. » Il a l'air serein pour la première fois depuis que s'est ouverte la campagne. La platitude du débat, sa technicité, son manque de passion, l'absence d'accrochage, ces assauts d'amabilités l'ont ennuyé, lui, comme toute la France. Hier soir, il a dû se coucher rassuré, consolé. Il n'a pas participé au débat et pourtant il en est sorti grandi, il l'a senti.

Il prend un air détaché pour me dire : « Il y avait trop de chiffres, et pas d'affrontement véritable. Chirac a été moins bon que contre moi en 1988. Il n'était pas stimulé – il n'en avait pas l'air. Quant à Jospin, il s'en est plutôt honnêtement tiré... Au bout du compte, un bon débat de ministres gestionnaires... »

Il dit « ministre gestionnaire », comme quand il parle de Rocard avec ces mots : « C'est le niveau d'un bon ministre des PTT. »

Nous entamons l'inamovible menu de ces derniers mois à l'Elysée, œufs mollets-hachis parmentier. « Jospin a dû juger que ce n'était pas bon pour lui de me citer au soir du premier tour », reprend-il. En effet, dans sa déclaration ce soir-là, Jospin avait remercié tout le monde, sauf lui. « Il veut que je le soutienne, et en même temps il ne le veut pas. Il est compliqué, Jospin. Il ne sait pas comment gérer ses relations avec moi. »

Je lui fais remarquer que Jospin, grâce à ce score du premier tour, va prendre un ascendant incontestable sur la gauche. Aussitôt, il nuance : « Tout dépendra de son score au second tour. S'il est dans une fourchette haute, il bénéficiera d'un état de grâce pendant quelques mois, car Fabius et les autres qui, embusqués, attendent leur tour, n'existeront plus pendant un bon moment. Mais le leadership de la gauche, Jospin devra s'en saisir vite et bien. Moi aussi, en 1965, au soir de ma belle défaite face à de Gaulle, on me garantissait que j'avais ravi la gauche aux caciques de la SFIO et même du PSU... Mais en moins d'un an l'effet est retombé. »

Son ton, jusque-là posé, devient agacé et me rappelle les jours de février où il s'exaspérait du silence de Jospin : « On ne cesse de s'extasier sur les 23 % de Lionel Jospin, comme si, ces 23 %, Jospin les avait fabriqués de ses mains ! Mais ce sont les miens depuis l'élection de 1965 et depuis le congrès d'Epinay en 1971 ! Je veux bien qu'on dise que c'est une conquête de Jospin, ces 23 %, mais ce n'est pas tout à fait exact. »

Puis, avec un air de mystère, il me dit d'approcher, manière que je saisisse l'importance de la confidence. Il fronce les sourcils, l'œil aigu, attend ma totale attention, et me glisse à voix basse : « En fait, je suis le dernier des grands présidents... » Il a dit ça vite, dans un mélange de pudeur et de grandiloquence. Comme s'il craignait que je le prenne pour un vieux fou, il tente de rationaliser l'aveu qu'il vient de me faire :« Enfin, je veux dire le dernier dans la lignée de De Gaulle. Après moi, il n'y en aura plus d'autres en France... A cause de l'Europe... A cause de la mondialisation... A cause de l'évolution nécessaire des institutions... Dans le futur, ce régime pourra toujours s'appeler la Ve République... Mais rien ne sera plus pareil. Le Président deviendra une sorte de super-Premier ministre, il sera fragile. Il sera obligé de cohabiter avec une Assemblée qui aura accumulé bien des rancœurs et des rivalités et qui, à tout moment, pourra se rebeller. Et ce sera la cohabitation permanente, une sorte de retour à la quatrième. »

Promenade dans le parc. Il fait chaud. Le Président porte sa casquette de golfeur et un gros manteau. Il descend la partie du jardin en pente au pied du palais, salue en passant cet arbre qu'il a planté voilà dix ans, marche avec nonchalance vers la porte de l'avenue Marigny, puis revient sur ses pas. Une promenade sans but, sans itinéraire apparent. Un tour d'adieu à ces jardins dont il connaît chaque fleur, chaque bosquet, chaque arbre, chaque ombre ; les sons de la mare aux canards, l'eau qui brille à cette heure, les merles qui sautillent sur la pelouse sombre, l'odeur des haies taillées. Il marche, attentif et pensif. Près de la grille du parc, la bâtisse en face de nous, plein cadre comme on ne la voit que des jardins. Il la désigne d'un geste vague, l'œil allumé, comme s'il la redessinait en l'air : « Je n'y ai pas été malheureux même si le lieu n'est pas très pratique, trop petit. C'est un des beaux hôtels particuliers de l'époque... J'ai surtout aimé ses jardins, dont je me suis préoccupé et dont je suis très fier. » Il emploie les mêmes termes que pour évoquer la pyramide du Louvre ou une grande loi sociale. Ce jardin il l'a fait, il l'a aimé, il le laisse à présent. Il dit plus bas, comme s'il s'était déjà inquiété de sa destinée : « Je me suis renseigné, les jardiniers que Chirac emploie à l'Hôtel de Ville ne sont pas aussi bons que les miens, mais ils ne sont pas mal. Un peu trop m'as-tu-vu peut-être... »

Il se tient toujours face à la bâtisse, on dirait qu'il veut lui avouer quelque chose, à ce palais : « En 1981, j'ai sérieusement pensé à installer la présidence aux Invalides. Cela aurait eu belle allure, ce grand bâtiment bien assis, ouvert sur l'esplanade. J'ai calé devant la dépense, c'est comme ça que j'ai passé quatorze ans ici... De Gaulle, lui, avait envisagé de s'installer au château de Vincennes. Ce n'était pas mal, un petit côté Versailles en moins ostentatoire. Il a calé lui aussi. Comme quoi, lui et moi avons échoué dans cette même ambition...[rires]. »

Il est 15 heures maintenant, on ne devait pas aller trop loin, à cause de la chaleur – mais alors pourquoi ce manteau ? –, de la fatigue, et de ce rendez-vous avec le Dr De Kuyper. Il faudrait rentrer, mais, arrivés à la porte du Coq, il choisit de s'échapper. Nous filons par l'avenue Gabriel, sans prévenir sa protection rapprochée. Il a l'air heureux de cette fuite.

Nous empruntons l'allée Marcel-Proust en direction de la Concorde. Là les touristes japonais ne le reconnaissent pas, des collégiens se retournent gaiement mais restent à distance, des enfants jouent, passent entre nous, des petites vieilles se resserrent sur leurs bancs pour le montrer du doigt, des couples s'enlacent sans le voir. Nous marchons depuis dix minutes, et personne ne s'approche, pas d'attroupements, pas une main qui se tend, pas d'amateurs d'autographes, pas une seule demande de baiser de militant, pas la moindre bourgeoise à l'horizon *qui ne pense pas comme lui mais qui a beaucoup d'amiration.* Rien. On ne le voit pas ou si on le voit, on se tient à distance, on passe son chemin. C'est comme si aujourd'hui, tout à coup, il n'était plus l'aimant des foules et des curieux, comme si soudain la magie n'opérait plus. Est-ce la maladie qui impressionne ? Fait-il trop chaud ? Les gens sont-ils sonnés par le soleil ? Est-il possible qu'il soit déjà sorti de la vie des gens ? Je le vois, il se tient droit, il ne se cache pas, il marche au centre de l'allée. Il ne comprend pas, s'étonne doucement, il cherche un regard par-ici, par-là. Nous marchons pendant plusieurs minutes, et toujours rien en vue. Il a envie de contact, d'une main, d'un écho, d'un miroir, de se voir exister un peu encore dans le regard de ces badauds qui, cet après-midi, s'obstinent à ne pas le voir. Il poursuit la promenade et personne ne vient à lui. Il est transparent. Est-il possible que pour les Français il ne soit plus rien, qu'il ne compte plus depuis hier soir ? Il voit que je le guette et me demande : « Vous pensez que demain je n'intéresserai plus personne ? » Je n'ai pas le temps de répondre, sauvé par une jeune fille qui s'élance et se jette sur lui, essoufflée. Elle l'a vu de loin, elle en bégaie, elle a cru rêver, elle l'aime, elle le remercie pour tout, elle voulait le lui dire, elle aimerait tant l'embrasser, elle l'embrasse, c'est le plus beau jour de sa vie.

Pas peu fier de la déclaration, il oublie les badauds indifférents, et la promenade devient comme une méditation à haute voix. Il marche et parle sans me regarder, droit devant lui, l'œil sur l'obélisque de la Concorde. A l'angle de la place, un petit vent fouette ; il s'arrête comme les vieux promeneurs qui se plantent devant vous et vous prennent à témoin après vous avoir longtemps ignoré dans leur monologue. L'idée leur vient, en général, à un carrefour ou à l'angle d'une rue, lors d'une étape secrète de leur promenade. « J'ai connu tant de bourrasques. Il y a eu tant de vagues depuis le suicide de ce malheureux Grossouvre. Je suis un miraculé ! Maintenant que j'ai survécu à tout cela, je vais vraiment me retirer... Une fois le 17 ou le 18 mai passé, je n'interviendrai plus. On ne m'entendra pas. Je ne participerai à aucun débat, à aucune controverse. Et je m'y tiendrai, je me contenterai pour toute apparition publique de quelques promenades dans Paris, des promenades comme je les aime – si toutefois ma santé me le permet. Je n'apparaîtrai plus. Je ne veux pas finir comme ce pauvre Giscard... »

La protection rapprochée nous retrouve enfin, haletante et soulagée. « Où en étais-je ? Ah, oui, Giscard... Cette chaise vide à la télévision, lui de dos s'en allant dans ce décor sinistre et sa sortie du palais à pied, il s'est fait cracher dessus – je les entendais de l'intérieur de l'Elysée. Quelle souffrance ! Moi, je ne veux rien de tel. Je ne passerai pas à la télévision. Je ne ferai pas d'adieux de théâtre. Je m'en irai, discrètement, avec un message court aux Français, et on ne me verra plus... »

Il est temps de rentrer, il se presse maintenant. A l'angle de l'avenue Marigny, il dévisage la jolie policière blonde qui fait la circulation – c'est curieux, il pensait qu'elle était brune. Un de ses fidèles gendarmes comprend, lui explique que l'autre est plus loin, ils rient ensemble. Et puis il s'engouffre dans le parc de l'Elysée.

Je reste dans le hall, près de son bureau, devant le portrait de Georges Pompidou. Le voilà qui revient sur ses pas, un peu tendu, comme s'il avait oublié de me dire quelque chose de grave : « Je voulais vous prévenir : Rocard est sur le point de m'attaquer. Je crois que c'est pour aujourd'hui [1]. » Il ajoute, soucieux : « Cette fois, je crois que c'est une attaque définitive... Psss, vous vous rendez compte, jusqu'à la dernière minute. » Et il disparaît avec un sourire de martyr.

« Alors, on y va à cette manifestation ? »

Depuis la veille, je sais qu'il viendra. Il en a trop envie, lui qui sent si bien la force des symboles. Malgré la désapprobation de ses collaborateurs, il fera donc un geste : ce sera un bouquet jeté à la Seine, avant la manifestation. « Oui, un bouquet très simple comme dans nos villages. » Il appelle Anne Lauvergeon pour en savoir plus sur cette délégation chiraquienne qui doit déposer une gerbe sous le pont. Il ne souhaite pas la croiser. Il s'inquiète de la présence de la famille de la victime, de Fodé Sylla, de la Licra. Méthodique toujours, il récapitule le plan de bataille : « Il faut que nous arrivions avant le début de la manifestation. Je ferai une petite déclaration, je veux rencontrer la famille... Je ne resterai pas à la manifestation... Mais où est le bouquet ? » Nous nous rendons dans le bureau de ses secrétaires. Marie-Claire Papegay, en plein déménagement elle aussi, croule sous le muguet que l'Elysée reçoit chaque 1er mai. Et là, il faut choisir le bon bouquet : « Ni trop gros ni trop petit. » Il fouille et le trouve.

Le Président n'est pas en retard. Alors, pour chasser ce trac que je sens monter en lui, nous retournons dans son appartement, « pour traîner, pour prendre le temps de souffler », comme il dit. Là, il décide de me montrer toute sa collection de portraits de lui. Dans la bibliothèque, il a accroché une toile d'un peintre hyperréaliste, un profil massif, aux couleurs douces et crues. Sa tonalité fraîche lui rappelle Piero della Francesca. Par terre, un autre portrait de lui

1. Entre les deux tours de l'élection présidentielle, *Les Inrockuptibles* publient une interview de Michel Rocard, qui dénonce la « vision cynique du pouvoir » de Mitterrand, coupable selon lui d'avoir « tué une autre manière de penser de la gauche ».

autour de la quarantaine, le cheveu dru, on dirait un Buffet des débuts. Il n'a pas fini, il m'entraîne dans une autre pièce, il a oublié cette toile monumentale, déjà emballée. Il arrache le plastique. C'est un portrait de face réalisé par Hucleux à la mine de plomb. « Il m'a tout de même mieux réussi que Pompidou, vous ne trouvez pas ? Voilà, nous avons fait le tour... » Mais le Président se garde bien de me parler du tableau le plus étonnant. Je l'ai remarqué au pied de son lit. Un François Mitterrand très jeune, vingt ans à peine, le visage émacié et romantique, la boucle et le jabot lamartiniens. L'artiste avait dû s'amuser à le faire voyager dans le temps, à le camper dans ce XIXe siècle dont il est inconsolable. Je lui fais remarquer son oubli. Il fronce les sourcils, incrédule, se demande, me demande, cherche. Il ne voit pas et s'étonne de mon insistance. Nous rebroussons chemin et il veut savoir de quelle toile je parle. Dans la chambre, je lui montre le portrait en question. Et il part dans un grand éclat de rire : « Mais ce n'est pas moi... » Comment ?

J'insiste... Mais comment ? « Mais non, me répond-il, il s'agit d'une toile non signée, du XIXe siècle probablement, que Robert Badinter a trouvée un jour, et, frappé par ma ressemblance avec cet inconnu, il me l'a offerte. Vous trouvez vous aussi qu'il me ressemble ? » s'enquiert-il, ravi de cette ruse romanesque.

Il se fige devant l'autre et s'étonne en silence, comme si, à l'instant, je le faisais douter de son identité. Il dévisage l'inconnu, de près, de loin, planté là maintenant, la main serrée sur son bouquet de muguet.

Troisième Partie

Le promeneur du Champ-de-Mars

(mai 1995-août 1995)

Le 22 mai 1995, un restaurant avenue de La Bourdonnais

Le voilà déguisé en retraité. La tenue de vacances a remplacé les costumes sombres. Il a forcé le trait : panama, veste claire, chemise jeune, et cette canne qu'il ne lâche plus. Cinq jours plus tôt, il a quitté l'Elysée, laissant Jacques Chirac ému l'espace d'un instant.

Sa nouvelle vie commence ce lundi.

En le voyant là, à l'heure pour la première fois, engoncé et silencieux, je me demande ce qui occupera l'existence de ce président à la retraite dans les mois, les semaines à venir. Sera-t-il un vieil homme indigne préférant Venise à Paris, comme le disent certains ? Ou bien le citoyen-président à la retraite qu'il promet ? Et d'ailleurs, à quoi ressemble un président à la retraite ? Un monarque, un si long monarque, qui redevient du jour au lendemain un simple citoyen, retraité et malade. Je ne connais pas de précédent. Un monarque, ça meurt sur le trône. Ou bien ça rompt. Pour de Gaulle, on savait la bouderie sur la lande irlandaise, les après-midi silencieux à Colombey où il ne recevait personne, la rédaction de ses *Mémoires d'espoir* et les parties de réussite. Quelle serait la vie de Mitterrand après sa sortie, et y aurait-il vraiment une vie ?

Ce matin, au téléphone, sa secrétaire ne m'a pas annoncé « Le président de la République », mais « monsieur Mitterrand » tout simplement. Le cérémonial a changé. Président, il a toujours eu ce sens de l'étiquette monarcho-républicaine. Il l'a conservé aujourd'hui, coquettement dépouillé. Il m'a appelé plusieurs fois ce matin : pour s'assurer que j'étais libre, puis pour savoir si Pierre Bergé venait aussi, une autre fois parce que tous les restaurants du quartier étaient fermés, une dernière pour me dire que Lipp était finalement une mauvaise idée. « Je viens de partir et je ne veux pas m'afficher dans ces endroits. » Il était incertain sur son emploi du temps, inquiet du vide, disponible et désœuvré comme on l'est au début de vacances, après un déménagement, une longue maladie, ou que l'on plonge dans un exil soudain.

Nous nous retrouvons dans le restaurant le plus proche de ses nouveaux bureaux. Le Président arrive avec Jean-Pierre Tarot qui, à grands moulinets de bras, semble lui raconter les artères du quartier. A table, Tarot poursuit sa description enthousiaste du 7e, bien décidé à démentir la réputation d'un arrondissement trop huppé. Tarot a déjà repéré, tracé l'itinéraire des promenades à venir. Le Champ-de-Mars, la rue Cler et son marché animé, Saint-Germain-des-Prés, les jours de courage. Le Président écoute, acquiesce par moments. Je m'attendais à le trouver heureux, soulagé d'être sorti *par le haut* comme il le voulait. Mais il ne s'intéresse pas à la conversation, répond à peine aux questions et son regard s'évade aussitôt vers la lumière de la rue. On dirait qu'il chantonne une comptine entre ses lèvres. Ses yeux sautent, mélancoliques, de l'un à l'autre, il écoute sans intervenir, si ce n'est d'un mouvement des lèvres ; il regarde de loin s'échauffer les débats. Son esprit vagabonde, ses traits sont relâchés, sans être pacifiés. Aujourd'hui, les expressions drôles, les mimiques cruelles sont comme en vacances, le sévère froncement de sourcils absent aussi, et la moue ironique éteinte.

Rien ne le passionne vraiment, les comédiennes en vogue pas plus que la politique. Pas moyen de lui arracher un mot sur le choix de Juppé à Matignon ou la composition du gouvernement. Sur les premiers jours de Chirac, à peine un signe. A propos de l'OPA possible de Jospin sur le Parti socialiste, un grognement à peine. Devant ce mur de silence, tout le monde s'évertue, s'épuise à varier les sujets de la conversation. Je m'épuise aussi, je me fais plus volubile d'une histoire à l'autre et m'enfonce de plus en plus. Il fait taire net les bavardages en lâchant, agacé : « Ce restaurant est à l'image de ces tortues emperlousées qu'on nous met sur la table. » Après une interminable observation des lieux, il s'anime enfin, s'impatiente subitement contre ce garçon qui traîne, ce patron qui s'attarde à lui souhaiter la bienvenue, ces plats trop compliqués, contre cette subite agitation à la table voisine, ces trois curieux qui s'approchent pour le voir. Ce qu'hier président il supportait de bonne grâce – un service un peu lent, un patron trop familier, l'excitation de clients indiscrets –, il a l'air désormais de le subir comme une conjuration de la vie, un rappel de plus à sa condition de simple mortel, retraité de surcroît. Son attention est happée par les détails, par tout ce qu'il pourrait interpréter comme des indices d'hostilité. Il cherche dans le regard des autres, dans leurs attentions ou leurs négligences, ce qu'il est devenu.

« Alors... Il paraît qu'on est enfin sorti de la monarchie... » Il a rompu de son mutisme par cette touche sèche, assez réussie. Lui qui ne voulait plus parler de politique a trouvé le ton pour aborder ce terrain glissant et poursuit avec des télégrammes lointains, un peu amers. « Alors il paraît qu'on est entré dans une ère de simplicité et de citoyenneté... » Il doit lui aussi trouver cette phrase réussie, il la répète : « Enfin, maintenant nous sommes entrés dans une autre ère. Dans une ère de simplicité, de modestie, de citoyenneté ! » Il laisse sonner les trois derniers mots comme un avocat. Et poursuit sur le même ton : « Nous sommes enfin tirés de cette dérive monarchique si pesante. Ouf ! » Le voilà camelot sarcastique, qui étouffe sa voix par peur qu'on l'entende aux autres tables. « Le roi est mort. Ouf, enfin nous sommes entrés en République. » Il claironne : « Donc, tout va changer. On nous l'a promis, tout va changer. Le monde va changer parce que les ministres vont s'arrêter aux feux rouges. » Il complète, un ton au-dessous : « Ça durera trois semaines, vous verrez. » Il reprend, enjoué : « Le monde va changer car tout le monde va être citoyen, le Président et ses ministres... Le monde va changer aussi parce que l'on va supprimer le GLAM [1]... » Puis le voici bateleur, outré : « Ce sont des gadgets à la Balladur, ça ! Ce sont les manies de la droite, ça. Voilà en tout cas une mesure qui risque de faire la fortune d'une compagnie privée... »

Il doit ruminer ces mots depuis des jours qu'il encaisse les déclarations de ces socialistes répétant qu'il faut tourner la page du mitterrandisme, celles du candidat malheureux – qui a tout de même rattrapé son oubli du premier tour, en le citant au soir du second –, les discours et promesses enflammés du nouvel élu et de ses ministres, les commentaires de la presse qui chérit toujours le nouveau pouvoir à ses débuts. Il doit lire tout cela comme une mise au tombeau, un ensevelissement d'autant plus douloureux qu'il ne peut plus rien répondre à présent, plus rien rétorquer. Il s'est retiré, a fait vœu de silence. Mais il entend tout, archive chaque attaque, chaque mesquinerie, avec rage. Ces piques lancées sont des bris de colère durcis en lui. Pas un discours. Pas une conversation élaborée. Juste quelques flèches décochées pour libérer un peu de cette colère qui le tenaille.

1. Groupement de liaisons aériennes ministérielles.

Pourtant, il reste accroché à la vie politique, au pouvoir. La sagesse, le détachement, il les a feints le temps de quitter l'Elysée ; la paix des vieillards, il ne la trouve pas. Il ne se résout pas à ce que désormais le monde, la France, la vie tournent sans lui, et peut-être même contre lui. C'est en effet l'heure des bilans, et les bilans il n'aime pas beaucoup ça. Un bilan, c'est toujours une accusation, une mise à mort ; aussi continue-t-il à plaider ; sa passion, sa façon à lui de rester de ce monde : « Dans la vie, il ne devrait y avoir que des avocats. » La phrase n'est pas une boutade mais une philosophie personnelle qui a éclairé toute son existence et qu'il conserve aujourd'hui : pas de procureur, pas de juge.

Après cinquante ans passés au cœur de l'Histoire, on doit éprouver un vertige à se voir ainsi déposé tout à coup. Ce doit être une sensation glaciale que d'entendre vos amis proclamer qu'il faut vous oublier, vite, passer à autre chose. Etre ainsi nargué par trop de vie insolente. Le drame de toute retraite, pour tout homme, mais aggravé dans son cas par une histoire de France un peu névrotique. Une France qui, depuis de Gaulle, élit un nouveau roi tous les sept ans. L'élu se prend d'autant plus pour un monarque que son tempérament l'y pousse. Et si d'aventure il est réélu, il se met à croire – ce qui est vrai parfois – qu'entre le pays et lui une communication quasi mystique s'est installée que rien, sauf la mort, ne pourra interrompre. De Gaulle l'a cru, Mitterrand aussi. Pour Giscard et Pompidou, on ne sait pas.

Et c'est peut-être cette contradiction, cette distorsion extravagante entre inconscient monarchique et apparence républicaine qui donne ces personnages boudeurs que sont les présidents français à la retraite, avec leurs sourdes colères. C'est le ton que l'on trouve dans les derniers textes de De Gaulle, prophète en butte à l'ingratitude du peuple, c'est l'amertume que l'on sent aujourd'hui chez Mitterrand.

La maladie des rois républicains. Un problème d'adaptation à la descente du trône.

Le Président prend une tortue et la retourne sur le dos : « On me critique dans les journaux, on me critique chez Jospin, mais vous savez, quand les gens savent que je suis rue de Bièvre, ils sont des dizaines à m'attendre. » Un air de contentement naïf. « Vous étiez rue de Solferino ? » Il raconte Solferino, le discours d'adieu aux socialistes, les anciens ministres et premiers secrétaires à ses côtés, sauf Rocard (il s'en moque) et Cresson (ça a l'air de lui faire quelque chose), le détour avant de rentrer chez lui. François Mitterrand parle de la foule, des gens, de ces visages croisés, non plus comme s'il s'agissait de militants mais plutôt de pèlerins qui lui sont restés fidèles, malgré tout. Il soupèse ce qu'il reste de son public à une aune très rustique. Pour se rassurer, se convaincre que tout ce qu'on dit est faux, il se met à compter les signes favorables. Après la petite foule devant la rue de Bièvre, celle de Solferino, le numéro du *Nouvel Observateur* qu'il a ouvert sans doute avec appréhension, puis lu avec soulagement : « Vous l'avez lu ce numéro... celui où l'on voit mes mains en gros plan ? Je n'y suis pas trop mal traité... Même Françoise Giroud est plutôt sympathique avec moi... Le texte de D'Ormesson est amical, celui qu'il a publié il y a quelques jours dans *Le Figaro* carrément exalté. Je ne me connaissais pas un tel admirateur. » Un long silence. Une troisième tortue sur le dos. Puis, le regard fixe, il reprend sa rumination, ponctuée par cette sentence : « On me regrettera... » La phrase reste en suspens quelques secondes. Dans le « peut-être » qu'il laisse tomber, il y a de la fausse modestie, bien sûr, mais aussi la sourde inquiétude de se voir assailli jusque dans la mort par tous ses ennemis, le doute d'une légende fragile, l'incertitude d'une postérité mal assurée. Il prend les devants, se défend sans attendre, comme à son habitude dans les moments d'inquiétude. « On verra que, durant ces quatorze ans, le pays n'a pas connu de guerre, de crise majeure, de drames sociaux. C'est rare dans l'histoire de France une aussi longue période de paix. [Une pause.] On dira qu'excepté le très court Front populaire, c'est la seule expérience de gauche au pouvoir, on dira que, après moi, l'alternance est possible et la gauche, plus une pestiférée de l'histoire de France. [Une autre pause.] On dira tout cela, mais pas tout de suite. »

Depuis des mois, il fait ses comptes avec la postérité. Il la prépare, la purge, la soupèse, cherche à lire la notice biographique qu'on écrira sur lui dans vingt ans, dans un siècle. Parfois, il fait le tri à haute voix, en marchant au cours de ses promenades, quand le souffle lui manque et qu'il faut dire l'essentiel, le minimum. Pour lui, il y a un bilan en cinq points qu'il adapte ou rectifie quand il le faut.

Un. Les affaires à solder qui, sorties après sa mort, entacheraient sa postérité : le séjour à Vichy et Mazarine. Il s'en est occupé.

Deux. Les affaires. Le lendemain de sa mort, elles seront oubliées, selon lui : « Les affaires, la corruption, elles resteront moins liées à ma période qu'on le croit, la droite a fait bien pire, et ça sortira aussi... »; « L'affaire Bousquet je ne la traînerai pas » – je comprends pourquoi il néglige de s'expliquer sur le fond; « La Bosnie ne sera pas ma guerre d'Espagne, ils se trompent. »

Trois. Le bilan, le vrai bilan vu de gauche. C'est celui-là qui l'inquiète. Il reprend la même litanie : la suppression de la peine de mort, les lois Auroux, la décentralisation... Deux ans après l'ivresse des débuts, en fait plus grand-chose. Une pause, une bien longue pause. Pour le tribunal de l'Histoire, il décline les circonstances atténuantes : la crise mondiale et Rocard.

Quatre. L'Europe. Ça, au moins, il sait que personne ne viendra le lui contester.

Cinq. L'essentiel pour lui, sa vraie gloire : la tranquillité du pays, la paix pendant quatorze ans, pas de mai 68. La paix politique avec la cohabitation. Un bilan de vieux chef gaulois. Quand il se plaint des Français qui « sont un peuple difficile à gouverner », je me demande quelle est la part de l'habileté et celle de la sincérité. Je crois qu'il ne triche pas. En quatorze ans, il a perdu tout rêve de transformer le monde, il a vu ses ambitions buter sur la réalité, et souvent il n'a pas voulu la forcer, cette réalité. Un jour où je lui demandais pourquoi il n'avait pas modifié les institutions de la Ve, il me répondit : « Mais je n'aurais jamais eu de majorité au Sénat. » Je répondis qu'il se trompait, que les centristes l'auraient soutenu. L'air un peu crispé, il me dit : « Vous avez peut-être raison », avant d'ajouter : « Vous savez, les choses ne sont pas si simples, dans la vie. »

Très vite après son accession au pouvoir, le monarque a dû s'ennuyer. Je devine chez lui le regret d'un destin de chef d'Etat qui n'a croisé qu'une période de calme. Il l'a écrit, d'ailleurs. Elu, il s'est vite figé, arrêté dans la réforme par les pesanteurs du temps et peut-être par tempérament. Il s'est même mis à se méfier du changement, par superstition, par peur de brusquer, d'affoler, de perdre le contrôle de ce curieux assemblage de millions d'âmes qui font une nation. Ce corps à la biologie complexe et capricieuse, dont l'Histoire est jalonnée de réveils sanguinaires. Ce corps unique qui aime à se déchirer et à se faire la guerre ; ce corps poussif, croit-on, capable si vite pourtant de brûler son chef. Cette nation-là, pour le vieux chef gaulois, c'est l'Autre, l'être effrayant avec lequel il a fallu pendant tant d'années dialoguer.

Et c'est sombre et fourbu qu'il revient de ce voyage-là.

Le Président n'a plus d'horaires. Il reprend sa canne, son

chapeau de vacancier, et dit, en nous serrant la main : « J'espère que la chronique parisienne continuera à m'arriver jusqu'à mon exil dans ce 7e arrondissement. » Voici venue l'heure de la promenade par tranches de vingt minutes. Le moment de se demander s'il vaut mieux prendre vers la rue Cler, ses mères de famille et ses marchands des quatre-saisons, ou plus loin, vers le Champ-de-Mars, ses jeunes filles et ses chemins moins prévisibles.

Ce destin de promeneur, le Président me l'avait annoncé plusieurs fois, dans les premiers mois de 1995. Il me disait alors : « Si ma santé me le permet, je ferai dans Paris ces promenades que j'aime tant. Je ferai les vitrines et les jardins, j'en aurai le loisir. Si tout va bien... » Je prenais cela pour une formule convenue. Je me trompais. Aujourd'hui, il est devenu « le promeneur du Champ-de-Mars ». Son Irlande à lui, ce sera le pavé de Paris.

Le 3 juin 1995, Solutré

Fin mai, un jour que nous marchions avenue de La Motte-Picquet, en direction de l'avenue Frédéric-Le Play, il se mit à me parler de Maurice Sachs. Je venais de lui montrer un café, non loin de l'Ecole militaire, où Maurice Sachs aurait donné rendez-vous à sa fiancée avant de fuir Paris. Il s'étonnait que Sachs ait eu une fiancée, et me dit du bien de la biographie de Raczymow : « Un curieux personnage ce Sachs, un bon écrivain, un écrivain méconnu. » Nous parlions ainsi du temps du Bœuf sur le toit, quand une, deux, trois femmes du quartier, puis cinq, puis dix, se sont agglutinées autour de lui, les unes stylo en main pour un autographe, les autres pour le toucher, certaines pour l'embrasser, une quinquagénaire de droite pour l'inviter dans son restaurant, le meilleur du quartier, à deux pas... Sur la place de l'Ecole militaire, la foule enflait.

Il serrait des mains, ne savait plus où donner de la tête. Il étouffait, mais il était heureux. Quand, dix minutes plus tard, nous avons enfin pu reprendre notre marche, il m'a lancé, pas peu fier : « Vous voyez, ça fonctionne encore ! » Un temps, puis il a renchéri : « Et c'est tous les jours comme ça. »

Nous sommes revenus à Maurice Sachs. Cette incroyable scène où, déguisé en moine, il s'était baigné à Juan-les-Pins devant un Cocteau sidéré. Cocteau l'aimait-il dans le fond ? Moins que Jacques Maritain sans doute. *Le Sabbat* valait-il mieux que *La Chasse à courre* ? Quand le Président, comme le jour de son dernier Conseil, s'est brusquement immobilisé et m'a lâché dans un souffle : « Je ne suis plus rien, je ne compte plus... Dans quelques jours, ce sera Solutré... Pensez-vous que les gens seront là pour me rencontrer ?... Ne va-t-on pas m'oublier ? Ne veut-on pas m'oublier ? »

En entrant dans le compartiment, j'entends chuchoter : « Mais il est fou ! Grimper dans son état... Il est complètement fou ! » Lui somnole, et les femmes, autour de lui, ressassent : « Solutré, dans son état... ! » Quand il ouvre les yeux par moments, le bavardage s'interrompt net ; puis reprend, à peine les a-t-il refermés. Et tout le monde s'en mêle, s'insurge à demi-mot, à voix basse... Peur qu'il chute... Peur qu'il se ridiculise... Peur qu'il se fracasse le crâne devant les photographes... N'en fait qu'à sa tête, bon sang... Il est fou... C'est pour son bien, qu'on ne veut pas qu'il monte... Mais que peut-on faire ?... Il se réveille encore : tout le monde se tait à nouveau. « On en reparlera plus tard... » Nous sommes samedi soir, gare de Lyon. Coquetterie citoyenne, François Mitterrand a choisi cette année de se rendre à Solutré par le TGV.

Il est là, allongé dans son compartiment, emmitouflé dans un châle noir, tantôt grelottant, tantôt suffoquant, somnolant à demi, parlant à demi, grognant doucement, contre rien, contre lui. Ses gardes du corps-infirmières vont et viennent, lui apportent ses médicaments, lui tiennent Baltique – qui pue horriblement aujourd'hui – quand sa main engourdie lâche prise, lui rendent sa canne quand elle tombe.

Il frissonne, réclame une autre couverture. Trois jours avant, il a subi une troisième intervention chirurgicale dont on a peu parlé. Cette opération, ajournée par le Président, puis discutée par Tarot et De Kuyper, a ravivé la guerre des médecins qui s'était jusque-là tassée. Au cœur des hostilités : le choix du chirurgien qui devait opérer le Président. Il a tranché pour le candidat proposé par De Kuyper, le Dr Vallancien. Puis, toujours contre l'avis de Tarot, il s'est décidé pour cette ascension de Solutré. Pour Tarot, c'en était trop : il a claqué la porte pour ne plus donner de nouvelles.

Le Président entend les chuchotements. Il sait que Solutré cette année sera une terrible épreuve, son Golgotha. Il connaît les risques à gravir la roche dans son état. Les photographes et les télévisions plus nombreux qu'à l'habitude, plus voraces encore, qui viendront pour une seule image : celle de l'échec, l'image choc du moment où il s'effondrera. Ils seront là à guetter, à espérer une tragédie splendide pour les « 20 heures » du monde entier. Ils ne viennent pas pour sa gloire, mais pour le drame, lui le sait bien. Gare de Lyon, il a déjà repéré sur le quai ces cameramen planqués derrière les colonnes – je l'ai vu se redresser au moment de passer devant eux. Dans le wagon derrière nous, se trouvent les journalistes de radio qui n'osent pas approcher, pour le moment. Là-bas, ils sont déjà très nombreux, dit-on. Tapi dans son compartiment, le Président écoute avec indifférence les admonestations des prudents qui veulent qu'il renonce, il les écoute lui proposer les meilleures excuses qui ne lui feraient pas perdre la face. Il les écoute sans rien dire et finit par sombrer dans le sommeil. Mâcon, nous sommes arrivés, il se réveille et lâche, un peu hagard : « Je suis claqué... Cette anesthésie générale m'a achevé... Enfin, on verra bien demain. »

Samedi soir, à Cluny. Il reste dîner dans la maison familiale des Gouze, cette maison provinciale et carrée, un peu grise, qu'on fait ouvrir et chauffer quand le clan s'y réunit. Il dort avant le dîner. Puis se couche tôt, après avoir préparé sa tenue du lendemain. Il a hésité pour la chemise en pilou, balancé entre une casquette basque et un béret campagnard, préparé sa canne et ses chaussures de marche qu'il a posées au pied de son lit. Seul dans sa chambre, il se passe le film du lendemain, les deux versions possibles.

Y aller, avec tous ces risques terribles, avec ces jambes qui ne tiennent pas, ce souffle coupé, ce corps engourdi, ces douleurs partout. Y aller, mais comment parvenir jusqu'en haut, comment ne pas trébucher ?

Ne pas y aller... Ne serait-ce pas pire ? Trahir le serment, rompre le rituel... Une pitoyable dérobade, l'aveu qu'ils ont gagné, n'est-ce pas ce qu'ils cherchent tous ? Mitterrand qui cale, Mitterrand vaincu, Mitterrand qui abandonne.

Il ne pouvait pas déserter. Cette roche qui n'était rien, qu'un amas de pierres préhistoriques, un accident de terrain, il en a fait le lieu de son histoire, le lieu d'une éternité française née là un jour, sous les replis de cette roche. Lors du précédent Solutré, il m'a confié son ambition, en faire un pèlerinage : « J'aimerais qu'après ma mort les gens viennent ici se souvenir de moi. »

Ne pas déserter, ne pas les décevoir, tous ces pèlerins laïcs, ces ouvriers bourguignons, ces institutrices socialistes, ces paysans résistants qui viennent de l'autre côté du pays, à quelques lieues de là. Il doit penser aussi à ces vieilles dames décidées et énamourées qui traînent là depuis tant d'années des maris silencieux pour voir leur « beau François ».

Il faut penser à tous les fidèles de Solutré, et aux saucissonneurs grenoblois qui seront là demain. Il ne pouvait pas se dérober.

Et puis, comment renoncer à voir *une dernière fois l'herbe de ce champ qui monte à la roche et qui est fleur*...? Et, du haut de la roche, *la brume des fonds de Saône, la barre du Jura et parfois, par-dessus le mont des Alpes invisible, l'équerre du mont Blanc, revoir une dernière fois ce qui va, ce qui vient, et surtout ce qui ne bouge pas*...

Le dimanche matin, il dort tard. A 10 heures, personne n'a de nouvelles. D'habitude, à cette heure-ci, le Président se trouve déjà au pied de la butte. Dans la maison des Gouze, on attend, on ne sait plus quoi répondre aux marcheurs du clan qui trépignent et s'inquiètent depuis l'Hôtel Moderne de Cluny, qui ronchonnent aussi d'ailleurs, car à l'Hôtel Moderne on ne dort pas. Le bâtiment est dans un virage de la nationale, et les cloisons sont bien minces. Mais c'est là qu'il faut dormir, tradition oblige. Car à l'autre hôtel de la ville, ce ne sont pas des amis, dit-on, c'est la droite. Alors on passe la nuit à l'Hôtel Moderne, sans y fermer l'œil.

A 11 heures, toujours pas de nouvelles. Tout le monde est fin prêt pourtant, un peu coincé dans des chaussures trop neuves. Le doute s'installe, et avec lui les divisions : « Il ne montera pas ! On vous l'avait bien dit, il n'est pas si fou que ça ! On se retrouve chez les saucissonneurs », disent les uns, pas marcheurs du tout, qui en profitent pour s'éclipser. Les autres, plus disciplinés, décident d'attendre. Et, à midi, le signal vient enfin de la maison des Gouze. Roger Hanin donne les instructions à ce qu'il reste de la troupe : rendez-vous tout de suite au pied de la roche, « par le chemin qu'on a pris l'autre année, oui celui-ci, non pas celui-là »... Pourquoi tant de précipitation, pourquoi des consignes aussi floues, ce « débrouillez-vous on se retrouve là-bas » ? Je comprends un peu plus tard, quand, perdu en route, je vois passer le Président à mi-hauteur de la roche, par un chemin inconnu, dans un véhicule 4×4.

Le réveil tardif, le retard présumé, les consignes imprécises, autant de stratagèmes. L'engin devait lui permettre de gravir discrètement les contreforts de Solutré et de réduire ainsi son calvaire de moitié. Drôle d'image, ces quelques secondes où je le vois passer à la verticale de la pente, penché en arrière sur son siège, concentré sur l'obstacle. Bientôt, le 4×4 ne pourrait plus monter, il finirait comme il pourrait.

C'est une peine à présent de le voir ainsi se pousser en avant, agrippé à cette canne qu'il plante dans la terre avec rage. Il grimace, il tousse, il marque d'innombrables haltes pour chercher son souffle. Il parle peu, quelques mots seulement, il ne plaisante pas, il n'en a pas la force. Il se concentre, sur les mètres parcourus, sur ceux qui restent devant lui. Il avale le terrain avec une sourde obstination. Il ne voit plus rien, traverse tête baissée la foule plus dense à mesure que s'approche le sommet. Il n'y prend pas garde, ne fait aucun signe, ne répond pas aux appels, il se laisse prendre la main, le bras, par des mains étrangères, une multitude de mains païennes qui le touchent comme un nouveau roi thaumaturge ou un martyr. Lointain, il poursuit son chemin, au-delà de cette promiscuité avide, malgré l'air qui manque et la rumeur des supporters qui monte pour l'encourager, le doper. Mais, à quelques mètres du sommet, il vacille tout à coup, à bout de forces. Il tombe, on le retient in extremis, il s'effondre sur la petite chaise que l'on a aussitôt dépliée sous lui. Autour, la foule se resserre, l'encercle, gronde et l'étouffe... C'est la fosse aux lions et lui est au milieu. Plutôt que de tenter d'écarter la foule, il s'affaisse plus encore, se replie sur lui-même, la tête réfugiée entre ses mains. Et il attend.

Il arrive épuisé, tard, au rendez-vous des saucissonneurs grenoblois, cette famille que Mitterrand et les marcheurs retrouvent chaque année pour l'apéritif, au bas de la butte, après un virage, dans une petite clairière. « Ça a été très dur... raconte-t-il. Il y a eu des moments où je ne pouvais carrément plus respirer... Et puis, tous ces gens, tant de gens autour de moi... Mais je ne le regrette pas. J'ai pu le faire. »

Tout est prêt, les tables de camping sont en fête, il s'assoit sur un fauteuil instable. Chacun s'approche, les enfants viennent l'embrasser, les vieillards se souviennent et les jeunes filles lui montrent les photos de l'année dernière... Il grignote dans le désordre du saucisson, des oreillettes, prend des nouvelles des petits, des malades, des absents. Entre deux baisers, une gorgée de vin, il glisse des commentaires, désigne du doigt cette Grenobloise plantureuse qui « a grossi depuis l'année dernière on dirait », ce vieil homme souriant et « vrai militant, il ne change pas, il est solide », ou ce couple dont j'apprends qu'il « habitait près de Nice, avait acheté un petit commerce, avant de s'en retourner à Grenoble ». Puis il me montre les aïeuls : « C'est eux qu'on a connus les premiers. Ils habitaient près de Noailles, non loin de la maison de campagne de Robert Badinter. Ils ont pris l'habitude de venir ici. Durant toutes ces années, nous ne nous sommes jamais perdus de vue. » Les saucissonneurs grenoblois font partie du paysage de Solutré. Cette famille dont il suit le feuilleton des morts, des alliances et des naissances, jalonne son temps depuis vingt ans. A Solutré, où, comme il le dit, il saisit mieux ce qui va, ce qui vient, ce qui ne bouge pas, ces Grenoblois sont comme la barre du mont Blanc, un point d'ancrage solide.

A l'auberge où nous déjeunons ensuite, le Président assis au centre de la table en U semble soulagé et lance, farceur : « J'aurais pu mourir là-haut ce matin... ça aurait été beau, ça aurait eu de l'allure. » Danielle lève les yeux au ciel,

Christine Gouze-Rénal le sermonne, et lui, ravi, insiste : « Oui, j'aurais pu tomber... » Les deux sœurs souffrent à cette seule idée, et lui en rajoute, tragique et malicieux : « Oui, j'aurais bien pu me fracasser le crâne ! » Puis, carrément sadique : « Je ne vous l'ai pas dit, mais il y a eu des moments où je n'arrivais plus du tout à respirer... » Danielle et Christine s'effondrent : « Cet homme est insensé ! »

C'est un banquet de trois heures où le poulet à la crème suit le saucisson lyonnais, où les conversations se font et se défont à toute allure. Un moment, le débat s'amorce sur l'erreur judiciaire, le Président lance : « Je suis le spécialiste de l'affaire Tangorre... Le saviez-vous ? » Il raconte aussitôt l'histoire de ce jeune étudiant marseillais, Luc Tangorre, condamné pour viol, en 1983, à quinze ans de réclusion criminelle. Le Président se fait romancier, chroniqueur judiciaire, il campe le personnage, ses yeux troublants, son mystère et ses goûts. Il décrit avec quelle force Tangorre avait clamé son innocence, ralliant à sa cause tout un comité d'intellectuels – composé entre autres de Duras, Sagan, Vidal-Naquet, Claude Mauriac. En février 1988, il était gracié par le Président, dans le soulagement général. Quelques mois plus tard, le jeune homme était arrêté pour le viol de deux étudiantes américaines prises en auto-stop dans la région de Montpellier. En 1992, il était jugé à nouveau et condamné cette fois à dix-huit ans de réclusion criminelle.

Autour de la table, on passe en revue d'autres énigmes judiciaires, on s'enflamme, on fait le siège du Président car, c'est peu connu, mais il nourrit une folle passion pour les faits divers.

« Et cette affaire “ Omar m'a tuer ”, qu'en pensez-vous ? » demande un vieil ami du Président.

Il sourit, l'air expert : « Ah, cette affaire Omar ! Je suis comme tous les Français, je balance... D'un côté, je me dis que l'enquête a été très mal menée, que l'instruction a été bâclée, que les jurés étaient racistes, dans une région raciste. De l'autre, il y a cette phrase, même avec une faute d'orthographe " Omar m'a tuer " et je ne crois pas à une vengeance posthume.

– Et cette piste d'un deuxième Omar ?

– Oui, c'est une thèse. Mais moi je me dis plutôt qu'elle avait été belle et qu'il était jeune. Qu'elle a dû le blesser, l'humilier... »

Cette version suscite un débat houleux dans l'assemblée.

Le déjeuner s'étire, c'est l'heure des somnolences qui suivent les longs repas campagnards, le moment des apartés avant de se séparer, celui où les petits enfants sont sortis jouer dans le jardin. Le calme est de retour dans la pièce sombre et fraîche. Le ton est à la confidence vagabonde. Mitterrand ne parle plus à la cantonade. Il a choisi deux convives proches de lui pour se faire plus intime.

« Vous avez vu Jean Marin [1] qui vient de mourir ? C'était un ami. Il avait été gaulliste à Londres. Il était resté gaulliste par la suite. Cela ne l'avait pas empêché de rester très lié à moi, toute sa vie. Comme Bénouville qui est ici. (Il le désigne, l'honore et Bénouville est ravi.) Hein, Pierre, tu te souviens de Marin ?

– Oui, François, je crois même que tu lui as confié la création de l'AFP au début des années 50...

– Tu sais, Pierre, quand je lis les annonces nécrologiques du *Monde* et du *Figaro*, je me dis que je suis le dernier de ma génération, avec toi.

– Mais non, François, arrête avec ces idées sombres... »

Le Président n'entend plus son camarade du collège d'Angoulême. Il se parle à lui-même, à haute voix : « Il doit savoir, Marin, maintenant. Il doit savoir. Il faut aller à la mort non pas pour voir, mais pour savoir. » Avec Marin,

1. Célèbre pour le programme « Radio-Londres, les Français parlent aux Français », Jean Marin fut ensuite président de l'AFP de 1954 à 1975. Il est mort le 3 juin 1995 à l'âge de 86 ans.

c'est sa génération qui s'en va, Bourgès-Maunoury mort un an plus tôt, Chaban pas très en forme, Edgar Faure disparu, lui le plus drôle, le plus roublard de ces jeunes hommes d'après guerre, le plus doué aussi, selon Mitterrand. « Huit jours avant qu'il n'entre dans le coma, nous raconte-t-il, la voix soudain impérieuse, je suis allé le voir. Cet homme qui avait réussi à triompher de tout au cours de sa vie, qui avait rusé, joué tout le temps, déjoué tous les pièges et toutes les impasses, cet homme-là se trouvait cette fois en face de l'indiscutable. J'ai lu dans les yeux de cet homme de l'épouvante, oui, l'épouvante absolue. J'en suis resté très frappé. Je suis retourné le voir quelques jours plus tard. Il avait perdu connaissance. Il est mort peu après. »

Après la disparition de sa génération politique, il regrette maintenant la fin d'un monde, celle des grands orateurs qui, de Mirabeau à Lamartine, de Gambetta à lui en passant par Jaurès, se servait des mots comme d'armes, une espèce disparue. « Aujourd'hui, ils lisent tous leurs discours. Chirac lit ! Balladur lit ! Rocard ? Il lit, et en plus, lui, on ne comprend pas... Séguin, oui, peut-être... » Il se ravise. « Non, lui aussi il lit. Non, décidément je n'en vois pas. Ils lisent mot à mot, penchés sur leur pupitre. Ils n'ont pas le souffle de faire passer une idée sans notes. » Il raconte Aristide Briand, extasié. Il a l'âge d'avoir admiré enfant ce politicien exalté qui déclamait à la tribune de la Société des Nations. « Il a été, note-t-il, un de nos plus grands orateurs. Il avait engagé à son service un jeune homme qui n'était chargé que d'une chose : réécrire ses discours, les faire passer de l'oral à l'écrit. Car je le sais fort bien, ce n'est pas chose aisée. » Il se souvient de la méchanceté de Clemenceau, des mots de Blum, ce grand bourgeois qui enthousiasmait les ouvriers. Et de De Gaulle aussi. Il fait une moue. On devine qu'il va être vache : « Ah, oui, de Gaulle... Oui, lui ne lisait pas. Mais il apprenait par cœur. » Il mime de Gaulle en train de ressasser devant sa glace, avec ses mains et une drôle de bouille qu'il se fabrique en se redressant sur son siège, il nous joue un de Gaulle bon élève, bachoteur de l'Histoire. Puis, une main sur le visage, il efface l'image : « Moi, bien sûr, je n'apprends pas par cœur. Je n'aurais jamais pu... J'ai toujours un texte court, que je revois avant. Il me sert de support. Je n'improvise pas tout à fait, je m'évade parfois, je reviens, m'évade à nouveau. Non, moi je ne lis pas et je n'apprends pas par cœur. »

17 heures. Il est fatigué, il veut rentrer. Ce soir il dîne chez le sénateur socialiste du coin, comme tous les soirs de Pentecôte. Cette année, nous n'irons pas flâner sur la route Lamartine, là où le poète a vécu de château en château, sur ces chemins du Morvan qui serpentent. Il le regrette. Il aime tant Lamartine.

L'année dernière, il nous a emmenés pour un vrai pèlerinage, partout, jusqu'à la chapelle près de laquelle le poète est enterré. Nous avons passé un long moment dans cet endroit frais et doré. Il ne s'est pas signé en entrant dans la petite église, mais on le sentait là dans un lieu familier. Il allait et venait de l'autel à un banc de bois, à la recherche de traces de Lamartine. Je le voyais humer cette odeur d'église ancienne et simple. Il se figea dans un rai de lumière et se mit à fredonner une mélodie, du Bach, puis les mots démodés d'une chanson qu'on a plaquée dessus et qui s'appelle, je crois, « L'enfant de Rio ». Se souvenant de nous, il a pris Pierre Bergé par le bras et, avec une innocence à faire pitié, lui a dit : « Est-ce que je peux vous demander une chose, Bergé... ? Je voudrais qu'à mon enterrement on chante cette chanson. »

A quelques mètres de là, la tombe de Lamartine dominait la colline, suspendue. Pour s'y recueillir, il a fallu grimper, longer la bordure en pierre, s'agripper à une petite barrière en fer qui courait au bord du vide. Nous sommes restés là-haut longtemps en équilibre, tantôt tournés vers Lamartine, tantôt vers le vallon. « On a été injuste avec lui. Lamartinien c'est un adjectif qui le rend mou, larmoyant... » Il regarda la route en contrebas, puis se mit à rire. « Vous savez, Lamartine ce n'était pas un modèle de vertu ! Pas l'amoureux du lac ! Il avait des maîtresses, de jeunes nièces, et il sillonnait la région en calèche ! » Il s'est retourné vers celui qui dormait là, en une sorte d'hommage : « Et puis en politique, ce n'était pas n'importe qui. Un personnage considérable. Imaginez qu'en 1848 il voulait déjà nationaliser les chemins de fer. » Retour vers le vallon, un ton plus bas, comme s'il ne voulait pas que l'autre entende : « Quel triste destin quand même. Il était l'espoir de la République. Aux élections présidentielles de 1848, il a été écrasé par Louis Napoléon Bonaparte, quel dommage ! » Il était affligé comme s'il parlait d'un frère à l'injuste destinée. « Imaginez-vous aussi qu'il était une légende de son vivant. Et voilà qu'après sa mort, Verlaine et Baudelaire, avec leur gloire posthume, sont venus le ridiculiser, sans parler de la massive postérité de Hugo qui l'éclipse. Pauvre Lamartine ! »

Il aime Lamartine, ce double dans l'autre siècle, cet homme passé de la droite à la gauche, ce ministre violemment républicain qui, un jour, debout sur une chaise, refusa le drapeau rouge, ce rebelle – plus qu'Hugo selon lui – qui fit face au futur Napoléon III. Avec cette carrière politique contrariée, cette vie d'écrivain comblé, pour une œuvre en partie oubliée, Lamartine a dû l'inspirer, lui fournir un brouillon de destin raté et grandiose sur lequel il a certainement médité bien des fois.

Dehors, l'attroupement des photographes et des badauds ne s'est pas dispersé. C'est l'heure où le Président traverse la place pour s'installer dans le petit jardin devant le restaurant. Chaque année depuis 1981, il donne là, autour du café, une conférence de presse « amicale », comme il dit. Ce rendez-vous champêtre faisait le bonheur des journalistes.

Petites phrases garanties, parfois un scoop comme en 1988, quand, à peine réélu et avant le début de la campagne pour les législatives, il avait publiquement souhaité que les socialistes soient majoritaires, mais d'une courte tête. A ce rendez-vous, il retrouve des complices comme Pierre Favier, son ami journaliste à l'AFP, ou Florence Muracciole du *Journal du Dimanche*. Cette année, l'ardente Muracciole va tout tenter pour obtenir une interview en bonne et due forme du Président à la retraite. Elle insiste, elle le relance, elle le charme. Mais lui tient bon. Il n'oublie pas le livre féroce d'Alain Genestar [1] contre sa politique étrangère. C'est sa dernière conférence de presse de Solutré, il veille à tout, à qui sera assis à sa gauche, à sa droite, à l'image qui sera demain dans les journaux, à celle qui restera. En entrant dans le jardin, il me prend par le bras et me dit : « Approchez-vous, je ne veux pas d'image d'Epinal. »

La conférence de presse est finie. Il se lève, quand une vieille dame, une de ces vieilles dames trop démonstratives que les vieillards n'aiment pas, se détache de la petite foule qui attend. Elle s'élance, s'agrippe à lui, le prend au cou et l'embrasse, sans préambule et sans ménagements. Elle ne veut pas le lâcher et elle répète avec ferveur : « Bonne santé, Monsieur le Président ! Bonne santé, Monsieur le Président ! Bonne san... » Il finit par abréger et rétorque un peu mauvais, un peu rieur : « Eh bien, au moins vous avez l'œil, vous ! »

Le 4 juin 1995, un déjeuner de Pentecôte à Cluny

On l'appelait le restaurant Gorbatchev. Une auberge rénovée et ombragée sur les hauteurs de Cluny. C'est là qu'en 1993 Mitterrand a donné un mémorable déjeuner en l'honneur de Mikhaïl Gorbatchev. De ce déjeuner, il reste

1 Alain Genestar, *Les Péchés du Prince*, Grasset, 1992.

beaucoup de souvenirs, d'anecdotes et des photos collées sur les murs de l'auberge.

Pas de table en U aujourd'hui, une table à sept ou huit. Le Président se déplace avec difficulté. La journée d'hier l'a épuisé, l'enthousiasme est retombé. Il a mal dormi, il est courbatu, méditatif, mélancolique. En guise de bonjour, il lance immédiatement un impérieux : « Vous avez lu la presse ce matin ? Les articles ne sont pas vraiment mauvais, pas vraiment méchants... La seule chose... » Il s'arrête, ennuyé. « Cela fait peut-être un peu trop " oraison funèbre ". Le ton... Les détails... Cette photo de moi, exténué sur mon petit tabouret, la tête dans les mains... » Il a pourtant l'air plus amusé que contrarié. « Oui, vraiment, je trouve le ton un peu " oraison funèbre "... Pas hostile, non, " oraison funèbre "... » reprend-il avant de lever les bras et de lancer, facétieux : « Remarquez, j'ai de la chance. Tout le monde n'a pas ce privilège de se lever le matin et de lire dans la presse son oraison funèbre... »

Un déjeuner rapide. Gilbert et ses enfants doivent prendre la route pour le Sud-Ouest, le Président a des engagements. Il a promis aux vieillards de l'hospice de Cluny de leur rendre visite. « Je ne suis pas beaucoup plus vaillant qu'eux, mais enfin, je fais illusion », dit-il en partant. Et puis, avant que la nuit tombe sur les collines de Cluny, il doit retrouver frère Roger, son ami de la communauté de Taizé, avec lequel, me dit-on, il partage quelques mystères. Demain ce sera à nouveau Paris, le Champ-de-Mars, les promenades... Il ne semble pas pressé de rentrer. Pas de but, peu de rendez-vous, pour seul horizon de longues semaines avant l'été qu'il va passer à Latche. Au moment de s'engouffrer dans sa voiture, je l'entends demander, anxieux : « Vous n'avez toujours pas de nouvelles de Tarot ? »

Un autre jour de juin, avenue Frédéric-Le Play

Aujourd'hui le Président a des tas de projets ! On le lui a dit, on lui a promis des mois de sursis, une année peut-être. Alors il fait des projets, le matin de ne pas porter de cravate, le soir de partir en Asie Mineure. Le Président jongle avec les projets.

Depuis un mois, la rue Frédéric-Le Play vivait au rythme du provisoire, du désordre. Mais voilà que le Président s'est décidé enfin à ouvrir ces caisses, à organiser ce bureau, à rentrer dans ces meubles, un peu en colère contre son laisser-aller, sa dépression des dernières semaines. Il s'est décidé à s'installer vraiment dans cet exil, son Sainte-Hélène du 7e arrondissement. Commencer par cette entrée ; la rendre accueillante pour les invités, anciens chefs d'Etat ou étudiants thésards. Installer un coin pour poser sa canne quand il arrive, et, près de la porte, accrocher ce portrait de lui en noir et blanc qu'il aime tant. S'occuper de ses gendarmes, qu'ils soient installés confortablement, qu'ils puissent regarder la télé, se servir du café. Et puis ranger tous ces bustes de lui alignés dans le couloir qui mène du bureau à l'appartement, *ça fait culte de la personnalité.*

La petite compagnie qui a décidé d'accompagner le Président dans son exil est aussi disparate que celle qui se trouvait en 1815 à bord du *Northumberland*, en partance pour Sainte-Hélène. C'est le dernier carré. Son fidèle chauffeur, Pierre Tourlier, ses fidèles gendarmes d'abord, du GPSR, tous venus là avec une foi touchante. Grognards et tuteurs à la fois, ils se donnent sans compter. Et puis les autres, Michel Charasse et Pierre Chassigneux, qui viennent chaque jour et se partagent la même petite table, Mlles Dufour et Jayette, les secrétaires qui pensent déjà aux autres livres que le Président écrira tandis qu'elles finissent de taper celui que nous faisons ensemble, Mme Bertinotti, l'historienne, le flegmatique Jean Kahn qui rêve de paix et de souvenirs. Ils n'ont rien à attendre, ni promotion, ni ambition à assouvir – seule l'historienne-archiviste du Président se doit d'avoir un peu d'ambition. Avenue Frédéric-Le Play, on a remisé les calendriers, on a décidé de faire comme si le temps ne comptait pas. Tout le monde s'invente un avenir avec le Président. Il règne là une fébrilité de ruche, une bonne humeur brouillonne, un peu forcée parfois.

Le Président rêve à ses projets, les énumère dans ce bureau qui lui sert de pièce à vivre et à recevoir, plus que de bureau à proprement parler. Une lumière de clinique ou de monastère, filtrée par des rideaux blancs toujours baissés. Dans un coin de cette petite pièce, où l'on a essayé de faire entrer son mobilier bleu et moderne de l'Elysée, se trouve sa table de travail où il ne s'assoit jamais, sorte de terrain vague encombré de courriers, de livres reçus, de livres à dédicacer, de dossiers et de babioles. Ici, à l'autre bout, le canapé-fauteuil dans lequel il passe le plus clair de son temps. Face à lui, accroché au mur, un curieux poster – la galerie de portraits des présidents de la République. En haut, à gauche, on commence par Louis Napoléon Bonaparte. En bas à droite, on finit par François Mitterrand. Il reste deux cases à remplir. On n'a pas encore eu le temps de s'occuper de celle de Chirac. Tout près de son fauteuil, une table basse qui lui sert de vide-poche, son désordre proche, à portée de main. Un bonsaï égaré. Une édition rare mais récente du livre de Louis XIV *Le Métier de roi*, publié par les éditions Kerdraon. Des invitations de toutes sortes. Et une lettre, encore une lettre de Rocard, à moins que ce ne soit la même, ouverte et replacée dans l'enveloppe, qu'il traîne de lieu en lieu, plus jaune et plus gondolée chaque fois. Un livre de photos de la TGB – la maquette de la bibliothèque qui durant des années a trôné dans son bureau de l'Elysée doit être trop grande pour entrer dans cette pièce. Je feuillette le livre, je regarde les photos des tours, du jardin landais qu'il a voulu à l'intérieur, et je comprends pourquoi il s'intéresse tant au développement de l'Est parisien, du 12e et du 13e arrondissement.

Dans les projets du Président, il y a les projets fous et les projets simples. Les projets fous, il les imagine en regardant le planisphère. Se rendre à Colorado Springs au mois d'octobre, pour y retrouver Bush, Thatcher et Gorbatchev. Partir pour New York peut-être, Anne Lauvergeon insiste tant, où il déjeunera avec Julia Roberts... Aller sur le mont Ararat, vers l'Arche de Noé et ses débris magiques qu'il trouvera peut-être au sommet de la montagne – dans le couloir, il s'arrête souvent devant la gigantesque carte du mont Ararat vu de satellite. Pousser plus loin encore vers l'Inde, faire un crochet par la Syrie, Israël, la Jordanie. Retourner en Egypte bien sûr. Et puis, il y a l'Italie. Ah, l'Italie ! Il multiplie les itinéraires de voyage, et ses gendarmes rêvent avec lui et se disputent pour savoir qui partira là-bas. Il y a les projets simples. Ces livres à envoyer chez le relieur niçois, relire Zola, inviter ce collaborateur de l'Elysée avec lequel il n'a jamais déjeuné, répondre sans tarder à ces vieux militants socialistes... Et puis, aller au cinéma avec Mazarine, Mazarine qui désormais illumine ses journées. Il peut enfin faire des projets avec sa fille.

Aujourd'hui, nous devons déjeuner, elle le rejoindra. Le Président se prépare comme un amoureux, un père amoureux.

Un restaurant de l'avenue de Lowendal, rustique comme il aime. On attend Mazarine pour le café. Peut-être avant. Elle ne va pas tarder. Il la guette. A chaque silhouette qui entre dans le retaurant, il se dresse. Toutes les dix minutes, il s'inquiète et redemande l'heure. Pour calmer son impatience, il nous parle d'elle, de ce 19 1/2 en métaphysique – il exagère un peu la note –, de cette agrégation qu'elle prépare avec ardeur, de sa carrière future d'écrivain, de grand journaliste ou de brillante universitaire. Et ses manières si simples ! Et sa pensée si ferme ! Et ses vêtements si noirs !

Enfin, Mazarine arrive. Il se lève, il s'assoit, il lui fait de la place, trop de place. Elle se blottit contre lui, il se blottit contre elle, enfin ils se blottissent l'un contre l'autre. Il lui caresse les cheveux, s'agrippe à son bras, lui prend la main, lui dit des choses à l'oreille. Il fait le père. Trop, avec passion, avec excès, comme s'il fallait rattraper le temps perdu, les caresses envolées, les leçons et les joutes négligées, toutes ces années d'ombre.

Mais Mazarine repart déjà. Il voulait nous la montrer, à nous, à tout le quartier, au monde entier. Ses gardes la raccompagnent, car, dehors, les paparazzi sont à l'affût. Il doit aimer qu'on la photographie. Il la trouve si belle.

Le 16 juin 1995, avenue Frédéric-Le Play

Il y a des jours où je suis un puisatier. Ces temps-ci, nos entretiens sont difficiles. Souvent, le Président n'a rien à dire, ne répond pas ou ne veut plus raconter. Il se ferme ou préfère bavarder, être distrait de sa misère, oublier la chaleur et l'ennui. J'enrage. Tous ces souvenirs, tous ces secrets, tous ces trésors obstinément enfouis... Il garde tout, et il s'agace même quand j'essaie de l'entraîner sur les chemins buissonniers de sa vie.

Une fois sur deux, il est sec. Il n'a plus envie, ni de raconter, ni d'autre chose d'ailleurs. Et quand, par moments, il comprend que je me décourage, il me retient par de vieilles histoires, bien rodées.

J'ai découvert le pendule qui permet de repérer les nappes souterraines, les gisements de sa mémoire, en remarquant le plaisir fou qu'il éprouvait à retrouver de vieux journaux ou de drôles d'affiches électorales datant des années 60. Chaque fois, il se jette dessus, les palpe, les respire, seuls ces chiffons sont capables de provoquer l'allumage de sa mémoire. Alors, je prends toujours avec moi un vieux numéro de *L'Express* ou de *France-Observateur*, parfois de *Paris-Presse* quand j'en trouve un. Par exemple ce numéro de *L'Express* de 1964 où l'on parle de son retour en politique avec la création de la Convention des institutions républicaines, ou encore cette couverture de 1965, lorsqu'il lançait sa campagne contre de Gaulle. Il avait l'air de s'aimer sur cette photo, il était ravi de se retrouver : cinquante ans, solide, dynamique, arrogant, le poing en l'air et des cheveux. Il a voulu garder le numéro et m'a remercié longtemps. Sans que je lui demande rien, il s'est mis à me raconter avec une foule de détails cette semaine folle de 1965 où il avait arraché un à un les soutiens des dirigeants de la gauche. Le journal a provoqué un tel flot qu'un chapitre entier de notre livre a été bouclé ce jour-là.

Ces papiers jaunis, ces photos passées, ces slogans démodés appellent sa mémoire. Mais c'est un vrai travail de puisatier. Quand la source est localisée, il faut creuser, fouiller et ça ne marche pas toujours. Il faut recommencer. Trouver le *France-Soir* qui parle de l'affaire de l'Observatoire, pour qu'il me raconte les dimanches à la campagne chez les Lazareff ; ou cette revue d'avant guerre dans laquelle il lisait Mauriac ; ou bien ce quotidien de la Nièvre où, en 1947, il pose en champion de ping-pong... Quand la mémoire revient, elle est capricieuse. Parfois, elle n'est qu'une mémoire décharnée où surnagent quelques bornes, la charpente d'une vie, des silhouettes et des années qui se résument à trois phrases. Ce n'est pas négligeable. En trois mots, il parle de la Libération et de la IVe République, mais ces trois mots arrachés résument ce goût de l'essentiel que l'on retrouve parfois sous sa plume : « Ah, la Libération, c'est une époque qui hésite... puis une république qui mérite le sort qu'elle a eu. » Quand le puisatier est chanceux, c'est un bonheur.

Ces derniers jours, c'est lui qui m'a mis sur la piste : « Tiens, vous devriez regarder ces textes que j'ai écrits à la Libération. » Il n'insistait jamais, mais il m'en avait parlé deux fois. Il y tenait. J'avais donc retrouvé ses éditoriaux écrits dans *Libres*, le quotidien de son mouvement de résistance. Il voulait que je vois ce que ça donnait « quand il avait l'âme journaliste ». Il aimait cette époque-là. Une ère nouvelle s'ouvrait, à lui Paris, à lui le monde ! Il avait été sous-ministre deux semaines à peine. Il était un peu amer de s'être vu ainsi congédié par de Gaulle. Mais il était libre. Il aurait pu se soumettre, devenir haut fonctionnaire, gaulliste comme tous ses amis de résistance. « J'avais vingt-sept ans, je n'avais pas d'idées très précises, mais je voulais mener ma vie par ma seule décision. J'avais décidé de faire carrière dans l'anticonformisme », m'avait-il expliqué le mois dernier, alors que nous travaillions sur la IVe. Aujourd'hui, je viens de revoir ses corrections sur le texte de cet entretien. Etait-ce trop audacieux ? Il a biffé la phrase « faire carrière dans l'anticonformisme ». Dommage, j'aime bien cette expression, elle lui ressemble.

Dans les textes de *Libres*, j'ai découvert un éditorialiste habile, capable de donner tout son sens à la conférence panaméricaine de Mexico, d'exprimer un point de vue original sur la nouvelle Constitution. Sans être gaulliste, il restait plutôt bienveillant à l'égard du chef de la France libre. Mais le raisonneur pouvait redevenir rebelle, avoir la plume exaltée et l'intransigeance adolescente. J'ai également découvert un écrivain, à la langue sèche, au lyrisme contenu. Son récit de la libération de Paris est un modèle. En le relisant, j'ai pensé à Emmanuel Bove pour cette vision froide, étrange, d'un monde tragique, où le narrateur semble se tenir à l'écart d'une histoire qui l'impressionne. Le jeune homme sceptique vivait la Libération avec la sensibilité d'un rescapé de l'Ancien Régime. On sent déjà ses tentations, ses goûts et ses dégoûts. Son origine idéologique. Déjà, son indulgence pour Pétain, sa répugnance lors de son procès, ses ricanements devant ces mêmes magistrats qui condamnaient le Maréchal après l'avoir servi. Déjà son ironie à propos du « résistantialisme », de tous les résistants, ceux de la première heure car ils étaient trop gaullistes, ceux de la dernière heure car il connaissait trop bien cette bourgeoisie passée de la francisque à la croix de Lorraine. J'ai été frappé par un de ses textes où il avoue qu'il préfère ce vieil ami solitaire, resté fidèle jusqu'au bout à Pétain, à tous ces « opportunistes » devenus gaullistes...

Il n'a pas aimé davantage l'Epuration. « L'épuration, elle a été faite et mal faite. Il y a eu les fusillés qui s'imposaient si j'ose dire... Ceux qui ne s'imposaient pas... Et puis d'autres qui auraient dû s'imposer ! » m'avait-il expliqué [1]. Je lui avais demandé lesquels. Il avait ri, un long rire qui voulait dire : j'en sais des choses, j'en connais des familles... Il s'est échappé en disant qu'il ne voulait pas faire de délation. Sa vision humoristique de l'année 1944, c'est une France de 80 millions d'habitants : puisqu'en juillet 1944 il y avait encore 40 millions de pétainistes et un mois plus tard 40 millions de gaullistes.

Cette phrase donnée puis reprise, « je voulais faire carrière dans l'anticonformisme », en dit long sur le jeune homme – un anticonformiste, pas un non-conformiste. Un anarchiste, mais un anarchiste de droite. Elle n'est peut-être pas digne d'un président de la République, pas conforme aux usages, à l'autoportrait du monarque, mais elle dit bien l'énergie, l'ambition, les rêves et les contradictions du jeune François Mitterrand au début de cette nouvelle époque.

Je lui ai donc apporté quelques éditoriaux de *Libres*. Il passe d'un texte à l'autre, se souvient de cet article terrible sur Munich et la médiocrité des deux Edouard, Herriot et Daladier. Mais il avait complètement oublié cet autre où il

1. *Mémoires interrompus.*

défend de Gaulle de retour de Moscou, le 19 décembre 1944. Il cherche les dates, il compare. Il relit maintenant son compte rendu du procès Pétain. « C'était pas mal... » Il apprécie, il est impressionné par le jeune homme, la promesse. Il relit ce texte encore, le début et la fin surtout, c'est là qu'on sent le muscle de l'auteur. « Eh oui, j'avais l'âme journaliste, à l'époque... » Le puisatier est heureux. « Remarquez, quand j'étais à *Votre Beauté*, c'était très difficile. Un mensuel, il faut refaire le monde chaque fois ; un hebdomadaire, il faut bien viser ; un quotidien c'est facile, il suffit de tirer un fait, on en trouve toujours un par jour. » Il soupire, cligne des yeux, vite, se souvient, des flèches qu'on décoche chaque jour, des nuits de patachon. « Ah, faire des journaux, c'est exaltant ! » Il n'exagère pas. Pendant plus d'un an, il avait balancé ; il s'imaginait journaliste, éditeur. Un soupir et il se ressaisit : « Oui, mais avec un journal, il faut toujours courir après les millions. C'est épuisant ! »

Il reste songeur, tripote encore les vieilles coupures, se relit, se corrige à un moment, se félicite pour une audace : « Oui, c'est pas mal. En fait, dans ma vie, j'ai toujours eu un pied dans l'écriture et un pied dans la politique. Il s'en est fallu de peu. J'aurais pu faire une belle carrière de journaliste ou d'écrivain. Enfin... Maintenant, j'ai seulement un pied dans la tombe. »

Au moment où il me jette cette confidence avec dans la voix des regrets rêveurs, une scène me revient. Un jour de l'automne 1993, Angelo Rinaldi entre dans le bistrot où nous déjeunons avec le Président, accompagné de Jean-Claude et Nickie Fasquelle et d'Hector Bianciotti. Le Président fixe Rinaldi, le suit des yeux quand il s'assoit à une table à deux mètres de là, et, à haute voix, il lance : « Tiens, voilà mon professeur de français ! » Le Président n'a toujours pas digéré cet article où Rinaldi jugeait le style de sa Lettre aux Français et où il en avait recensé les fautes (« La " Lettre " à la lettre », *Libération*, 18 avril 1988). Le texte était drôle, féroce, il amusa quelques jours. Six ans après, Mitterrand s'en souvenait mot pour mot.

Ainsi, le déjeuner allait être un droit de réponse en direct à Rinaldi, toujours à haute voix, où il décortiquait tout l'article, avec brio et mauvaise foi. A la fin du déjeuner, il était un peu déçu. Rinaldi n'avait pas cillé. Mitterrand en écrivain blessé....

Le 19 juin 1995 probablement, déjeuner chez Le Duc

Un déjeuner de comploteurs comme ceux des années 60 quand Mitterrand et ses conventionnels se réunissaient dans des arrière-salles de bistrots. Chez Mendès, on raillait cette passion; pas question de perdre son temps dans ce genre d'endroit. Dans ces bistrots, Mitterrand a vibré, trafiqué, envoûté, entre cochonnailles et motions de congrès. Les bistrots, pour Mitterrand, c'était comme ces caves où les carbonari de Garibaldi préparaient les batailles. Sur une de ces nappes de papier, il a rédigé sa déclaration de candidature à la présidentielle de 1965, ce bout de papier taché de gras qu'un de ses amis conserve depuis trente ans comme une relique. Le Président m'a raconté la scène, un jour que nous marchions boulevard Raspail. Il a voulu faire un détour sur le boulevard du Montparnasse pour me montrer l'endroit d'alors, reconverti depuis en Hippopotamus. Il aime se souvenir du temps des bistrots, respirer cet air électrique. Et aujourd'hui, ce rendez-vous d'hommes, table à quatre, groupe compact, coudes sur la table, épaules hautes, gueules qui se touchent, c'est un rendez-vous comme avant. Il nous a convoqués, « à l'ancienne », deux barons et moi, au dernier moment. En fait de complot, il n'y tient plus, il a envie de parler politique, de ces municipales, dont les résultats pitoyables pour la nouvelle majorité sont tombés dans la nuit. Il a dit qu'il n'interviendrait jamais, que la politique française ne l'intéressait plus. Le seul commentaire politique que j'ai entendu de lui depuis des semaines concernait les « juppettes », les douze femmes du gouvernement. « On dirait qu'ils les ont toutes mises en bout de liste, comme s'ils avaient peur de les oublier, au dernier moment. Ils ne savaient pas quoi faire d'elles alors ils les ont toutes placées en bloc, maladroitement. » Il tenait dans ses mains un journal où ces dames posaient autour du Premier ministre ; il avait ajouté en détaillant la photo : « Il n'y en a qu'une qui a quelque chose. C'est Margie Sudre. » Il avait froncé le sourcil, vérifié d'un nouveau coup d'œil : « Oui, c'est bien la seule et elle est pas mal du tout... »

Aujourd'hui, il n'a pas résisté. Il a lu les journaux, ceux de Paris et de province, enregistré les résultats – sa fameuse passion pour la géographie électorale. A peine installé, il vagabonde sur la carte, il saute du nord au sud, de l'est à l'ouest où la gauche s'est bien tenue, de la Nièvre à Paris, commente avec une gourmandise assassine, ponctue chaque remarque par des « vous avez vu » fébriles : « Vous avez vu le Puy-de-Dôme ? Giscard battu à Clermont-Ferrand contre notre ami Quilliot. Et ce n'est pas tout. Dans le même département, les trois Giscard battus. Lui, son fils et sa femme aussi. Quelle calamité pour la famille, tous ces Giscard battus ! »

Paris, maintenant. Redevenu sérieux, il diagnostique. « Vous avez vu, ils ont perdu six mairies sur vingt... ! Tiberi est touché. Mais la prochaine fois, ça pourrait être encore plus grave pour eux. » Il parle seul, on est serré contre lui, il est intarissable et d'humeur narquoise :

« Vous avez vu Debré ! C'était pourtant pas un coin difficile, le 18e arrondissement, pour un ministre de l'Intérieur. Mais M. Debré va rester au gouvernement. Qu'est-ce qu'on aurait dit si ça c'était passé de mon temps ! Moi, j'avais posé une règle : un ministre battu, c'est un ministre qui démissionne. » Une pause, un éclair dans son regard. Il a dû noter quelque chose qui a échappé aux commentateurs ce matin. « Avant, il y avait un effet Chirac à Paris, maintenant, il n'y en a plus aucun, ni à Paris, ni ailleurs ! »

Il zappe, à Lyon Barre va gagner, c'est bien, mais Michel Noir a bien tenu... A Lille, pas d'inquiétude pour Mauroy, mais pas d'effet Martine Aubry non plus – ça n'a pas l'air de l'attrister... A Grenoble, c'est bon pour la gauche, mais dommage, c'est un ancien rocardien... A Arles, pas de soucis pour Vauzelle, ah ! le brave Vauzelle... Rouen, c'était facile à prendre, Fabius aurait dû y aller...

On parle de la victoire du Front national à Toulon et de l'opportunité du boycott des villes conquises par l'extrême droite, ce que Laurent Fabius, SOS Racisme, Bernard-Henri Lévy croient indispensable. A la différence du Président : « L'offensive de Fabius n'est pas habile. A quoi bon déserter ces villes, à quoi bon refuser le combat, à quoi bon leur céder le terrain ? » Je me demande pourquoi Mitterrand est hostile à ce boycott. Est-ce pour une raison tactique, mais alors pourquoi est-il fier d'avoir, terré dans sa Nièvre, refusé en son temps tout contact avec l'Etat gaulliste – qui n'était pourtant pas l'extrême droite ? A moins, je le redoute, qu'il ne s'agisse de cette idée fixe d'une géographie de la droite où les frontières entre formations de droite sont poreuses. Il a conservé de la IVe République une vision du champ politique où, à la droite du MRP – le centre d'aujourd'hui –, il n'y aurait qu'une masse hostile, indifférenciée, ceux qu'on appelait alors le parti des « nationaux ». Il n'a jamais fait le détail et a longtemps mis en vrac la droite jadis vichyste et la droite gaulliste. Il le dit souvent, c'est le même électorat, les mêmes petits commerçants protestataires, la même obsession de la sécurité, le même goût de l'autorité, le côté Déroulède de toutes les droites. Erreur d'analyse qui tient à sa fréquentation de Vichy et à son antigaullisme de droite, puis de gauche. Son souci tactique, on l'a dit, était de casser la droite en favorisant ostensiblement le Front national. Puisque ce sont les mêmes, il faut donc les diviser, pensait-il.

Je me souviens de la fête à la Maison de l'Amérique latine pour sa réélection en 1988. Avec Bernard-Henri Lévy, nous l'avions félicité, puis nous nous étions alertés du score important du Front national, il avait eu cette réponse qui nous avait choqués : « Oh, vous savez, Chirac ce n'est pas mieux que Le Pen. C'est la même droite... » Nous n'avions pas eu le temps de protester, il avait été happé par la foule des courtisans.

Au fond, François Mitterrand était incapable de comprendre que, chez les gaullistes, malgré leur nationalisme, l'empreinte de l'homme du 18 Juin était ce surmoi qui rendait cette droite définitivement républicaine, antifasciste par nature, aussi longtemps que la figure du père fondateur s'imposerait. Il a toujours ignoré cette différence essentielle entre cette droite-là et l'autre, fasciste pour de bon. Quand on essaie de lui ouvrir les yeux, il rechigne et coupe court : « Tout ça c'est les histoires de la droite, leur salade. »

Les comploteurs sont pressés. Pas lui qui n'a pas de rendez-vous. Il lance à Roland Dumas, avant de le laisser filer : « Alors, votre douce amie, elle trouve toujours Chirac très beau ? » Dumas rit pour ne pas répondre et s'en va. Sur le trottoir, le Président est prêt pour sa deuxième promenade du jour. Avant de nous mettre en route, il hausse les épaules : « Elle a raison l'amie de Dumas, Chirac est beau et en plus il paraît qu'il a dominé le sommet de Halifax. Vous vous rendez compte ! »

Le 21 juin 1995, avenue Frédéric-Le Play

Il reprend goût à la vie, à la politique. De bonne humeur, d'un coup, il me lance comme une blague :

« Quand je pense que Chirac a bien failli ne pas se présenter, il s'en est fallu de peu... Vous vous rendez compte ? Un autre aurait pu être élu à sa place, contre Balladur.

– Vous le croyez vraiment ?

– Si Chirac avait calé, Séguin y serait allé. On aurait pu créer la surprise. Pour Séguin, c'était un peu tôt, mais il aurait peut-être été élu.

– Contre Balladur ?

– Oui, une partie de la gauche aurait voté pour lui, il aurait fait une campagne populaire et rendu Balladur plus bourgeois encore.

– ...

– C'est le meilleur. [Il réfléchit.] D'ailleurs, il est à droite, mais enfin, il aurait pu être socialiste. [Il réfléchit encore.] Oui, c'est le meilleur, le plus dense, le plus avisé.

– Mais, pourtant, son opposition à Maastricht n'est-elle pas dangereuse à vos yeux ?

– Non. C'est son acte de naissance.

– Que voulez-vous dire ?

– Eh bien, sans son opposition à Maastricht, il n'existerait pas aujourd'hui. C'est son acte de naissance, mais s'il veut un jour gouverner, il faudra qu'il l'avale cet acte de naissance.

– Pensez-vous, comme certains socialistes, comme Chevènement, que la gauche pourrait un jour gouverner avec Séguin ?

– Avec Séguin, oui [un temps], pas avec les siens. [Un temps.] Ce ne sont pas des gens avec lesquels on peut s'entendre.

– Pourquoi donc ?

– [Un air ennuyé.] Ça fait deux siècles. C'est la vieille lutte entre les républicains et les bonapartistes : la bataille finalement perdue par les républicains ; et puis plus loin encore, Napoléon qui hésite à être dans la République et qui finalement l'abat. Ces gens-là viennent de là, ils sont toujours au bord...

– Au bord de quoi ?

– Au bord de la ligne jaune... Au nom de la raison d'Etat ou de la raison de l'armée, ils dérapent toujours. Avec eux, c'est toujours la même histoire. La police, les coups tordus, la pression sur les journaux, la terreur sur les juges... Ces gens-là ne sont pas très regardants sur les libertés.

– Mais ce sont des républicains tout de même !

– Oui... [Pas convaincu.] C'est la droite dans toutes ses nuances... Fallait les voir sous la IVe, là les gaullistes et les vichystes s'entendaient bien. Au RPF, de Gaulle avait même donné des instructions pour qu'on récupère les pétainistes au niveau national, et, en 1958, on oublie que Mme Pétain a soutenu de Gaulle. Vous le saviez, ça ?

– Non.

– Oui, les gaullistes, ce n'est pas toute la droite, disons que c'est une secte à l'intérieur de la droite... Dommage que Séguin soit tombé de ce côté-là. »

Le 10 juillet 1995, déjeuner à La Cagouille

Depuis qu'il est arrivé dans le restaurant, il enrage. La décision de Jacques Chirac de reprendre les essais nucléaires dans le Pacifique le met hors de lui. Le moratoire sur les essais nucléaires décrété en 1992, proposé par lui, soutenu par les Américains – il le rappelle avec fierté – et adopté par toutes les nations nucléaires sauf la Chine était devenu une loi planétaire, « irréversible », disait-il. Et voilà son initiative défaite par son successeur. « Quel gâchis ! » Il peste, il fulmine ; une colère comme il en a rarement, une colère qui ne désarme pas – d'autant plus que l'ancien et le nouveau présidents se sont parlé et bien entendus ces dernières semaines. « Chirac ne m'écoute pas. Il est sous l'influence des lobbies et des militaires qui tout de suite l'ont assailli. Eux, ils sont pour la reprise des essais, c'est leur métier. Ce n'est pas celui d'un chef d'Etat, de les suivre aveuglément.

– Pensez-vous que sa décision était prise avant d'arriver à l'Elysée ?

– Oui, c'est une décision politique, uniquement politique.

– N'est-ce pas la logique gaulliste ?

– Non, c'est un coup de menton.

– Mais tout de même... Il y a cette obsession gaulliste de la défense... ?

– Pfff, de Gaulle n'aurait jamais agi ainsi ! Dans le cas de Chirac, c'est une interprétation impulsive du gaullisme. Non, de Gaulle n'aurait pas fait ça... Quel gâchis ! J'avais fait accepter ce moratoire par tout le monde, les Chinois n'allaient pas tarder à y venir... »

Il reprend, un peu plus calme : « C'est maintenant avec ces nouvelles orientations que nous allons assister à une véritable trahison de la doctrine gaulliste. La dissuasion est un tout, a une cohérence. Sur ce point, je me suis rangé à l'opinion de De Gaulle. C'est un rapport du faible au fort, une mécanique très précise, et toute inclinaison, en développant par exemple telles fusées [il déplace un couteau qui doit être une fusée], ou tels missiles [une fourchette maintenant], peut tout fiche en l'air. » Le voici soudain stratège planétaire. Sur ce dossier, la fantaisie ou l'approximation sont exclues. Il est furieux, mais il est précis.

Je veux avoir le fin mot de ce poker menteur qu'ils nous jouent tous les deux, Chirac et lui. L'un nous dit qu'on était en danger, l'autre affirme que le danger menace maintenant. « Tout de même, lui et moi, nous avons lu le même rapport ! » Il martèle la table, il serait prêt à le sortir pour nous le faire lire tout de suite, ce dossier *Secret-Défense*. Il interroge : « Que disait ce rapport ? » Pour se faire bien comprendre, il pose sur la table des cartes à jouer imaginaires. Il les ordonne, les ajuste ; il doit bien en avoir une dizaine. « Dans ce rapport, toutes les hypothèses étaient évoquées, détaillées, et pour chaque hypothèse [j'ai compris, chaque carte est une hypothèse], on pouvait conclure à l'inutilité de la reprise de ces essais. Il n'y avait qu'un seul cas de figure dangereux... » Il saisit une des cartes, l'agite : « Dans un seul cas, la France pourrait être en danger, un seul : il faudrait que, d'ici huit ans, les Etats-Unis d'Amérique nous déclarent la guerre et nous détruisent. Car c'est la seule puissance nucléaire capable aujourd'hui de procéder à des essais en simulation... » Il se tait, nous regarde fixement et répète, glacial : « Alors là oui, si dans les huit ans, les Etats-Unis d'Amérique nous déclaraient la guerre, la France serait en danger... » Et comme s'il était nécessaire de préciser, comme s'il craignait qu'on le prenne pour un irresponsable, puisque lui a négligé cette improbable hypothèse, il ajoute : « Mais rassurez-vous, même la France rasée, nous garderions la possibilité de détruire des villes comme New York, en tirant nos missiles à partir des sous-marins nucléaires qui eux continueraient à fonctionner. » J'ai le vertige.

Persuadé d'aller dans son sens, je lui parle de cet article que *Le Monde* s'apprête à publier et qui évoque l'imminence d'une catastrophe écologique. Selon un rapport d'experts, l'atoll de Mururoa serait fissuré, et, si les essais reprenaient, on frôlerait un Tchernobyl dans le Pacifique. Pensant l'intéresser, je m'emballe. Mais je croise son regard, tout à coup. Je le trouve bizarre. Il reste là les yeux fixés sur moi. Une sorte d'œil laser, à la pupille minuscule. Changement de climat brutal. Tétanisé, je me tais. Lui, un pli amer au coin de la bouche, il continue à me fixer et on dirait que sa main écrase la table faute d'autre chose. Il me fait peur. La lèvre du bas frissonne, se crispe, il a l'air de chercher des mots sourds, des insultes. Je ne l'ai jamais vu ainsi, à moins que, oui, c'est ça... Il me fait penser, en pire, au Mitterrand des « Guignols » qui crache entre ses dents « Bécile ». Est-ce la mention du *Monde* qui le rend ivre de rage ? Le rappel des dizaines de bombes qu'il a lui aussi fait tirer à Mururoa... ? Ou bien je me mêle de ce qui ne me regarde pas, de ce qui ne regarde que lui et Chirac... ? *Bécile*, *bécile*, *bécile*, ça dure ainsi de longues minutes, une éternité. Voilà la leçon à Bécile, maintenant. « Pfff, vous aussi... Vous aussi, vous vous êtes laissé avoir ! Vous croyez à ce qu'écrit *Le Monde* ? Pfff ! Mais toute cette histoire d'atoll qui va éclater, ce n'est qu'un rideau de fumée ! Le problème n'est pas là, vous vous êtes fait avoir vous aussi, comme eux ! Le problème n'est pas écologique, il est politique ! [Un silence.] Chirac a fait cela contre moi. »

Il s'est rebranché sur *Le Monde*, il m'oublie un peu. Ouf ! Quelque chose me dit dans son regard qui oblique maintenant que le laser se dirige ailleurs. Il cherche sa proie... « Tiens, on n'a pas beaucoup entendu le Parti socialiste sur cette question. [Ça y est, le « bécile », ce n'est plus moi.] On ne les entend sur rien, d'ailleurs. Et pourtant, celui qui, sur cette décision impopulaire, se lèverait contre Chirac, aurait quelque chance de rivaliser avec Jospin, peut-être même de s'imposer comme chef de l'opposition. Mais ils ont peur, ils ont le complexe de la gauche. La gauche a toujours peur de ne pas se montrer assez patriote, elle n'ose pas s'opposer sur la Défense nationale. Elle subit la loi de la droite, son chantage à la patrie. »

Juillet 1995, en voiture, sur les Champs-Elysées

Il a rendez-vous chez un médecin, boulevard Haussmann. Un nouveau médecin inconnu qui vient probablement s'agréger au tandem Tarot-De Kuyper. Cette visite est l'objet de son retour à Paris, et l'homme fourbu semble s'y rendre comme un quêteur d'espoir. Il est impatient, il faut être à l'heure. Je suis assis à côté de lui dans sa voiture, et quand nous arrivons au bas des Champs-Élysées, je le regarde qui observe longuement les tribunes installées pour la fête nationale. « Ce 14 Juillet va être son jour de gloire... », me dit-il comme dans un songe. Je le vois lever les yeux vers ces milliers de lampions qui brilleront demain, puis suivre le flottement des drapeaux dans la brise de la grande avenue. Il regarde à gauche, à droite, il fait un état des lieux avant la parade. Il doit se souvenir du tonnerre des avions ce jour-là, des sabots des chevaux qui claquent sur le bitume, de la lumière blanche dans ces matins d'été. Demain, à la tribune où il s'est tenu pendant tant d'années, un autre président sera là, sourira à sa place, recevra ces honneurs qui lui furent si longtemps adressés. Une détresse solitaire, un frisson furtif, et le Président retrouve un œil rieur. A l'approche de l'Etoile, il chasse la dernière note de spleen en lançant : « Remarquez, cette fête ne fera que renforcer son côté fana mili, comme vous dites... »

Le 21 juillet 1995, avenue Frédéric-Le Play

Finalement, le jour de gloire de Chirac n'aura pas été le 14, mais le 16. Dans une déclaration fracassante, le nouveau président a reconnu la responsabilité de la France dans la déportation des Juifs. Le discours était net, sans ambiguïté : il rompait ainsi avec une mémoire hypocrite et idéale, entretenue depuis la guerre par tous les présidents français. En faisant ce à quoi Mitterrand s'est toujours refusé, Chirac ouvre les placards de l'histoire de France avec la même vigueur pour laquelle il vient d'être élu. L'événement est considérable. Chirac est acclamé par la jeunesse reconnaissante, les Juifs qui attendaient ces mots depuis longtemps, les socialistes, les intellectuels et les médias. Un triomphe, ce 16 juillet pour Chirac !

Mitterrand ne l'avait pas prévu. Il n'avait pas vu venir ce désaveu cruel et oblique que Chirac venait de lui infliger. Il est agacé par l'été, par la chaleur, par le retour à Paris, exaspéré par les journaux qui ne cessent d'applaudir le discours de Chirac, par Rocard qui lui tresse des louanges dans *Le Monde*, par Jospin qui lui aussi y est allé de sa déclaration, par la cascade de félicitations venues de la gauche. Le vieux président est amer. Il a dû faire le compte des textes et télégrammes de soutien à Chirac. « Ce sont tous des suivistes. Ils ont fait cela contre moi. Ils vont tous à la soupe. »

Sur la table basse près de son fauteuil, il prend un papier plié en deux, qu'il s'est donné la peine de préparer : « On a l'air d'oublier que c'est moi qui ai instauré cette journée de commémoration pour le Vél' d'Hiv'. On oublie aussi que c'est moi qui ai fait incrire ceci sur la plaque commémorative, apposée à l'emplacement de l'ancien Vél' d'Hiv' : " La République française en hommage aux victimes des persécutions racistes et antisémites et des crimes contre l'humanité commis sous l'autorité de fait dite ' gouvernement de l'Etat français ' (1940-1944). N'oublions jamais. " » Il brandit le papier et rugit : « Qui a écrit cela ? Qui a écrit cela ? » Il est hors de lui, il se tape la poitrine en répétant : « C'est moi qui ai écrit cela, c'est moi qui ai fait graver cela dans le marbre, le 17 juillet 1994 ! C'est moi ! Mais l'a-t-on seulement lu ? »

Tout avait commencé trois ans plus tôt, le 16 juillet 1992. Ce jour-là, Mitterrand devait assister à une cérémonie organisée, sur l'emplacement de l'ancien vélodrome, pour célébrer le cinquantième anniversaire de la rafle du Vél' d'Hiv'. Au moment où il arrive sur les lieux en compagnie de Badinter, des cris de protestation sont lancés par les intellectuels signataires d'un appel au Président pour la reconnaissance de la responsabilité française dans la déportation des Juifs. A ces cris se mêlent vite les huées des militants de l'extrême droite juive, le Betar. En quelques minutes, c'est la curée, une partie de la foule reprend les « Mitterrand à Vichy », tandis qu'une autre essaie de la faire taire. C'est l'empoignade. A quelques mètres de là, Mitterrand, sur sa petite estrade, est blême. Badinter aussi. Il redoute l'affrontement, les débordements, l'irrémédiable, et s'empare sans prévenir du micro, pour faire revenir le silence. Badinter parle une heure, ce n'était pas prévu. Un beau discours qui commence par un appel au calme indigné, pour finir dans les larmes à l'évocation des enfants du Vél' d'Hiv' partis pour ne jamais revenir. Recueillement général. Oubliés les cris, la cohue et la haine. Seul Mitterrand garde un visage pincé, les mains crispées sur son fauteuil, le regard fixe. Il est secoué, humilié. Il n'y a pas de cordon de sécurité. Le Président, quand il repart, traverse la foule comme une haie hostile, inquiet, presque courbé. Il m'aperçoit un peu plus loin, il s'accroche à mon regard, vient vers moi. Il cherche du réconfort, il a besoin de dire quelque chose et bredouille, maladroit : « Si tous ceux qui criaient contre moi savaient que mon beau-père Gouze, directeur d'école, a été renvoyé par Vichy parce qu'il refusait de dénoncer les enfants juifs dans son école... »

Que répondre à cette anecdote déplacée ? Je suis troublé.

Après ce 16 juillet 1992 commence une guerre de positions, entre ce « président ami des Juifs » et une partie de la communauté juive. Tout était là mais tout s'est enflammé avec cette humiliation publique, à cet instant où le Président a oublié les enfants du Vél' d'Hiv', pour maudire ceux venus là pour l'insulter. Tout commence ce jour où les injures de la foule l'ont figé en vieux pétainiste. Après cet outrage public, plus rien ne sera possible, il n'écoutera plus, il ne raisonnera plus, et ne concédera que dans la douleur. Bien sûr, il y avait un terrain favorable : son passage à Vichy, sa haine de De Gaulle, ses ambiguïtés sur Pétain que seuls les exégètes avaient jusque-là relevées.

Ce bras de fer de quatre ans a rendu Mitterrand insensé.

A force de combat et de paranoïa, sa hiérarchie des valeurs s'est trouvée bafouée. Cette affaire d'« excuses » avait perdu son sens, ou bien elle en avait trop pris. Elle se résumait dans son esprit à un prétexte de plus pour l'*accabler*, comme il disait. C'était encore la meute, les Juifs ou les Vendéens, les juges ou les intellectuels, les rocardiens ou les gaullistes, qui lui faisait la chasse... Il n'a pas tout à fait tort quand il dit que ces ralliements à Chirac se font aussi contre lui. Mais ce n'est pas l'essentiel. L'essentiel, c'est que, durant toutes ces années, il a toujours considéré la question de la déportation des Juifs français comme une question abstraite, pire, comme une question strictement juive. Elle n'a jamais été pour lui l'occasion à saisir pour rendre la France meilleure, libre de ses démons, autre chose qu'une grande Autriche qui veut se raconter depuis cinquante ans qu'elle a été seulement une victime en ces temps-là – et qui est le seul pays en Europe avec la France à connaître une si forte extrême droite. Certes, il n'était pas insensible à la rafle du Vél' d'Hiv', mais j'ai le sentiment qu'il la considérait comme un gigantesque accident de police, une colossale bavure telle que la France en a connu auparavant, *une autre saloperie de la droite...* Thiers à Versailles en 1871 n'était pas pire que Laval et Pétain avec sa « Révolution nationale » à peine plus réactionnaire que Mac-Mahon et son Ordre moral... Sa lecture de l'Histoire, c'était cela. En vérité, François Mitterrand ne croyait pas en la spécificité de l'holocauste, malgré une fascination pour l'Ancien Testament et « son amitié pour le peuple juif ». Il n'avait pas compris le XXe siècle et sa tragédie ; une fois de plus, il se conduisait en homme du XIXe, en lecteur de Renan qui – comme l'historien – croyait s'être libéré de ses préjugés. Il avait échappé à l'antisémitisme de son milieu, l'éducation de sa mère l'en avait prémuni, mais il avait entendu, enfant, ces histoires qu'on racontait dans les églises jusqu'à Vatican II, où les Juifs guerroient, oppriment et tuent, où ils sont l'envahisseur, où leur Dieu est vengeur. Il a toujours été *indifférent* à la question juive, et c'est là un point positif au regard de son milieu. Le revers, c'est que cette *indifférence* ne lui a jamais permis de prendre la mesure du drame juif. Il était un homme du XIXe siècle, c'est-à-dire un homme qui considérait que la plus grande tragédie de tous les temps c'était Verdun, ces milliers de kilomètres carrés retournés par les bombes, ce pays ossuaire.

Parfois, bien sûr, il a cédé sur les responsabilités de Vichy, il a même eu quelques gestes significatifs, mais toujours quand la pression était trop forte, toujours de mauvaise grâce, en se raidissant, en trichant parfois, comme ce jour où, plutôt que de ne plus fleurir la tombe de Pétain, il a décidé de fleurir toutes les tombes des maréchaux de 1914, en discutant point par point, chaque fois, les termes de la concession. Se refusant en fait à aller jusqu'au bout de l'examen de conscience national. Pour preuve, la difficile rédaction du texte gravé au mémorial du Vél' d'Hiv' qu'il vient de me lire avec fierté. Eric Conan et Henry Rousso [1] racontent les commissions et les palabres qui l'entourèrent. Ils insistent sur un point théorique fondamental : la préférence accordée par le Président à la notion de *Vichy, « autorité de fait », sous laquelle les crimes contre l'humanité auraient été perpétrés,* plutôt qu'à la notion de *crimes contre l'humanité commis « avec la complicité » du gouvernement de Vichy*. Toujours cette idée : la France n'a rien à voir dans ces histoires-là.

Aujourd'hui, pour sortir de cette impasse dans laquelle le discours de Chirac l'a mis, il se saisit du général de Gaulle comme d'un bouclier : « Moi, je continue à m'inscrire dans la conception qui a été celle des autres présidents, de Gaulle, Pompidou et Giscard. Vichy, ce n'était pas la République, pas la France. Reconnaître la responsabilité collec-

1. Eric Conan et Henry Rousso, *Vichy, une histoire qui ne passe pas*, Fayard, 1994, Gallimard Folio, 1996.

tive de la France dans cette affaire n'est pas sérieux. » Il s'emmêle, parle de Paxton qu'il n'a pas lu, des procès de l'Epuration qu'il n'aime guère, il prend tout ce qui est à sa portée pour se défendre, appelle la France à la rescousse. On dirait qu'il a la fièvre, comme en ce jour d'avril 1994 où il partait pour inaugurer la maison d'Yzieu. On craignait une nouvelle curée et le Président s'était fait menaçant, sans prudence, haineux. Dans un restaurant, il avait lancé à la cantonade : « Eh bien, ces messieurs, du Béta, non du Betar, qu'ils viennent donc à Yzieu, je les affronterai à mains nues... Je suis président de la République, on ne me traite pas comme ça. » Autour de lui, dans son entourage, on craignait alors un dérapage, plus grave que les autres, définitif celui-ci. Par chance, il n'eut pas lieu.

Il dit fréquemment, à propos de ce conflit avec la communauté juive : « Mais ces gens ont-ils formulé la même demande au général de Gaulle et à ses successeurs ? Je crois que non. » Derrière son orgueil, il y a le péché originel de Vichy, et, comme tout le pays, ce péché, il ne veut pas le reconnaître. C'est pourquoi il a toujours caricaturé cette demande d'excuses pour pouvoir mieux la refuser : « La communauté juive veut obtenir de moi des excuses de la France et de la République, elle attend qu'à travers moi la République française demande pardon, comme l'Allemagne l'a fait... »

Toutes ces années, il n'entendait pas lorsqu'on lui disait qu'il ne s'agissait nullement de s'abaisser, que les responsabilités françaises et allemandes n'étaient bien sûr pas comparables, mais que le déni de toute responsabilité directe de Vichy dans la déportation des Juifs n'était plus tolérable, surtout depuis que les historiens, au début des années 1980, ont mis au jour ce pan oublié de l'histoire française. Non, tout cela il ne l'entendait pas, orgueilleux, aveuglé, il continuait son laïus comme aujourd'hui : « La France devrait donc s'humilier, il insistait sur ce mot, se mettre à genoux comme le fit Willy Brandt à Varsovie [1] ! »

Comme d'autres, j'ai cru qu'en m'y prenant autrement, en évitant l'affrontement ou la demande comminatoire, je lui ferais entendre raison. Mais le monarque cerné s'était refermé sur lui-même. Cet affrontement avait pris chez lui un tour si obsessionnel qu'admettre des excuses au nom de la France, à ses yeux, c'était une humiliation personnelle. Il s'en était convaincu et redevenait, dans ces moments-là, ce chef gaulois que je n'aimais pas beaucoup.

1. Le 7 décembre 1970, Willy Brandt s'est agenouillé devant le monument élevé aux victimes du ghetto de Varsovie.

Quatrième Partie

Les adieux

(août 1995-janvier 1996)

Août 1995, au téléphone

Ce matin-là à Latche, il s'est réveillé en sursaut. Depuis qu'il a lu quelques jours plus tôt cet article dans *L'Evénement du Jeudi* consacré au « Tombeau de Mitterrand », il feint l'indifférence. Même dans la mort, on ne le laisserait pas tranquille... Au téléphone, il me dit, dans un petit rire faible : « Vous voyez, je ne suis plus bon que pour la fosse commune. » Il a parcouru les papiers qui ont suivi, avec leur ton tantôt ironique, tantôt haineux – particulièrement dans la presse de gauche note-t-il – la mégalomanie de Mitterrand par-ci, et l'abus de pouvoir par-là, et la folie des grandeurs... Il ne comprend pas ce qu'on lui reproche. L'abus de pouvoir ? Ce lopin, un abus de pouvoir ! Les dépenses somptuaires pour le musée du mont Beuvray ? On voudrait maintenant qu'il se désintéresse du patrimoine français ! Sa vanité de ne pas vouloir aller au cimetière comme tout le monde ? De Gaulle s'est bien fait enterrer dans son jardin... ! Pour lui, c'est encore une chasse à l'homme. Mais il n'a plus le cœur à protester. A quoi bon chercher à les convaincre ? Que pouvait-il expliquer à *ces individus* qui vont jusqu'à se mêler de son sommeil ? Il a compris : il lui faut battre en retraite avec cette idée de se faire enterrer au mont Beuvray.

Il s'est donc levé avec une idée fixe : Jarnac.

Il ne tient plus à Latche, il n'y a jamais passé autant de temps. Tous les deux jours, il me donne des nouvelles au téléphone. « Comment je passe mes vacances ? Immobile ! Je ne peux plus faire mes promenades. J'écris, je reste allongé, surtout depuis cette dernière alerte... Oui, des vacances immobiles. » Il s'éloigne. Il n'a pas de projets, plus cette exaltation qui l'agitait depuis le mois de mai. Il a pensé qu'il y aurait une vie après l'Elysée, il y a cru quelques semaines. Il disait alors : « Je suis en train de gagner cette deuxième bataille... Mais je peux la perdre à tout moment. » Mais cette métastase qui vient de l'attaquer au bas du dos, c'est le signal. Que lui reste-t-il à espérer ? Il essaie de se résigner, il répète comme une plaisanterie amère : « J'aurais quarante-cinq ans, je pourrais protester, mais j'en ai soixante-dix-neuf, alors je ne peux rien dire. » Après ces conversations téléphoniques aux résonances d'outre-tombe, je me demande ce qu'il entend par ce « je ne peux rien dire ». Est-ce sa manière à lui d'avouer : « Et pourtant j'ai envie de me plaindre et de crier » ? Mais même crier, il ne le peut plus. Il n'en a plus la force. Il aimerait pourtant crier comme *eux*, dans la maisonnée de Latche, au scandale, au viol de sépulture... Car à Latche, on ne parle plus que de cela. Danielle s'insurge, elle est prête à se battre, voudrait *y aller* pour leur dire que leur sommeil éternel ne les regarde pas. A Latche, à Paris, les journalistes montent à l'assaut pour avoir confirmation de cette sépulture du mont Beuvray. Il a décidé de ne pas répondre. Les braves amis morvandiaux, Martin et Signé [1], se sont mis à mentir et à démentir pour le protéger : « Non il n'y a jamais eu de projet de sépulture au mont Beuvray... » Et Danielle s'est décidé à voler au secours de son mari. Le mont Beuvray ? C'est son idée. Pourquoi le mont Beuvray ? Parce que

1. René-Pierre Signé, sénateur-maire de Château-Chinon, président du Parc naturel du Morvan.

c'est à mi-distance entre son pays et la *terre politique* de son mari. Elle voudrait le protéger, lui qui souffre et s'étiole. Et puis, elle tient à sa place auprès de lui.

Il balance de petites phrases singulières : « On va peut-être me jeter à la mer... »; ou « Ils me feront la chasse même mort »; puis il décroche. Pourtant, le mont Beuvray, c'était un beau rêve. Pas un mausolée, pas une folie, juste dormir là au centre exact de la France, sur cette montagne lourde et noble, dans ce pays de magie, croiser peut-être un jour, endormie là-haut, la vouivre, et, avec elle, le cortège des esprits qui, dit-on, habitent le lieu.

Les éditorialistes ne veulent voir en lui qu'un monarque délirant. Et lui voudrait hurler qu'il est un déraciné, qu'en contrariant son rêve, on vient de lui interdire sa mort. Il y a bien des déracinés de la vie, pourquoi n'y en aurait-il pas de la mort? Il aurait tant voulu être là-haut, au sommet de cette montagne inspirée. Il y pense depuis toujours, il avait fini par se convaincre que ce serait possible. Il y a entre ce lieu et lui l'harmonie qu'il aime. Comment pourrait-il leur expliquer que là-bas il se sent chez lui... ? Il avait choisi au sommet du mont cette parcelle d'où il aurait pu voir le mont Blanc. Le lieu était paisible, le sommeil de sa mort y aurait été inspiré lui aussi, il en est sûr. Mais voilà qu'ils le lui refusent. Où va-t-il aller à présent? Où va-t-il reposer maintenant que cette ambition est éventée?

Il n'aime pas Louis XI, mais, il y a deux jours, il m'a raconté les malheurs de la stèle funéraire de ce roi. Louis XI qui avait décidé avec tant de fermeté du lieu où il serait enterré, qui avait préféré par prudence et par superstition l'abbaye de Cléry à la basilique Saint-Denis, avait vu son tombeau profané sauvagement après sa mort, à plusieurs reprises. Le Président a conclu son récit en me disant : « J'ai envie de dormir tranquille. » J'ai compris à ce moment-là qu'il était sur le point de renoncer à sa sépulture du mont Beuvray. Et, plus que le tollé dans la presse, ce qui l'y décidait, c'était la menace de ce petit groupe composé, dit-on à Latche, d'écologistes et de gens d'extrême droite, prêts à tout pour le chasser de là.

Cette nuit, il a dû frémir à l'idée de la profanation.

Il reste Jarnac. Il y pense et en parle souvent, surtout depuis sa visite là-bas au printemps dernier...

Il était arrivé avec Baltique. La ville était calme, il retrouvait le Jarnac familier. Il n'avait pas flâné, il était allé son chemin doucement sous le ciel charentais. Place du Château, en direction de la place de l'Eglise. Il avait pris la voie pavée, entre les belles maisons carrées, ces mêmes maisons dont on disait dans son enfance, avec un peu d'exagération, que son grand-père Jules en possédait tout un quartier. Il avait fait une halte dans la petite église Saint-Pierre de Jarnac, à l'ombre, à l'abri du soleil, pour respirer fort l'air de son enfance.

Il était reparti rassuré par les voûtes romanes de la petite église. Il avait continué sa route, décidé, mais plus lent, le long de la grand-rue, si grande dans son enfance, bien étroite aujourd'hui. Il avalait chaque détail sur la gauche, sur la droite, s'arrêtait, revenait, et, en levant la tête au ciel, il s'était souvenu de ces quelques jours en 1940 où, sur les routes de l'exode, un lieutenant l'avait transporté allongé sur une civière roulante... En approchant de la maison familiale, il s'y était arrêté. A quoi pensait-il alors ? Ça, il ne me l'a pas raconté. A la chambre aux oiseaux, son refuge d'enfant ? Aux longs couloirs de la maison ? A la bousculade des huit frères et sœurs ? Au monde d'hier ? Aux giroflées, aux géraniums, aux promenades sur les barques à fond plat le long de la Charente ? Deux ans plus tôt, au moment des inondations, il s'était rendu à Saintes, pas loin de là, la ville de ses grands-parents. Toute la France l'avait vu sur une barque à fond plat, père de la nation venant compatir. Les éléments lui avaient donné l'occasion d'exhumer le souvenir des jours de joie et de catastrophe où les eaux du fleuve étaient si hautes que, pour quitter les maisons, on passait par les fenêtres pour rejoindre ces embarcations particulières.

Il était resté longtemps devant le 22, rue Abel-Gay. Mais il était venu à Jarnac pour autre chose. Il avait repris son chemin jusqu'au cimetière. Il l'avait traversé en suivant les allées, il avait mesuré le calme de l'endroit. Puis il s'était arrêté devant un vaste caveau à la pierre noircie, celui des Mitterrand. Il y restait une place.

Ce matin, il m'a reparlé de cette visite. Ce sera Jarnac.

14 septembre 1995, avenue Frédéric-Le Play

Il passe devant le poste de télévision allumé. Des images de Sarajevo, des casques bleus, des Américains qui s'agitent... En ex-Yougoslavie, on approche du dénouement. Tout s'est accéléré depuis qu'il a quitté l'Elysée : la déroute des troupes serbes, les frappes aériennes massives attendues depuis des années, l'offensive française de Chirac, et la détermination des Américains. Les accords de paix sont en vue. Le Président s'agace : « Elle n'est pas très nerveuse, leur force de réaction rapide. » Et il ricane, amer. « Toute cette folie pour que finalement Izetbegovic se range sur nos positions ! » La paix en Bosnie va se conclure sans lui, contre lui, écrivent déjà certains. Ainsi se clôt *sa* guerre de Bosnie, une guerre entre des intellectuels et lui qui a empoisonné sa sortie, l'a brouillé avec la jeunesse, a ressuscité l'image d'un Mitterrand munichois et réveillé les vieux soupçons exprimés sur le tard. Une guerre devenue sa défaite devant les penseurs.

Cette guerre de Bosnie dure depuis trois ans, depuis le début du siège de Sarajevo. Elle a culminé en 1994, avec la création d'un parti des intellectuels fondé contre lui, la « Liste Sarajevo ». Au terme de son règne est ressorti tout le refoulé d'une relation douloureuse et complexe que Mitterrand entretenait avec les intellectuels depuis plus de trente ans. Une rupture plus grave encore que le désamour des socialistes, l'acharnement des juges ou des médias. Elle était une rupture devant l'Histoire. Parce qu'il le savait bien, ce sont les intellectuels qui écrivent l'Histoire.

Avec l'affaire de Bosnie, le Président a vu s'opposer à lui, non sans déchirement, Bernard-Henri Lévy et les derniers intellectuels qui lui manifestaient encore de la sympathie. Ils gagnaient la cohorte de tous ceux qui, comme Debray ou Gallo, par vagues successives, l'avaient quitté. Ses derniers alliés rejoignaient ceux qui le haïssaient depuis toujours : anticolonialistes de la guerre d'Algérie, gauche chrétienne, enfants de Sartre ou héritiers du PSU. Et, surtout, les intellectuels de la deuxième gauche qui retrouvaient là, vingt ans après le rêve autogestionnaire yougoslave, une nouvelle occasion de le combattre.

Dans cette guerre-là, le parti des intellectuels a mené contre le Président la charge décisive, lui niant le peu de vertu qu'il lui restait après quatorze ans, jusqu'à lui arracher le dernier lambeau de son manteau d'arlequin. On lui retirait soudain sa fameuse intuition de l'Histoire ; son sens de la géographie des peuples n'était plus qu'un leurre, un amour des vieilleries. Entre lui et les intellectuels, c'était une guerre à outrance, morale contre politique, Histoire contre Droits de l'homme, empire contre petites nations.

Ça n'avait pourtant pas si mal commencé.

En 1992, il y avait eu le voyage à Sarajevo, un beau geste qui répondait à l'appel au secours du président Izetbegovic dont Lévy s'était fait le messager. Le Président était le premier chef d'Etat à forcer le blocus serbe et à se rendre dans cette ville qu'on cherchait encore sur la carte, cette ville qui gémissait dans l'indifférence des nations. Il arriva là-bas sans prévenir, en jeune homme aventureux, accompagné de son ministre de l'Humanitaire, Bernard Kouchner. La foule l'acclama en scandant « Mitterrand Bosnia ! »... Dans le palais de la présidence en ruine et dans les rues de la ville, il fut reçu comme un sauveur. Entre Izetbegovic et lui, il se disait des choses essentielles, pensait-on. Le voyage à Sarajevo souleva tant d'espoir.

Comme ce voyage résonne étrangement, aujourd'hui ! Comme cette compassion humanitaire est en dissonance avec la suite, avec la *real politik* ! Quelle distance entre cette expédition pleine de panache et l'amertume, l'hostilité de ceux qui, quelques mois plus tard, déclencheraient contre lui *leur* guerre de Bosnie !

Au retour de ce voyage, je le trouvai dans un drôle d'état d'excitation et de fatalisme. Il y avait chez lui la fierté de ce coup historique, mais aussi de l'abattement. Le Président revenait ému par la misère, chamboulé par les regards croisés là-bas, mais dans le fond désabusé, sans solution véritable. Il disait : « Vous verrez, l'engouement ne durera pas, on oubliera vite ce voyage... » Déjà, il anticipait la suite, la guerre qui se poursuivrait. Il connaissait les limites de son geste, de cette spectaculaire *diplomatie humanitaire* qu'il venait d'inaugurer. Toute une génération a cru à ce voyage, pour se réveiller quelques mois plus tard de ses vaines illusions. Pourtant, tout était inscrit dans ce geste ; il suffisait de décoder les trois messages qui annonçaient une politique à venir et préparaient les lendemains qui déchantent.

Premier indice, la date de ce voyage qui signifie la peur de la guerre. On ne se rend pas par hasard à Sarajevo un 28 juin, jour anniversaire de l'assassinat de l'archiduc François-Ferdinand en 1914. Ce 28 juin indiquait déjà que, pour Mitterrand, Sarajevo, c'était la poudrière de l'Europe, le cauchemar de ses ancêtres, une zone de chaos, le berceau des pires conflits. Sarajevo, c'était un trou noir dont il ne fallait pas approcher, un trou noir dont on ne revenait jamais. Il y avait de l'effroi dans son regard quand il racontait les corps expéditionnaires perdus, errant dans les montagnes yougoslaves aux prises avec des partisans omniprésents invisibles dans ces massifs escarpés. Il répétait : « Cent mille hommes ne suffiraient pas pour régler le problème. » Il repoussait l'idée en secouant les mains : « Non, non, ce n'est pas moi qui vais faire cela, je ne mettrai pas la France seule dans cette guerre-là. »

Son sens de l'Histoire tournait à la superstition. Pour Mitterrand, un événement n'était jamais seulement une suite d'actes explicables qui répondaient à l'enchaînement de causes logiques. A fortiori s'il se déroulait dans les Balkans, il devenait un *élément* mystérieux, dont il fallait se concilier les bonnes grâces de peur de provoquer une catastrophe. Le drame bosniaque relevait de cet ordre secret et menaçant des choses. Tout comme certains spécialistes de la théorie du chaos estiment qu'un battement d'aile de papillon peut provoquer une catastrophe universelle, il pensait qu'un souffle d'air entre Sarajevo et Palé pouvait déclencher une tornade à l'échelle européenne. Et il n'aimait pas les tornades.

Le 28 juin, c'était – deuxième indice – une date serbe. Le 28 juin 1948 cette fois, où Tito avait décidé de rompre avec Moscou. C'était un rappel de la serbophilie française. Chez Mitterrand elle se déclinait autour du respect de la vieille alliance franco-serbe, de l'amour des *grandes nations* et de leurs processus d'unification, et de l'idée que l'Histoire est tragique et que la construction d'une nation, pour paraphraser Lénine, « n'était pas une soirée de gala ». Cette Serbie fédéraliste, il la défend encore aujourd'hui, à l'heure de la partition. Il me le dit encore, à l'heure où se signe la *pax americana* : « Finalement la seule solution vivable dans ce fatras de peuple, c'est la solution Tito... Vous verrez, dans quinze ans ils y reviendront. »

Enfin, et c'est le troisième indice, il y avait la présence

de Bernard Kouchner, promoteur de l'humanitaire français et du droit d'ingérence. Le Président, en partant avec Bernard Kouchner plutôt qu'avec Roland Dumas, son ministre des Affaires étrangères, évitait de faire de ce voyage un acte politique. Avec Kouchner, on restait dans la compassion. L'humanitaire débutant venait ainsi pallier les carences du politique et devenait le pis-aller de l'impuissance des nations, l'otage de la *real politik*, l'allié objectif de la non-intervention. Amorcée avec la pitoyable expédition en Somalie, c'est en Bosnie que la *diplomatie humanitaire* a connu son apothéose. Seuls Rony Brauman et Gilles Hertzog virent alors l'engrenage pervers et commencèrent à parler de *pitié dangereuse*. C'est pourquoi, quand tous les autres comprirent enfin, mais bien tard, leur hostilité à Mitterrand fut si radicale et leurs charges si violentes. Comme s'il leur fallait se dépêtrer de cette contradiction originelle.

Je me souviens de ce déjeuner de nouvel an, le 1er janvier 1994, où nous avons débattu de la guerre en Bosnie. Lui, placé comme à l'accoutumée au centre de la table en U, faisait figure d'accusé devant les assauts des plus jeunes, des plus indignés. Pourquoi ne fait-on rien pour les Bosniaques ? Et si cette guerre était une répétition générale d'un conflit à l'échelle européenne ? Et si Milosevic était pire que Saddam Hussein ? Et si Sarajevo, c'était Guernica ? Deux heures ainsi. En sortant de l'auberge, le Président répétait, exaspéré : « Guerre d'Espagne ! Guerre d'Espagne ! La guerre en Bosnie, ça n'est pas la guerre d'Espagne ! »

Dans sa colère, il m'avait dit : « Ils se prennent tous pour Malraux ! Même pas pour Sartre, qui lui au moins avait une œuvre, mais pour Malraux l'aventurier, qu'ils imitent en parlant de guerre d'Espagne... Après Malraux, c'est Jean-Jacques Servan-Schreiber qui, à la fin des années 1960, a inauguré ce nouveau genre : l'intellectuel qui communique.

Le genre Malraux qui passe au journal télévisé. Je me souviens de la première fois où je l'ai vu sur le petit écran, le visage tourmenté et le regard noir. On voyait qu'il souffrait, on voyait qu'il pensait... C'est lui, l'inventeur de " l'intellectuel médiatique ". C'est lui qui les a tous influencés. »

Une demi-heure plus tard, à Latche, il me prenait à part. Il était sonné par la discussion et semblait vouloir conclure : « Guerre d'Espagne ! Eh bien, soit. Si vos amis veulent aider la Bosnie, alors qu'ils s'engagent ! Qu'ils créent de nouvelles Brigades internationales, puisque c'est une nouvelle guerre d'Espagne ! » Puis il s'est calmé : « S'ils s'engagent, on verra ce qu'on pourra faire pour eux à ce moment-là. [Un silence.] On pourra peut-être les aider. » Etait-ce une parole en l'air, prononcée sous l'effet de la colère, une provocation, ou était-il sérieux ? Etait-il en train de me dire que, comme Léon Blum avec les républicains espagnols, il était prêt à fermer les yeux ? Venait-il de proposer des armes, des canons, des fusils, et de les faire passer sous le manteau aux Bosniaques ? Si une petite armée, quelques centaines d'hommes, était venue demander de l'aide au Président pour défendre Sarajevo ou Goradze, qu'aurait-il fait ? Je ne crois pas qu'il se serait défilé. Il aurait fait comme Blum, pas mieux, pas pire.

Quelques mois plus tard, le 30 mai 1994, à quelques heures du grand meeting de la Liste Sarajevo à la Mutualité.

Au téléphone, une voix sourde, lointaine, métallique. Il est à bout. L'assiégé, c'est lui. Il vient aux nouvelles.

Y aura-t-il du monde ? Combien de personnes ? Un silence, il évalue. Qui sera à la tribune ? Bernard-Henri Lévy... *Je ne sais pas ce qu'il a contre moi tout à coup... On s'est toujours entendus...* Glucksman ! *C'est le pire. Il me hait...* Bruckner ! *Lui, je ne le connais pas, mais il est toujours contre moi...* Schwartzenberg ! *Ça ne compte pas, c'est un fou...* Rondeau ! *Mais c'est la droite ça...* Julliard !

Ça m'aurait étonné qu'il ne soit pas là, celui-là... Et, un peu inquiet, il poursuit son interrogatoire : « Et Jean Daniel, les gens du *Nouvel Observateur*, ils y vont aussi ? » Il se rassure. Le mal ne s'est pas étendu à tout *Le Nouvel Observateur*.

Et puis la voix sourde s'emballe : « Mais je n'ai pas peur d'eux, moi !

– ...

– La Bosnie, ce n'est pas la guerre d'Espagne ! Et ils ne sont pas Malraux. Les Serbes ne sont pas des nazis et les Bosniaques ne sont pas des saintes Nitouches... Je ne me laisserai pas entraîner... »

Je ne trouve rien à dire, je laisse passer l'orage. Il s'arrête brusquement.

« A propos, à quelle heure se tient-il ce meeting ?

– A 20 h 30.

– Eh bien... [Un long silence.] Je vais y aller. Après tout, la Mutualité ne m'est pas inconnue, et elle ne m'est pas interdite, que je sache ! Tiens, c'est une bonne idée, je vais y aller ce soir, en voisin.

– Mais...

– Oui, c'est ça. Je vais les affronter, j'en ai encore la force.

– Prenez vos précautions tout de même.

– Vous ne voulez pas que je me laisse insulter sans répondre ! Ils seront tous là-bas ce soir, eh bien, j'y serai moi aussi. Simple spectateur dans la salle. Et je vais les interpeller à la tribune, les Lévy, Glucksman et toute cette nouvelle Sainte Alliance !

– Il n'y aura pas que des intellectuels. Il paraît que Rocard va venir lui aussi...

– Comment... ? Quoi... ? Rocard... ?

– Oui, monsieur le Président.

– [Il éructe.] Mais qu'est-ce qu'il vient faire là-dedans, celui-là ? !

– Il sera à la tribune, je crois.

– [Un silence.] C'est bien lui, ça, il est tête de liste des socialistes et il se fait concurrence à lui-même ! Qu'est-ce qu'il va chercher encore ? Maintenant il veut déclarer la guerre à la Serbie, comme il voulait la déclarer à la Pologne en 1981 ? Si on l'avait écouté, nous n'aurions plus de flotte ! »

Un silence, et puis, perplexe cette fois :

« Vous êtes vraiment sûr que Rocard y sera ?

– C'est à peu près certain.

– Quel dommage ! (Un autre silence.) Dans ces conditions, je n'irai pas. Je ne peux pas prendre le risque d'être aussi ridicule que lui. »

Cette guerre de Bosnie entre les intellectuels et Mitterrand en dit long sur la France, sur la manière dont elle se fantasme en ce tournant de siècle ; sur la façon dont Paris se voit encore vivre, penser et influer ; sur la fausse idée que la France se fait d'elle-même, encore grande, toujours un empire. Et, de ce point de vue, entre les intellectuels et Mitterrand, c'est un psychodrame autant qu'un vaudeville qui s'est joué durant trois ans. Les intellectuels et lui se jetaient des cartes et des symboles au visage, ils parlaient la même langue même si, souvent, ils ne parlaient pas du même siècle. Pour Mitterrand, la guerre en ex-Yougoslavie, c'était un mauvais remake de cette « question d'Orient » qui a empoisonné les relations internationales pendant la moitié du XIXᵉ siècle. Pour les intellectuels, c'était une guerre moderne. Ils disaient : « Sarajevo, c'est Guernica. » Le Président leur répondait : « Ce sont les massacres de Chio. » Ils parlaient de Nuremberg et lui pensait au traité de Sèvres. Mitterrand avec ses peurs et ses chimères, les intellectuels avec le simulacre de leurs aînés, se sont joué cette pièce, une guerre qui n'a rien changé au cours de la guerre et n'a pas participé à l'avènement de la paix. Complices du même mensonge, ils ont tissé ensemble le voile pour masquer l'insupportable vérité. La France n'était plus une grande nation qui décidait de la guerre ou de la paix sur le continent européen. Paris n'était plus le centre du monde, la capitale de la pensée.

Le Président semble l'admettre quand, à l'instant, il me confie devant les images de paix à la télévision : « En fait, on s'est trompé d'adresse, les intellectuels comme les autres. La France et même l'Europe ne pouvaient rien faire seules. Ce sont les Américains qui décident du moment de la paix. Oui, ils se sont tous trompés d'adresse. »

Un soir de septembre 1995, dîner dans un restaurant marocain

Ce soir, il n'a parlé que des gisants de Saint-Denis.

Combien d'heures a-t-il passées là-bas, penché sur les gisants des rois de France, frôlant le marbre, la pierre, caressant une ride, un visage de souffrance ? Aller à Saint-Denis, passer les portes de Paris, s'enfoncer dans la ville rebâtie, apercevoir la flèche unique, le toit vert bronze de la basilique...

Aussi, quand il m'a demandé : « Alors, vous y êtes allé, voir les gisants de Saint-Denis ? », à sa manière d'insister, d'en parler comme d'un fabuleux mystère, d'envoyer tout le monde, ses amis, Mazarine, à Saint-Denis, j'ai imaginé que c'est au cœur de cette église glacée, dans cette crypte étroite et dépouillée, tandis qu'il chemine entre ces corps de pierre, qu'il poursuit son *dialogue avec la mort*, à travers tous ces rois couchés là. Et que c'est auprès d'eux, là où le temps s'abolit, qu'il doit sentir vibrer la *force des esprits*.

On parle depuis longtemps de sa passion des cimetières, Saint-Denis en est la face la plus extrême. Mais cette basilique n'est pas un simple reniement du reste, du Panthéon de 1981 et de sa crypte laïque, c'est un périple plus lointain encore. Il ne choisit pas dans l'histoire de France, il prend tout entier le *bloc Michelet*, où l'on trouve la passion des cathédrales autant que celle des Lumières. De Saint-Denis, il revient chaque fois extasié, porté par une mélancolie aérienne. Son âme, son regard, ses mots s'y trouvent purifiés, et ses terreurs adoucies par ses questions aux morts.

Il les connaît si bien, ses gisants. Il aime la lumière sous laquelle ils reposent, la formidable lumière de Saint-Denis, qui passe par la rosace du bras sud et jette tout autour ses anges, ses rois mages, ses signes du zodiaque, toute cette folie pieuse. Comme Chateaubriand venu se lamenter dans la basilique, après son saccage par les révolutionnaires, il aime écouter là *le cantique de la mort qui retentit sous ses dômes*.

De Saint-Denis, il connaît le moindre détail. Il sourit de cette fresque, porte des Valois, où l'on voit le martyre de saint Denis, ce moment gravé sur la pierre où le saint décapité chemine de Lutèce à Catulliacus, sa tête entre les mains. Il traverse la nef vers le déambulatoire, ce qu'il reste de l'abbaye telle qu'elle a été édifiée au XIIe siècle par l'abbé Suger, avant de descendre dans ce qui doit représenter pour lui les entrailles de la France : la crypte romane où la foule du Moyen Age se pressait, s'écrasait, pour apercevoir, toucher, le reliquaire de saint Denis, et où se trouvent les ruines de ce cimetière gallo-romain où tout aurait commencé.

Il aime Saint-Denis comme il aime Bibracte, en vieux Gaulois. Sa passion de la France terrienne, on l'a dite souvent. On l'a comparé à Péguy quand on a voulu être gentil. On a parlé de Barrès en voulant être méchant. Mais même avec Barrès on se trompe. Mitterrand laisse loin derrière l'homme de la ligne bleue des Vosges. Il le surpasse, il le déborde quand il écrit : « Mes ancêtres berrichons, eux qui sont français d'avant la France [1]. » Il est physiquement

1. François Mitterrand, *Ma part de vérité*, Fayard, 1969.

de France. Le dernier texte qu'il a écrit cet été, ce sont des pages exaltées sur la géographie française. Son opposition à de Gaulle, son erreur, son obsession, et même son engagement dans la Résistance intérieure, il les justifie par la terre, toujours la terre. Sa France, ce n'est pas une idée, c'est une France de chair, qu'il croit retrouver là dans l'éternité de ces pierres millénaires qui se mêlent à la poussière des hommes. Une France dont il a consigné les présages et qui l'a désigné, pense-t-il, pour être de ses chefs. Cette folie-là, cette force-là, c'est sa religion.

Saint-Denis est un lieu vivant pour lui. Ce n'est pas l'imagerie monarchique convenue, dorée, fastueuse qui l'attire là. En entrant dans l'édifice, quand il fait un détour vers la gauche, c'est pour retrouver l'épée de Charlemagne, belle, massive, et si fausse, il le sait. Mais ce n'est toujours qu'un coup d'œil amusé, goguenard qu'il jette à côté, sur l'autre vitrine dans laquelle dégouline le colossal manteau bordé d'hermine, brodé de fleurs de lis, voulu par Louis XVIII pour son enterrement. Ce n'est pas pour Louis XVIII qu'il vient là, pas pour ces Bourbons. Cette monarchie trop ostentatoire ne l'intéresse pas. Ce sont d'ailleurs les Bourbons qui tueront les gisants, en feront s'éteindre la lignée. Avec les Bourbons, plus de gisants, mais des représentations bien vivantes, comme celles de Louis XIV, trop orgueilleux pour accepter une vision de lui agonisant ou mort, qui préfère installer partout dans Paris des statues de lui à cheval, figé dans sa majesté.

Mitterrand aime la monarchie austère et mystique de Saint-Denis. Cette monarchie en lutte, ces rois qui ont régné si longtemps, qui ont inventé la France. Sa passion monarchique s'étend entre deux bornes, de Dagobert à François Ier... Il s'émerveille du génie politique de Saint Louis qui, pour asseoir son pouvoir et sa gloire future, eut cette idée sublime d'ériger pour chacun de ses prédécesseurs une statue funéraire. Il a de l'affection pour ces premiers gisants de pierre blanche, tous ces visages si semblables avec leurs yeux ouverts, ces petits corps naïfs et touchants avec leurs pieds posés sur un socle, prêts à se relever, le sceptre encore en main. La mort comme une vie suspendue. Il raconte l'aplomb de Charles VII, le premier roi à commander son gisant de son vivant, à vingt-sept ans. Je lui demande s'il aurait aimé commander son gisant. Il rit, il esquive : « Pas besoin de gisant, regardez-moi. »

Il aime l'audace de représenter la mort, avec, du XIIIe au XVIe siècle, de plus en plus de précision. Car c'est une véritable métamorphose qui s'opère des premiers gisants aux tout derniers. Une représentation de la mort de plus en plus crue, de plus en violente, jusqu'à ces corps simples et nus, ces visages émaciés, ces bouches grimaçantes, ces dos qui se cambrent, jusqu'à ces rois et ces reines révulsés, saisis dans leur dernier instant d'êtres humains, comme au moment de l'amour. Ces gisants plus gisants que les autres, si troublants de violence et de dénuement, qu'on appelle les transis, ce sont eux qui le touchent le plus. Le visage d'Henri II levé au ciel, près du corps bouleversé de Catherine de Médicis, Louis XII, les lèvres entrouvertes sur son dernier souffle, les mains de marbre croisées sur son sexe, Anne de Bretagne, tête rejetée en arrière dans l'ultime sursaut. Après eux, après les Valois, on cachera la mort sous l'apparat, il n'y aura plus de gisants, ils sont trop vrais, ils font trop peur.

C'est ce visage de la mort, rustique au temps des Capétiens, puis si beau avec les Valois, qu'il vient chercher ici, comme dans un dialogue par-delà les siècles. Un rendez-vous, un de ces lieux de rendez-vous qu'il doit avoir avec les vieux chefs de ce pays, un de ces rendez-vous que j'ai cru percer à jour, il y a un an, un soir de fièvre. Un rendez-vous aussi avec ses morts à lui, un moment où il les retrouve et les questionne sur leur dernier instant.

Gisant, il se prépare à le devenir ; sans doute aimerait-il

ressembler à ce François Ier, là, comme trempé de sueur, prêt à partir dans son repos pour toujours.

Le 12 octobre 1995, avenue Frédéric-Le Play

Aujourd'hui, nous devons combler quelques lacunes dans l'ouvrage composé à présent de trois cent cinquante feuillets, un gros paquet de pages qu'il tapotait la dernière fois avec la fierté du chemin parcouru. Mais je me demande si nous l'achèverons un jour, ce livre qui, par ces retouches et ces retours, n'est plus que le sien. Le peut-il ? Le veut-il ? En a-t-il le temps ? Il ne quitte plus ces dossiers jaunes, réécrivant certains jours jusqu'à cinq fois le même passage – celui, sublime, que j'ai lu sur la géographie française, ce cinglant portrait en dix lignes des *énarques* de Vichy –, d'autres jours ne retouchant qu'un mot à peine. Je lui ai envoyé de nombreuses questions sur les points encore à éclaircir, mais il n'a pas tout à fait terminé, me dit-il. Depuis juin, je n'ai rien relu. Je travaille à l'aveuglette.

Jusqu'alors, j'ai vu ce qu'il en a fait, les belles pages du début qui sont comme une réponse à une « certaine idée de la France », le passage sur le 18 Juin qu'il a atténué, la curieuse petite phrase sur Pétain (« Un beau physique de Celte, comme quoi le physique peut être trompeur ») qu'il a fini par supprimer, le portrait de Mendès réduit, mais rendu plus cinglant d'une phrase... Et, depuis, plus rien. Un été de souffrance, des séances interrompues, d'autres où je le trouvais aride, quelques questionnaires décisifs envoyés, dont je n'ai pas de nouvelle. A-t-il encore assez d'*alacrité mentale* pour terminer ce travail ? C'est son expression, quand nous avons vraiment commencé à travailler à sa sortie de l'Elysée, il lui fallait garder « assez d'alacrité mentale », disait-il. J'avais regardé dans le dictionnaire au mot « alacrité ». *Vivacité gaie, entraînante ; enjouement.* Non, ses réserves d'alacrité s'épuisaient, il se lassait, il n'était plus d'humeur, il n'avait plus envie. Et quand je lui disais : « Il faut revenir sur ce point, il faut raconter tel autre, il n'est pas pensable que vous fassiez l'impasse ici »... Il disait « demain ». Quelques jours plus tôt, il avait expliqué à André Rousselet : « Il me faudrait encore six mois pour finir ce livre. » Je commence à me demander si, au fond, il n'a pas déjà opté pour l'esthétique d'une œuvre inachevée, comme de Gaulle, mort sur le troisième tome de ses *Mémoires d'espoir*. J'arrive pourtant, aujourd'hui, décidé à le pousser plus loin sur deux points où ses réponses ne sont toujours pas satisfaisantes. Je suis déterminé, je n'entends pas ceux de mes amis qui me répètent : « Tu n'y arriveras pas. »

« La frappe définitive des trois cent cinquante premières pages ne date que d'aujourd'hui. Je vais y travailler demain et après-demain. A la fin de la semaine ça fera quatre cents pages.

– Mais, monsieur le Président, il y a un certain nombre de points que nous n'avons pas abordés, et d'autres que nous n'avons que survolés...

– Je n'ai pas envie de rabâcher.

– Mais on ne peut pas faire l'impasse sur...

– [Il me coupe.] J'ai l'impression de me répéter.

– Sur quels sujets, monsieur le Président ?

– Oh, une impression générale... On a fait le tour, quoi.

– Mais il y a tant de questions laissées ouvertes...

– Non, non. Pas pour l'instant, plus tard peut-être. »

Que faire pour que le livre ne s'enlise pas ? Au moment où je cherche un argument pour le convaincre de poursuivre ces entretiens, il se redresse, l'air fâché.

« Et puis vous ! Oui, vous. »

Il me fusille du regard.

« Vous, avec votre question sur l'Algérie ! Vous ne m'avez pas loupé... »

Je sens son regard, je devine le reproche : *Tu quoque, mi fili.* Je bafouille.

« Mais, monsieur le Président, il faut vous expliquer sur cette phrase qu'on ne cesse de vous brandir : " L'Algérie c'est la France "... »

Je le vois changer d'expression, il n'est plus outragé, il se justifie, vulnérable à l'instant.

« Mais je ne pouvais pas démissionner... J'avais déjà quitté le gouvernement Laniel sur la question coloniale...

– Mais la question algérienne était bien plus grave...

– Et la décolonisation de l'Afrique noire ? C'est la IVe, des gens comme Defferre, Mendès, moi. Pas de Gaulle. Les gaullistes du RPF exploitaient le burnous pendant ce temps ! Ça, on n'en parle jamais. » Une pause, il réfléchit, puis il revient, sûr de son argument : « Et puis Mendès, lui aussi il s'est trompé sur l'Algérie ! Mais il n'y a que moi qu'on vient encore chercher sur cette question. »

Je viens de lire les mémoires de Foccart [1] qui raconte un projet fou que le Président avait eu en 1945 de faire libérer les camps de prisonniers et de déportés par des parachutages massifs. Je rappelle cet épisode au Président.

Il a l'air soupçonneux de celui qui a peur de se faire rouler. Il hésite : « Oui j'ai vu ça... » Puis il proteste : « Et puis il ne m'intéresse pas, Foccart ! Et puis je n'ai jamais eu de rapport avec lui pendant la guerre ! »

En parlant de Foccart, et de ce projet qu'il rapporte, plutôt flatteur pour Mitterrand, c'est comme si je venais d'attirer le malheur dans cette pièce. Le Président me regarde, l'œil rancunier : « Pourquoi m'avez-vous parlé de lui ? »

Chaque fois, je me dis que j'y parviendrai. Depuis un an, nous avons eu plusieurs conversations sur Bousquet où je n'ai obtenu que des justifications confuses, les mêmes qu'il a dites à Wiesel et qu'il répète à ses proches. Aujourd'hui,

1. Conseiller du général de Gaulle sur les questions africaines, homme de l'ombre du gaullisme.

une ultime tentative... S'il pouvait me dire quelque chose sur cette affaire, s'il pouvait confirmer qu'il a compris très tard, qu'il a compris enfin. S'il pouvait oublier son orgueil, ne pas mourir ainsi, en fuyant l'explication.

Ce soir, il semble moins sur ses gardes.

« Monsieur le Président, sur cette affaire Bousquet, il y a trop d'amalgames et encore trop de trouble. Pourriez-vous mieux vous expliquer une fois pour toute ?

– Mais je ne suis pas accusé. Vraiment, il y a des gens qui sont obsédés !

– Mais, monsieur le Président, les faits sont têtus...

– Ils sont têtus, et moi je m'en fous, moi, de ce procès qu'on veut me faire à tout prix. J'ai dit ce que j'avais à dire. Ce n'est pas une affaire que je traîne. Ce n'est tout de même pas moi qui ai envoyé quatre mille Juifs...

– Je le sais bien, mais...

– Alors pourquoi ce procès encore ! »

Je rassemble mes forces, et lui donne mon dernier argument.

« Bousquet n'était pas un simple haut fonctionnaire, c'était un exterminateur ! Les historiens commencent à mettre au jour ce paradoxe : à Vichy, les technocrates comme Bousquet ont été plus exterminateurs encore que les fascistes, que Darnand et sa milice...

– C'est un point de vue. »

Il s'est calmé. Il réfléchit. Je poursuis, l'idée semble l'intéresser...

Au bout d'un moment il commente : « Oui, je vois... La machine, quoi. »

A-t-il compris enfin ? Qu'entend-il par *la machine* ? *La machine*, l'appareil d'Etat complice des nazis ?

Un long silence, et il se ressaisit : « Bousquet, tout le monde le voyait. Je n'écrirai rien du tout, je n'ai rien à ajouter... »

Il a parlé de *la machine*, et il en est resté là. Une fois de plus.

Je suis en bas de chez lui, dans la rue, triste et vidé. Je m'en veux de ne pas l'avoir fait plier, d'avoir été maladroit ou bien présomptueux, et d'avoir mis de côté cette phrase de Malraux : « Même lorsque l'homme d'histoire a des témoins, il n'a pas d'entretiens. » Je lui en veux de sa défense médiocre : *Mais j'étais comme tout le monde à ce moment-là*. Je lui en veux de m'avoir parlé un jour avec chagrin de la mort de Bousquet. Je lui en veux de nous laisser la France pas mieux qu'avant lui, et peut-être même la conscience plus légère. Je lui en veux de mourir.

Il est trop tard.

Le 28 novembre 1995, avenue Frédéric-Le Play

Il entre dans la pièce, le pas lourd et la silhouette voûtée. Le visage tient bon, c'est son regard qui s'obscurcit, c'est tout son être qui dégage une impression d'abattement. Il s'allonge avec précaution, et m'explique : « On me fait des injections dont je souffre beaucoup. » Depuis la mi-octobre, après son retour du « sommet » de Colorado Springs, son état s'est encore agravé. Les traitements ordonnés par le Dr Tarot ont fait effet, mais le malade est indiscipliné et influençable...

Nous sommes au début de ce qu'on a appelé « les grèves de décembre ». Dans son bureau monte l'assourdissant vacarme de la rue, les klaxons d'un Paris paralysé comme jamais depuis 68. Il se bouche les oreilles, me parle par gestes, les mains sur la tête qui disent l'enfer de la rue, son impuissance et sa misère de se trouver si près de l'émeute.

Il faut bien bavarder, alors on se crie des petites phrases à travers la pièce.

« Vous entendez ? C'est extraordinaire, je sais bien que les Français n'aiment pas les réformes, mais tout de même !

– Comment expliquez-vous l'ampleur de ce mouvement ?

– On dirait que Juppé cherche à saisir tous les moyens d'impopularité... Pas assez intuitif... pas assez préparé, et puis... un petit côté provocateur. »

Ce petit côté provocateur n'a pas l'air de lui déplaire. « Et cette brutalité avec les faits, c'est propre au gaullisme, vous pensez ? »

« Le gaullisme n'existe plus. Ils sont trop... hauts fonctionnaires, ils ont été formés comme ça. Chirac, lui, il a la Corrèze, mais les autres, ils n'ont que l'ENA. »

Je l'interroge sur Chirac, mais il n'a pas envie de répondre. Les relations sont bonnes. Chirac téléphone souvent à l'ancien président, prend régulièrement des nouvelles de sa santé, et s'inquiète chaque fois que la *rumeur* est plus forte. Mitterrand apprécie.

Peu à peu, on s'est accommodé du vacarme. La politique l'ennuie. Il préfère me demander des nouvelles des uns et des autres ou m'en donner. Il me raconte ses bonheurs. Ce film que Régis Warnier a fait sur lui au jardin du Luxembourg ; ses rendez-vous avec Lacouture qui déboucheront peut-être un jour sur une biographie *aussi belle que celle de Blum*, avec les chefs d'Etat, les hommes politiques français qui viennent le voir. Balladur qu'il respecte à nouveau, bientôt Giscard, cette complicité retrouvée avec Jean Daniel, la brasserie Lipp où il aimerait bien retourner... Il est de plus en plus fatigué, il ne peut plus se promener – descendre en train à Latche il y a quelques jours était une folie... – et pourtant, il voit de plus en plus de monde. Des compères comme Rousselet et Dumas, des éditeurs, Odile Jacob et Olivier Orban, des fidèles comme Lang et Charasse, des amis comme Pierre Favier, quelques socialistes, ceux qu'il supporte encore, Emmanuelli, Poperen, Mermaz... Il est amer chaque fois qu'on lui parle des socialistes.

« Monsieur le Président, avez-vous vu les commémorations pour le 25e anniversaire de la mort de De Gaulle ?

– C'est un deuxième 18 Juin ! Une mise en scène sans intérêt. De toute manière, la mort de De Gaulle ne rappelle plus rien aux Français... »

Ce n'est pas une conversation, ce sont quelques mots qui trouent le silence. Pendant ces longs moments où il ne parle plus, j'essaie de ne pas me faire remarquer, de me tasser, de disparaître. Parfois je lance une question. Il ne répond pas toujours. Je laisse se dérouler un autre long silence avant de tenter à nouveau ma chance.

« Que faites-vous en ce moment, monsieur le Président ?

– J'écris... Je me promène, mais très peu... quatre cents mètres et je suis épuisé... Faut faire avec.

– Mais vos traitements vont amener du mieux...

– C'est fait pour ça. En principe... »

Il a dit « en principe », comme une politesse, et il s'est tu. Il n'y a plus de klaxons, plus de cris, je n'entends que son silence.

Le 13 décembre 1995, déjeuner à La Marée

C'était jour de grand embouteillage. Le vingtième jour de cette immense grève qui n'en finissait pas de s'essouffler pour repartir aussitôt, comme un feu mal éteint. Il suffisait qu'Alain Juppé se montre trop ou pas assez, qu'il recule un peu, toujours maladroitement, ou qu'il s'expose à la télévision dans un de ses trop fréquents face à face aux Français, pour que, aussitôt, le peuple redescende dans la rue. Ce jour-là, Paris était encore paralysé par ces immenses embouteillages qui ne parvenaient pas à devenir antipathiques à tous ces Parisiens à la vie soudain déréglée.

Le silence quand il entre. Le silence tout à coup dans ce restaurant chic et pompidolien, dans lequel nous avons dîné parfois. Un silence total, pendant les quelques instants où il reste posté dans l'encadrement de la porte, quand on lui retire la curieuse parka qu'il porte aujourd'hui, quand il jette ce bras douloureux en arrière, puis cet autre. Pas ce silence familier quand il entre dans un endroit avec sa physionomie qui aimante les regards ; plus du tout le magnétisme du monarque, ni le silence respectueux ou narquois. Non, un silence de glace, un silence qui dure quand il s'engage dans ce long couloir que forme le restaurant. Le silence des clients, celui des garçons de salle. Comme dans un film, tous les mouvements restent en suspens, fourchettes levées, bouches ouvertes, souffle retenu. Plus un geste, pas un clin d'œil, ni le moindre coup de coude, pas de regards malveillants, pas de chuchotements admiratifs. La salle statufiée par le culot du moribond.

On n'entend que le bruit de sa canne qui tâtonne sur le sol. Il n'y a que lui qui bouge, lentement, péniblement, douloureusement. Un instant, au tout début de sa marche, ses jambes fléchissent, sa canne ne suffit plus, il trébuche, on doit le soutenir. Indifférent, il se traîne entre ces publicitaires interdits, cet acteur fameux qui réprime un salut, devant ces deux sénateurs de droite un peu rouges tout à l'heure et blêmes maintenant, ce maître d'hôtel au garde-à-vous, ces jeunes commis figés là dans leur course, les plats à la main, les yeux exorbités. Lui ne se presse pas, il ne cherche pas les regards, ne les fuit pas non plus. Il poursuit son chemin devant cette assemblée frappée de stupeur.

J'entends Danielle Mitterrand dire : « J'ai mal de le voir exposé au regard mauvais des autres. Je ne comprends pas qu'il sorte ainsi, qu'il s'expose... Enfin, ça lui faisait tellement plaisir de venir déjeuner ici, avec nous, comme avant. »

Je me demande, moi aussi, pourquoi il tenait tant à ce déjeuner en ville, lui qui, depuis son retour de Colorado Springs en octobre, ne sort presque plus. Pourquoi il a choisi ce restaurant du tout-Paris, éloigné, plutôt de droite, avec sa salle si longue et si bavarde. Mais il voulait venir ici. Une folie dans son état.

Et, en le voyant approcher, je me demande où donc est passé son orgueil, son légendaire orgueil ? Cette obsédante maîtrise qu'il a de son image, du moindre de ses gestes, a-t-elle faiblie, s'est-elle usée, dissoute au point qu'il prenne le risque de se montrer ainsi ? Ne sait-il pas que de cette scène d'hospice, demain, tout à l'heure, à l'instant, tout Paris bruira ? A-t-il perdu la tête ? A-t-il perdu l'orgueil ?

Pourtant, à son œil encore vivant, à cette singulière tenue qu'il porte aujourd'hui, veste à carreaux sur chemise à carreaux, élégant comme un riche touriste américain, je me dis que je me trompe, qu'il n'est pas fou, que l'orgueil n'est pas mort. Et peut-être la pathétique traversée de ce restaurant est-elle justement une ultime posture, sa manière à lui de leur dire : *Me voilà, voilà ma vieillesse, voilà ma maladie, voilà où en sont mes jambes, ma retraite, mon déclin.* Une manière d'être encore au centre des regards. Une manière d'être, dès cet après-midi, au cœur de la rumeur. L'orgueil d'être là, oui, l'orgueilleux détachement de celui qui a mis une heure et quart, comme tout le monde, pour venir de la rive gauche jusque-là, une heure et quart coincé dans les embouteillages, à regarder à travers la vitre ces Parisiens qui marchent tous, ces voitures paralysées et hurlantes. Il savait que le chemin serait long, il était parti très en avance. Et en voyant Paris ainsi malade, il se demandait lequel des deux, le pays orphelin de lui ou lui-même, l'était le plus ? Et son orgueil dans ce restaurant aujourd'hui, son dernier orgueil, c'est de passer lentement entre les tables de tous ces préfets, de tous ces notables, c'est de leur dire, je suis là, j'en profite jusqu'au bout. C'est, tandis qu'il chemine, leur imposer le silence, le respect. Son spectacle.

C'est, au moment où la France gémit et klaxonne, se rappeler à leur bon souvenir.

Il souffle une seconde, le temps de se poser, et lance, lourd et encore espiègle : « Chirac n'en revient toujours pas de sa surprise. » Une phrase, pas plus. Un geste, une de ses fameuses mimiques, regard candide, ironique, roulement de la tête qui dit la France dans la rue, les ennuis de la droite, le bruit des klaxons jusque dans le restaurant.

Il parle court à présent. Finies les longues histoires, ses scènes de la vie parisienne ou ses chroniques campagnardes. Il ne raconte plus, on lui raconte. Il répond par un rire, par un mot, une phrase tout au plus. Il s'économise. Et cette forme de raréfaction de la parole donne plus de relief à son propos.

L'avenir incertain de Juppé ? « Chirac n'a aucune autre carte dans son jeu. »

Le silence des intellectuels pendant ces grèves ? « La Bosnie, ça ne leur fait pas peur, mais dès qu'il faut s'exprimer sur la France, on ne les entend plus. »

Et Touraine alors ? « Toujours sensible à la dernière mode, celui-là ! La deuxième gauche s'est ridiculisée avec cet appel pour Notat, pour Juppé. »

Le silence de la gauche pendant ces grèves ? « Cette incapacité à trouver le ton est un mauvais signe pour le futur. »

Est-ce la faute de Jospin ? « Pas seulement... »

Et qui à la place de Jospin ? Fabius ? « Il est plus cohérent, mais il va avoir du mal à remonter le courant. »

Martine Aubry ? « Non, pas elle... Le futur leader de la gauche, on ne le connaît pas, il n'existe peut-être pas. Il va forcément émerger. » Une pause, un silence. « A mon avis, ce n'est aucun de ces trois-là... » Une autre pause, un autre silence. « Non, pas Martine Aubry, mais peut-être son fils, qui sait ? » Il ne rit pas de sa boutade. Il l'a lancée comme une phrase qu'on jette en s'éloignant. Il est ailleurs, très loin déjà, quand il complète : « De toute manière, il faudra une ou deux générations avant que ce qui s'est passé avec moi puisse se reproduire. »

On l'interroge sur l'écume des jours, sur ses projets pour l'après-midi, sur l'Europe dans cinquante ans. Mais il est las. Même sur l'Europe, il parle peu. « La mécanique est installée, elle est inéluctable. » Et la monnaie unique ? « Elle se fera, au moment voulu, ne vous inquiétez pas. » Un souffle, un mouvement du menton, un ton mélancolique : « Vous la verrez, vous. » Et Tarot qui redoute un assaut de déprime l'interrompt, très gai tout à coup : « Mais monsieur le Président, vous savez ce n'est pas si loin. » Tarot fait le compte à haute voix, lentement, avec le ton de l'entraîneur qu'il était au début de l'année, « 96... 97... ». Il dit 97 et s'arrête. Il voit bien que le Président ne l'écoute plus, ne le prend pas au sérieux. Et que lui, même en se forçant, ne parvient pas à être convaincant.

Cet après-midi, le Président saura pour ce voyage en Egypte. Il aura le résultat des analyses. Il saura s'il peut partir avec Mazarine au bord du Nil. Il saura s'il va vivre, si ces douleurs à la jambe, au bas du dos, sont des menaces plus sérieuses que les autres. Il saura si Tarot est tout à fait fou de parler de l'année prochaine.

Aujourd'hui, on ne voit plus le Président sans Tarot et c'est signe de la véritable fin. Quand il est apparu dans l'entourage de Mitterrand, on disait avec un respect admiratif et chuchoté : « C'est le Dr Tarot qui a aidé Jean Riboud à mourir. » Dans cette confidence extasiée, on percevait la considération que l'on prête aux sorciers d'Afrique ou du Berry. Avec son allure rude et ses paroles douces, Tarot a un côté ange, « ange de la mort », dit le Président. Et quand on le voit soutenir son malade, lui insuffler sa force, Tarot fait penser au porteur de *La Ballade de Narayama*. Dans le clan, on ne dit pas de mal de Tarot. Tarot est une des rares personnes dont on ne dit jamais de mal. On ne parle de Tarot qu'avec une considération prudente, méfiante. Sauf une fois. C'était il y a six mois. Quand, en ce jour de mai, Tarot s'en était allé. Autour du Président on était resté consterné devant une telle audace. Puis la famille avait oublié son amour-propre. L'audace de Tarot, son fier entêtement avaient impressionné. Alors, on avait accepté que les règles du jeu changent. Après quelque temps de cette crise, le Président avait lui-même demandé à Tarot de revenir. Depuis ce jour-là, Jean-Pierre Tarot a totalement pris sa place dans la vie de François Mitterrand. Tout le monde respecte Tarot pour ce panache, cette prouesse, pour ce refus qu'on n'a jamais osé et dont on a rêvé parfois si fort.

Rien n'intéresse le Président, rien ne l'accroche. Par moments, il sort de son ennui, relance des bribes de conversation, sans lien avec ce qui précède, au gré de sa rêverie. Il se moque à l'instant de ce jury qui vient de décider, après d'infinies délibérations, de baptiser le nouveau grand stade construit à Saint-Denis : « Stade de France » : « Ils auraient dû l'appeler Stade Saint-Denis, tout simplement... » Il est songeur. A ses yeux doux mais agités, on devine qu'il n'a pas fini sa pensée. Il la complète, la voix venue de loin toujours, pesante : « Saint-Denis, c'est une période très honorable de l'histoire de France. » Il insiste sur le mot *honorable* et repart dans sa contemplation.

Aujourd'hui, ce qui l'intéresse plus que tout, ce sont les huîtres. Les huîtres qui n'arrivent pas, celles qui manquent sur la carte pour cause de grèves, celles qu'on lui sert et qui sont trop salées, pas assez plates, trop grasses, pas à son goût... Il en goûte une, l'abandonne, en prend une autre et fait de même, une autre encore et il grimace. Il change de plateau, une fois, deux fois... Il cherche, il cherche et ne trouve pas. Il semble découragé. Il en commande d'autres encore, il ne veut pas se résigner. C'est un fracas de petites pulsions qui se contrarient. Mais les huîtres tardent et il s'impatiente. Et quand elles sont là, il ne les veut plus.

Les huîtres n'ont plus de goût.

Les huîtres le trahissent. Elles ne sont plus son *bon plaisir*, mais son grand malheur à présent. Le grand malheur de cette vie qui suit son cours impunément, à d'autres tables, dehors, dans la rue, loin de lui. Le grand malheur d'un homme qui déjà vit le temps autrement, veut en jouir, ne supporte pas le moindre gaspillage. La moindre désinvolture, c'est du temps qu'on lui prend ; le moindre retard, c'est du temps qu'on lui vole. Ce grand malheur, c'est de ne plus avoir le goût, et qu'on ne le sache pas, et qu'on ne s'occupe pas de lui à l'instant, seulement de lui. Son grand malheur, c'est Danielle qui pense à sa vente de charité de cet après-midi. Son grand malheur, ce sont toutes ces questions assommantes que je lui pose sur un aujourd'hui dont il n'a plus que faire. Son grand malheur, c'est que cette *fête* qu'il se faisait de venir là n'est plus une *fête*, mais un ennui immense, un malaise profond. Le grand malheur, c'est l'inconscience des autres, le manque de précision en toute chose, cette heure au moins à retourner dans la cohue de Paris avant de s'enfermer dans sa chambre. Le grand malheur, c'est cette vie, ce temps du dehors avec lequel il n'est plus en phase, qui n'est plus sa vie, qui n'est plus son temps. Maintenant qu'il a perdu le goût. On sentait son grand malheur, on tentait de l'en distraire, on l'interrogeait sur les questions importantes du temps, encore et encore. Jusqu'à ce que, avec douceur et lassitude, il nous confie : « Vous savez, la seule chose intéressante, c'est de vivre. »

Nous n'allions plus le questionner.

Dans le fond de la salle, une ombre tapie dans un coin, un regard de renard fixé sur notre table, un fantôme croisé il y a peu : Jacques Foccart. Troublante coïncidence après la tumultueuse conversation que nous avons eue quelques jours plus tôt.

Mitterrand ne dit rien, ne se retourne pas. Il cherche à travers mon regard où situer l'ennemi. Dans son dos, sur la gauche, mais où exactement, sur quel point précis le regard de Foccart se pose-t-il ?

Danielle Mitterrand s'exclame : « Tu te souviens, François, du temps où Foccart nous faisait la chasse ? C'était la dictature, oui, sous de Gaulle, nous avons connu la dictature militaire. »

Le Président ne bronche toujours pas. Il est raide.

Et Foccart, là-bas, le regarde toujours, fixement. A quoi pense-t-il, cet autre vieillard, en observant l'ennemi de toujours ? A toutes les années de guerre et de traquenards ? A-t-il la même haine qu'il y a quarante ans, au temps de l'affaire des fuites ? Autant qu'au moment de l'Observatoire ? Autant qu'en 1965, quand il a bien failli avoir la peau de Mitterrand ? A-t-il la nostalgie de cette époque où ils étaient jeunes tous deux, où la politique ressemblait à un roman d'Alexandre Dumas ? Combien de secrets, combien de complots, combien de dossiers garde-t-il enfouis ?

Deux fois le Président bouge l'épaule comme s'il ressentait une gêne dans le dos. L'œil de Foccart. Il ne tient plus dans cet endroit, ce déjeuner tourne au supplice, il veut rentrer. L'idée de ce retour dans les embouteillages l'épuise, mais, ce qui l'épuise, le mine plus que tout, c'est de retraverser cette salle presque vide à présent et de sentir peser sur lui le regard de Foccart.

Le Président se lève.

Il a tenu jusque-là, mais il ne peut s'empêcher tout à coup de jeter un coup d'œil sur cette table derrière lui. Elle est vide. Il se détend un peu, mais son soulagement ne dure pas.

Foccart a changé de place. Ses convives l'ont laissé là. Il ne pouvait partir sans l'avoir vu. Du coin où il se trouve, le vieil homme scrute, détaille, épie.

Du fond de ses quatre-vingt-quatre ans, Foccart veut le voir de près, se mesurer à lui, de six ans son cadet. Lui qui n'a jamais été président, lui qui n'a été que l'homme de l'ombre, qui n'a pas connu le soleil du pouvoir mais toujours la grisaille des corridors, il veut voir pour la dernière fois son ennemi dans cette lumière crue. Lui qui est son aîné, mais qui n'a toujours pas besoin de canne, pas besoin d'une escorte pour le porter. Lui qui n'a pas été roi, mais qui va lui survivre.

J'observe ce vieil homme obstiné qui ne perd rien de la scène, qui ne cherche pas à être discret, ni à varier l'axe de son regard. Il fixe Mitterrand et il veut que ça se sache. Le Président arrive à sa hauteur, je le sens se raidir, tenter d'accélérer le pas. En assistant à ce chassé-croisé, je me demande si, hors de nos présences gênantes, dans leurs derniers instants, ces deux ennemis intimes n'auraient pas envie de se parler, de s'arrêter un instant, de se retrouver dans la pénombre pour se raconter enfin l'envers de tous leurs coups tordus. Comme des joueurs après la partie.

Mais non, le Président sent Foccart dans son dos, dans son cou, sur son épaule. Le voir, lui parler, il ne pourrait l'imaginer. Le sentir là, c'est déjà trop.

Il faut partir. Vite.

Epilogue

Le dernier regard

(1er janvier 1996)

Dimanche 1er janvier 1996, Latche

Après ce réveillon aux ortolans, nous n'avions guère d'illusion. La veille, nous avions vu le Président soulevé, enlevé, incapable de se mouvoir. Le reverrions-nous seulement ?

A l'auberge d'Azur, la table en U est tout de même dressée pour le rituel déjeuner du 1er janvier de Pierre Bergé. La tribu élargie avait coutume de se retrouver là pour un long repas qui se terminait vers 5 heures.

Vers midi, premier coup de fil entre l'hôtel d'Azur et Latche : le Président ne s'est pas encore réveillé.

12 h 30 : Tarot n'est pas très chaud pour l'escapade jusqu'à Azur. Aucune décision n'est prise, on décide de ne rien changer pour le moment.

13 heures : On ne sait toujours pas, il faut garder les plats au chaud.

13 h 30 : Changement de programme ; vite il faut monter à Latche avec les plats, on déjeunera en petit comité dans la cuisine.

Dans la bergerie, Danielle et Christine attendent sur le canapé, comme la veille. Danielle se beurre des tartines machinalement, Christine est muette. Roger Hanin tente de les dérider.

14 heures : Il n'est toujours pas là. Personne n'ose aller frapper à la porte de sa chambre, devenue une zone interdite. Personne. Pas la maîtresse de maison. Pas Christine qui ne-le-sent-pas. Pas Roger qui est tenté, mais... On attend.

14 h 15 : La gardienne vient nous prévenir que nous devons passer à table sans lui.

Le déjeuner est morne. On parle bas pour l'entendre arriver, l'œil rivé sur cette porte qui ne s'ouvre toujours pas. Le déjeuner ne traîne pas, on passe au salon. A un moment, j'entends évoquer le retour à Paris du Président, pour le lendemain. Il veut prendre l'avion de ligne de Biarritz, explique Danielle. « Tu ne peux pas lui laisser faire ça, ce serait de l'exhibitionnisme... » s'écrie Christine. Danielle hausse les épaules, impuissante. L'échange entre les deux sœurs est surprenant, violent, sans prétexte réel. Il s'interrompt net.

Le voilà enfin. Il est 15 heures.

La petite troupe se reprend. Du bout de la pièce, on dirait qu'il va mieux. Sa silhouette s'est épaissie. Il porte un gros pull blanc, son pantalon en velours des dimanches, une drôle d'écharpe jaune plusieurs fois enroulée autour du cou, et sa casquette de promenade. Il est debout, il est vivant, comme prêt à partir sur le chemin des ânes. C'est bien lui qui avance vers nous, sans canne, sans ses gendarmes qui le portaient hier, l'homme qui riait, qui commandait, qui marchait dans les Landes. Mais l'illusion ne dure pas, cette fois. Très vite, on aperçoit Tarot qui, comme un félin, s'est glissé dans son dos et le tient à bout de bras. Le Président arrive près de nous, hésite avant de rejoindre son territoire, se tourne, un peu automate, pour s'excuser avec un sourire d'enfant, un grand geste las, qui doit vouloir dire sa misère : « Pardon... J'ai de drôles de manières de recevoir... » dit-il.

Tarot a les traits tirés, le visage fermé. Il n'a pas dormi. A peine a-t-il installé le Président sur son fauteuil qu'il s'active pour lui préparer tous ses médicaments. Il s'agite. Il ne parle plus, il cherche et il grommelle. Il finit par poser sur la petite table, aux pieds de François Mitterrand, quelques pilules dans une soucoupe. Le Président l'ignore, lui et ses médicaments. Tarot revient à la charge, il lui tend la soucoupe maintenant. Le Président refuse encore. Tarot insiste. Le Président l'ignore toujours, le repousse d'un mouvement de la main. L'échange dure. Tarot reste planté là, le bras tendu, les médicaments sous le nez du Président. Et puis il explose. Il se met à pester contre « ce malade impossible qui refuse de se soigner... qui n'en fait qu'à sa tête... ». Il le met en garde : « Vous savez ce qui va se passer, si vous ne les prenez pas... » Il l'accuse, il le désigne, il nous prend à témoin. Il menace, il va s'en aller. Une scène, Tarot lui fait une scène devant nous ! Pour la première fois, une scène en public.

Le Président feint d'être assoupi. Il attend que l'orage passe. Mais c'est la gardienne qui arrive maintenant. Elle se plante devant lui, avec son confit de canard, et elle ne bouge plus. Elle le lui tend, il refuse de la tête. Elle insiste, mais il ne cède pas. Elle revient à l'assaut, l'affronte durant plusieurs minutes, et lui fuit son regard. Elle finit par poser le plateau près de lui et quitte la pièce, malheureuse.

A peine a-t-elle disparu qu'il se ressaisit. Il hèle Tarot, lui réclame de l'hibiscus – ce thé des pharaons rapporté d'Egypte. Tarot s'exécute et revient avec un grand verre d'un liquide rouge transparent. Le Président tente de boire, c'est difficile. Il hoche la tête. Il apprécie. Le liquide rouge a l'air de lui plaire. Mais il goûte à nouveau, et il change d'avis. L'hibiscus n'est pas au point. L'hibiscus n'est pas assez froid, on le lui change. Puis l'hibiscus est trop froid, on le lui réchauffe. Il boira ainsi successivement de l'hibiscus froid, chaud, tiède, toutes sortes de variations sur l'hibiscus, tout en persistant à ignorer le plateau de la gardienne et les médicaments de Tarot, toujours là. Son malheur est grand. Il grogne contre l'hibiscus, contre Tarot, la gardienne, la terre entière.

Sa voix ne porte pas, mais son œil s'allume. Comme autrefois, il commence avec ce « Quoi de neuf ? » impératif auquel il faut répondre par des informations pertinentes. « Avez-vous lu les journaux, ce matin ? » C'est ce que les journaux disent des premiers vœux de Chirac président qui l'intéresse. Faisons comme d'habitude, une revue de presse, un compte rendu militaire des éditoriaux du matin.

Il fait semblant de les découvrir, il opine, reprend les termes des articles qu'il a déjà lus, ou s'est fait lire, c'est sûr.

« Oui, en effet, *Le Figaro* est bon, bien entendu.

– Oui, monsieur le Président.

– Mais Lemoine, dans *Sud-Ouest*, il est critique, hein ?

– Plutôt oui.

– Et le journal de M. Serge July ? Vous avez vu, il est sorti de sa réserve... Enfin !

– Ça fait quelque temps déjà.

– Mais dans l'ensemble, ils sont plutôt injustes. Moi, je ne l'ai pas trouvé mal, Chirac. »

Quelqu'un complète alors : « Il y avait tout de même une chose curieuse dans cette intervention, c'est ce sous-titrage... On ne voyait que ce sous-titrage. Comme s'il avait besoin d'être sous-titré. Cela produisait un curieux effet. »

Rires du Président. Tout le monde se regarde, comme si un rire de lui était une victoire. Il reprend : « C'est curieux que vous n'ayez pas remarqué que de mon temps aussi, il y avait un sous-titrage... Décidément, je n'aurai pas beaucoup marqué » [nouveaux rires]. Le rire provoque alors une quinte de toux qui vient le soulever et le tordre. Il nous oublie tout à coup. L'accès de toux passe, mais il en redoute un autre, le guette en silence. Il y a danger à parler. En effet, le répit ne dure pas, une quinte suivante le fouette. La vague passée, il se remet à somnoler.

Dix minutes plus tard, il se réveille et se replie plus encore. Il reste ainsi blotti contre lui-même, somnolant à nouveau, écoutant, ouvrant un œil parfois à un mot prononcé, puis retombant, comme bercé par la conversation. La respiration est toujours craintive quand il s'intéresse enfin :

« Oui, j'ai vu la mort de Suzanne Prou. Soixante-quinze ans... » Une pause, il a laissé sa phrase en suspens. Il reprend avec une sorte de ferveur ironique : « Comme quoi, il n'y a pas d'âge pour mourir... »

Il n'y a pas d'âge pour mourir, que veut-il dire ? Que, plus jeune que lui, Suzanne Prou avec ses soixante-quinze ans, devient pourtant son aînée dans la mort ? Ou bien lui qui vient de rentrer dans sa quatre-vingtième année rêve-t-il de démentir la légende – qu'il rapporte lui-même après des recherches poussées – selon laquelle depuis le XVIIe siècle, aucun Mitterrand mâle n'a passé les quatre-vingts ans ? Cette phrase est une énigme. Peut-être songe-t-il que la mort peut se décider, qu'il n'y a pas de jour ou d'heure, pas une inscription logique, définitive, dans le livre de la vie, qu'on peut parfois prendre un peu de liberté avec cet âge de mourir...

Roger Hanin intervient pour éviter un dérapage tragique. Il s'excuse de déranger, d'être drôle : « Oh, je me demande si Suzanne Prou n'était pas communiste... Ne croyez pas que je sois obsédé, François... » Il sait qu'il va faire rire le Président, il sait comment faire rire François. C'est son privilège, sa mission, son offrande en ces journées particulières.

« Vous, Roger, depuis que vous êtes inséparable de M. Hue, reprend le Président, un peu enjoué à l'instant, vous voyez des communistes partout ! Prou, ce n'était pas un mauvais écrivain. Elle a eu un prix, pour *La Terrasse des Bernardini*, le Renaudot, je crois. Depuis toujours elle nous soutenait, vous vous en souvenez, Lang ?... [Une pause.] Mais on n'entendait plus parler d'elle... Les prix littéraires anéantissent les écrivains. Regardez Yves Navarre, qui vient de mourir tristement. Un jour, il a eu le Goncourt, et après plus rien. Il est allé s'exiler au Canada, il est devenu un peu fou.

Il est revenu en France pour y mourir. » Il s'essouffle et referme les yeux.

17 heures. Près du Président, toujours le plateau de la gardienne et les pilules de Tarot. Il n'y a pas touché. D'un œil encore vif, il vérifie que ni l'un ni l'autre ne sont là. Et comme s'il s'excusait de la scène de tout à l'heure, il chuchote : « Ce sont ces corticoïdes qui me tuent. Je n'ai plus de réserves. Je ne retrouverai plus un gramme d'énergie. »

Un silence, une grimace qui ferme son visage.

La conversation s'épuise. La lumière commence à décliner. Là-bas, plus loin dans la prairie où somnolent les ânes, les premiers frémissements de la nuit. Les ombres font relief, le ciel, immense toute la journée, se couvre. Le Président s'est tourné, la tête presque désaxée, il cherche à voir ce ciel tout entier : « Là-haut, vous n'allez pas avoir du beau temps... » En disant cela, il a un geste d'enfant qui fait l'avion. Sa main vogue en l'air et il la suit des yeux. On croirait que lui aussi a envie de s'échapper, de partir avec nous dans les nuages, d'aller encore se promener parmi les pins, les chênes, sur les sentiers familiers, autour du lac d'Azur où, à l'instant, l'eau doit trembler et les arbres s'épaissir. Le sentier est si près, là, derrière cette baie vitrée, et le ciel est là aussi, si près qu'il peut le toucher. Il ondoie sur son lit de fortune, ses coussins répandus, ses membres désordonnés, soudain indifférent à la compagnie, aux hommes qui sont assis autour de lui et aux femmes réfugiées un peu plus loin. Il reste figé, le doigt tendu vers l'infini. Couché ainsi, pointant son index, cherchant comme un contact électrique avec les cieux ; seul, tout à fait seul, il ressemble à l'Adam de la chapelle Sixtine, où l'on voit le Père et le Fils tendus l'un vers l'autre, couchés comme sur des nuages qui dérivent, leurs mains se cherchant. Comme eux, il se tient en équilibre au-dessus du vide. On se demande comment il ne tombe pas, n'ayant plus de prise sur son nuage, sur sa couche. Il part, déjà il part, allongé là, on dirait qu'il flotte au-dessus des arbres, vers l'ouest, ces trois kilomètres vers l'Océan, ces *cinq mille kilomètres d'eau.* Il flotte sur les pins et sur les chênes, au-dessus de ses amis qui, tête levée, lui font signe. Il y a dans son regard qui s'évade une supplique qui n'a pas de mot, plus de larmes, aucune limite. L'effroi devant le précipice, l'au-delà du nuage d'où la vie s'apprête à le jeter. Il y a dans ce regard la terreur de l'enfant perdu, cet appel à la mère qui n'est pas là, la question muette à ce Ciel qui ne répond pas. Toute l'enfance effrayée. Il va mourir, l'enfant François. Depuis longtemps, il sait qu'il va mourir bientôt.

Il faut partir.

« Au-re-voir. » Il prononce toujours ces deux mots comme s'ils étaient trois, lentement, en détachant chaque syllabe, comme pour rendre son sens à la banalité. On se quitte simplement, que faire d'autre ? Un avion qui s'en va, un horaire à respecter, l'heure de rentrer chez soi, un lendemain de réveillon dans une famille française. Il ne nous raccompagne pas jusqu'à la porte, s'en excuse d'un geste qui veut tout dire, sauf la mort : un ennui passager, une fatigue plus grande que d'habitude, ces jambes qui lui jouent des tours... Le geste d'amitié de celui qui reste et vous souhaite un bon retour. Il y a de tout cela dans cet au-re-voir qu'il nous adresse du fond de son fauteuil.

Tout le monde est dehors maintenant. Il est seul, il le croit. Je suis resté là, sur le seuil. Je ne peux pas le quitter, pas si vite. Il s'est replié sur lui, enroulé dans un plaid, et s'est retourné vers le ciel. Collé contre la vitre, son doigt trace des ronds, comme je l'ai vu faire un jour sur cette carte de géographie de son enfance. Le grand ciel se referme maintenant et il reste là à tracer des ronds. Doucement, il se retourne et me voit. Il me fait un signe, un salut de la main dans un rythme presque imperceptible. Je m'approche, pas trop. Je ne reviens pas, non. Mais j'ai besoin de le revoir, d'emmener cette image de lui, ce nouveau cadrage sur fond de ciel noir. Je veux emporter son regard, un peu de ses yeux qui ne sont plus clos, son dernier regard.

Table

Préface de Robert Guédiguian.................... 11

Retour sur la « mort du roi »................... 13

Avant-propos..................................... 25

Le dernier réveillon............................ 29

Première partie : L'automne des tempêtes....... 47

Deuxième partie : Sortir par le haut........... 121

Troisième partie : Le promeneur du Champ-de-Mars 165

Quatrième partie : Les adieux.................. 213

Epilogue. Le dernier regard...................... 247

Cet ouvrage a été composé et imprimé par la
SOCIÉTÉ NOUVELLE FIRMIN-DIDOT
Mesnil-sur-l'Estrée
pour le compte des Éditions Plon
76, rue Bonaparte
*Paris 6e*
en janvier 2005

Imprimé en France

Dépôt légal : janvier 2005
N° d'édition : 13864 – N° d'impression : 71870